Janusz Korczak

KRÓL
MACIUŚ
PIERWSZY

Notatki na marginesie
Cytaty, które warto znać
Streszczenie

D0874805

Opracowała
Barbara Włodarczyk

Wydawnictwo GREG®
Kraków

Tytuł:
Król Maciuś Pierwszy

Autor opracowania:
Barbara Włodarczyk

Korekta:
Agnieszka Nawrot

Projekt okładki:
BROS s.c.

Ilustracje:
Jacek Siudak

Ilustracja na okładce:
Jolanta Adamus Ludwikowska

ISBN 978-83-7327-209-5

Wydawnictwo GREG®
31-979 Kraków, ul. Klasztorna 2B
tel. (012) 643 55 14, fax (012) 643 47 33

Księgarnia internetowa: www.greg.pl
tel. 012 644-98-90, w godz. 8.00–17.00

Znak firmowy GREG®
zastrzeżony w Urzędzie Patentowym RP.

Skład i łamanie:
BROS s.c.

Druk:
Zakład Poligrafii – Alicja Genowska

Wstęp

Od Wydawcy

Masz przed sobą jedną z lektur, które będziesz omawiał na lekcjach języka polskiego. Znajdziesz tu jej treść oraz dokładne, wyczerpujące opracowanie. Jego autor uwzględnił Twoje potrzeby, omówił zagadnienia związane z lekturą biorąc pod uwagę **tematy lekcji, tematy wypracowań, pytania** zadawane przez nauczyciela. Miał również na uwadze wszystkie rady naszych czytelników, dotyczące zarówno treści, jak i układu opracowania, oraz zalecenia metodyczne dotyczące sposobu omawiania lektury. Jest więc:
— ciekawie napisana biografia pisarza,
— kalendarium jego życia i twórczości,
— precyzyjnie określone: rodzaj i gatunek literacki utworu,
— szczegółowy plan wydarzeń,
— plan losów głównego bohatera,
— wyczerpująca charakterystyka postaci,
— interpretacja treści.

Każde stwierdzenie zostało poparte odpowiednim cytatem. Przy każdym cytacie znajdziesz numer odpowiedniej strony, aby łatwiej go było zlokalizować w tekście lektury. Ponadto autor opracowania zebrał najważniejsze cytaty, których będziesz potrzebował pisząc wypracowanie lub przygotowując się do odpowiedzi.

Absolutną **nowością jest** *Indeks komentarzy do tekstu.* Wiemy, że czytając lekturę często zaznaczasz na marginesie ważniejsze fragmenty, aby łatwiej je odnaleźć podczas lekcji. Oddajemy do Twojej dyspozycji właśnie tak przygotowaną książkę. Na marginesach poszczególnych stron masz oznaczone fragmenty, w których jest mowa o czasie, miejscu akcji, poszczególnych bohaterach (ich przeszłości, przeżyciach, cechach), najważniejszych wydarzeniach, scenach, opisach, motywach i symbolach występujących w książce. Spis tych informacji wraz z numerami odpowiednich stron pomoże Ci łatwo i sprawnie odnaleźć potrzebny fragment i cytat.

Staraliśmy się, aby treść książki była dla Ciebie całkowicie zrozumiała, dlatego tekst został opatrzony **przypisami i objaśnieniami.**

Mamy nadzieję, że praca z książką, którą kupiłeś, stanie się łatwiejsza i bardziej przyjemna.

Wydawnictwo GREG

Janusz Korczak

KRÓL MACIUŚ PIERWSZY

Autor:	Janusz Korczak
Tytuł:	*Król Maciuś Pierwszy*
Czas akcji:	blisko naszych czasów, ale nie współcześnie. Król Maciuś ma do dyspozycji samochód, aeroplan, kolej żelazną...
Miejsce akcji:	kraj w środku Europy, a chwilami akcja przenosi się do afrykańskiego państwa króla Bum-Druma.
Bohaterowie:	Król Maciuś Pierwszy-Reformator — dziecko na tronie królewskim, potomek królewskiego rodu, mądry i inteligentny, chciał być królem tylko dzieci; Ministrowie — doradzają królowi, a ponieważ znają się na wszystkim, doradzają mu dobrze; oczywiście mają swoje wady i śmiesznostki; Felek — przyjaciel króla, późniejszy przewodniczący parlamentu dziecięcego; władza uderzyła mu do głowy i przybrał tytuł barona von Rauch; Helenka i Staś — dzieci kapitana, który udzielał Maciusiowi lekcji; Dziennikarz — szpieg, który chytrze doprowadził do upadku Maciusia, przymilny i fałszywy; Bum-Drum — czarny król ludożerców, z którym nikt się nie chciał przyjaźnić, a Maciuś zaprzyjaźnił się z nim; Klu-Klu — córka Bum-Druma, która zakochała się w Maciusiu i przyjechała do jego kraju w klatce z małpami; Stary król i jego syn — najwięksi wrogowie Maciusia; Król, który przyjaźnił się z żółtymi królami — nie miał do Maciusia pretensji i chciał żyć z nim w zgodzie; Smutny król — jedyny, który trochę rozumiał Maciusia i wiedział, jakie niebezpieczeństwa na niego czyhają
Temat książki:	sprawowanie władzy w państwie, czyli polityka
Gatunek literacki:	powieść
Rodzaj literacki:	epika

Więc kiedy byłem taki, jak na tej fotografii, sam chciałem zrobić wszystko, co tu napisane. A potem zapomniałem i teraz jestem stary. I już nie mam ani czasu, ani sił, żeby wojny prowadzić i do ludożerców jeździć. A fotografię taką dałem, bo ważne jest, kiedy naprawdę chciałem być królem, a nie – kiedy o królu Maciusiu piszę. I myślę, że lepiej dawać fotografie królów, podróżników i pisarzy, kiedy nie byli jeszcze dorośli i starzy, bo tak to się zdaje, że oni od razu byli mądrzy i nigdy nie byli mali. I dzieci myślą, że nie mogą być ministrami, podróżnikami i pisarzami, a to nieprawda.

Dorośli wcale nie powinni czytać mojej powieści, bo są w niej rozdziały niestosowne, więc nie zrozumieją i będą się wyśmiewali. Ale jak chcą koniecznie, niech spróbują. Przecież dorosłym nie można zabronić, bo nie posłuchają – i co im kto zrobi?

Janusz Korczak

A to tak było...

Doktor powiedział, że jeżeli król w trzy dni nie wyzdrowieje, będzie bardzo źle.

Doktor tak powiedział:

— Król jest ciężko chory i jeżeli w trzy dni nie wyzdrowieje, to będzie źle.

Wszyscy się bardzo zmartwili, a najstarszy minister włożył okulary i zapytał się:

— Więc co się stanie, jeżeli król nie wyzdrowieje?

Doktor nie chciał wyraźnie powiedzieć, ale wszyscy zrozumieli, że król umrze.

Najstarszy minister bardzo się zmartwił i wezwał ministrów na naradę.

Zebrali się ministrowie w wielkiej sali, zasiedli na wygodnych fotelach przy długim stole. Przed każdym ministrem leżał na stole arkusz papieru i dwa ołówki: jeden ołówek zwyczajny, a drugi z jednej strony niebieski, z drugiej strony — czerwony. A przed najstarszym ministrem stał jeszcze dzwonek.

Drzwi ministrowie zamknęli na klucz, żeby nikt nie przeszkadzał; zapalili lampy elektryczne — i nic nie mówili.

Potem najstarszy minister zadzwonił tym dzwonkiem i powiedział:

— Teraz będziemy radzić, co robić. Bo król jest chory i nie może rządzić.

— Ja myślę — powiedział minister wojny — że trzeba zawołać doktora. Niech powie wyraźnie, czy może króla wyleczyć, czy nie.

Ministra wojny bardzo się bali wszyscy ministrowie, bo zawsze nosił szablę i rewolwer, więc go się słuchali.

— Dobrze, zawołajmy doktora — powiedzieli ministrowie.

Zaraz posłali po doktora, ale doktor nie mógł przyjść, bo akurat stawiał królowi dwadzieścia cztery bańki.

— Trudno, musimy zaczekać — powiedział najstarszy minister — a tymczasem powiedzcie, co zrobimy, jeżeli król umrze.

— Ja wiem — powiedział minister sprawiedliwości. — Według prawa, po śmierci króla wstępuje na tron i rządzi najstarszy syn króla. Dlatego też nazywają go następcą tronu. Jeżeli król umrze, na tronie zasiądzie jego najstarszy syn.

— Kiedy król ma tylko jednego syna.

— Więcej nie potrzeba.

— No tak, ale syn królewski to jest mały Maciuś. Jakże on może być królem? Maciuś nawet pisać jeszcze nie umie.

— To trudno — odpowiedział minister sprawiedliwości. — W naszym państwie jeszcze takiego wypadku nie było, ale w Hiszpanii, w Belgii i w innych jeszcze państwach zdarzało się, że król umierał i zostawiał małego synka. I to małe dziecko musiało być królem.

— Tak, tak — powiedział minister poczty i telegrafu — ja widziałem nawet marki pocztowe z fotografią takiego małego króla.

— Ale, szanowni panowie — powiedział minister oświaty — to niemożliwe przecież, żeby król nie umiał pisać ani rachować, żeby nie umiał geografii ani gramatyki.

— I ja tak myślę — powiedział minister finansów. — Jakże król będzie mógł robić rachunki, jak będzie mógł rozkazywać, ile trzeba wydrukować nowych pieniędzy, jeżeli nie umie tabliczki mnożenia?

— Najgorsze, moi panowie — powiedział minister wojny — że takiego małego króla nikt się nie będzie bał. Jak on sobie poradzi z żołnierzami i generałami?

— Ja myślę — powiedział minister spraw wewnętrznych — że takiego małego króla nie tylko żołnierze, ale nikt nie będzie się bał. Będziemy mieli ciągle strajki i bunty. Za nic nie mogę ręczyć, jeżeli Maciusia zrobicie królem.

— Ja nic nie wiem, co będzie — powiedział cały czerwony ze złości minister sprawiedliwości. — Wiem jedno: prawo każe, żeby po śmierci króla zasiadł na tronie jego syn.

— Ależ Maciuś jest za mały! — krzyknęli wszyscy ministrowie.

I na pewno wynikłaby okropna kłótnia, ale w tej chwili otworzyły się drzwi — i wszedł na salę ambasador zagraniczny[1].

Dziwne się może wyda, że ambasador zagraniczny wszedł na posiedzenie ministrów, kiedy drzwi były zamknięte na klucz. Więc muszę powiedzieć, że kiedy poszli zawołać doktora, zapomnieli zamknąć drzwi. Niektórzy nawet mówili później, że to była zdrada, że minister sprawiedliwości naumyślnie zostawił drzwi otwarte, bo wiedział, że ma przyjść ambasador.

— Dobry wieczór! — powiedział ambasador. — Przychodzę tu w imieniu mego króla i żądam, żeby królem został Maciuś Pierwszy, a jak nie chcecie, to będzie wojna.

---

[1] *ambasador* — przedstawiciel państwa (króla) w obcym kraju; ambasador powinien utrzymywać w imieniu swojego państwa dobre stosunki z rządem państwa, w którym oficjalnie przebywa.

Prezes ministrów (najstarszy minister) bardzo się przestraszył, ale udawał, że go to wcale nie obchodzi, napisał na arkuszu papieru niebieskim ołówkiem:

Dobrze, niech będzie wojna

— i podał ten papier zagranicznemu ambasadorowi. Ten wziął papier, ukłonił się i powiedział:

— Dobrze, napiszę o tym mojemu rządowi.

W tej chwili wszedł na salę doktor i wszyscy ministrowie zaczęli go prosić, żeby uratował króla, bo może być wojna i nieszczęście, jeżeli król umrze.

— Ja już królowi dałem wszystkie lekarstwa, które znam. Postawiłem bańki i nic więcej nie mogę zrobić. Ale można zawołać jeszcze innych doktorów.

Ministrowie posłuchali rady, wezwali sławnych doktorów na naradę, jak uratować króla. Wysłali na miasto wszystkie królewskie samochody, a sami tymczasem poprosili królewskiego kucharza o kolację, bo byli bardzo głodni, bo nie wiedzieli, że narada będzie taka długa — i nawet nie jedli obiadu w domu.

Kucharz ustawił srebrne talerze, nalał do butelek najlepsze wina, bo chciał zostać na dworze i po śmierci starego króla.

Więc ministrowie tak sobie jedzą i piją, i już im nawet zrobiło się wesoło, a w sali tymczasem zebrali się doktorzy.

— Ja myślę — powiedział stary doktor z brodą — że królowi trzeba zrobić operację.

— A ja myślę — powiedział drugi doktor — że królowi trzeba zrobić gorący okład i żeby płukał gardło.

— I musi brać proszki — powiedział znakomity profesor.

— Na pewno krople będą lepsze — powiedział znów inny.

Każdy z doktorów przywiózł grubą książkę i pokazywał, że w jego książce napisane jest inaczej, jak leczyć taką chorobę.

Już było późno i ministrom bardzo się spać chciało, ale musieli czekać na to, co powiedzą doktorzy. I taki był hałas w całym królewskim pałacu, że mały następca tronu, Maciuś, syn królewski, dwa razy się już obudził.

„Trzeba zobaczyć, co się tam dzieje" — pomyślał Maciuś. Wstał z łóżka, prędko się ubrał i wyszedł na korytarz.

Stanął przed drzwiami stołowego pokoju, nie żeby podsłuchiwać, ale w królewskim pałacu klamki były tak wysoko, że mały Maciuś nie mógł sam drzwi otworzyć.

— Dobre wino ma król! — krzyczał minister finansów. — Napijmy się jeszcze, moi panowie. Jeżeli Maciuś zostanie królem, i tak wino mu nie będzie potrzebne, bo dzieciom nie wolno pić wina.

— Ani cygar nie wolno palić dzieciom. Więc można sobie wziąć trochę cygar do domu! — głośno wołał minister handlu.

— A jak będzie wojna, moi kochani, ręczę wam, że z tego pałacu nic nie zostanie, bo Maciuś przecież nas nie obroni.

Wszyscy zaczęli się śmiać i wołali:

— Pijmy zdrowie naszego obrońcy, wielkiego króla Maciusia Pierwszego!

Maciuś nie bardzo rozumiał, co oni mówili, wiedział, że tatuś jest chory i że ministrowie często się zbierali na narady. Ale dlaczego śmieją się z niego, Maciusia, i dlaczego nazywają go królem, co to ma być za wojna — wcale nie rozumiał.

Trochę śpiący i trochę przestraszony poszedł dalej korytarzem i znów przez drzwi sali narad usłyszał inną rozmowę.

— A ja wam mówię, że król umrze. Możecie dawać proszki i lekarstwa... wszystko nic nie pomoże.

— Głowę daję, że król nie przeżyje tygodnia.

Maciuś nie słuchał więcej. Pędem przebiegł korytarz, jeszcze dwa duże królewskie pokoje — i bez tchu dopadł do sypialni króla.

Król leżał na łóżku bardzo blady i ciężko oddychał. A przy królu siedział jeden, ten sam poczciwy doktor, który i Maciusia leczył, gdy Maciuś był niezdrów.

Maciuś przy łóżku chorego taty

— Tatusiu, tatusiu — krzyknął Maciuś ze łzami — ja nie chcę, żebyś ty umarł!

Król otworzył oczy i smutnie popatrzył na synka.

— I ja nie chcę umierać — powiedział król cicho — nie chcę ciebie, synku, samego na świecie zostawić.

Doktor wziął Maciusia na kolana — i już więcej nic nie mówili.

A Maciuś przypomniał sobie, że już raz siedział tak przy łóżku. Wtedy ojciec trzymał go na kolanach, a na łóżku leżała mamusia, tak samo blada, tak samo ciężko oddychała.

„Tatuś umrze, jak mamusia umarła" — pomyślał Maciuś.

I straszny smutek zwalił mu się na piersi — i wielki gniew, i żal do ministrów, którzy tam się śmieją z niego, Maciusia, i ze śmierci jego ojczulka.

„Już ja im odpłacę, jak będę królem" — pomyślał Maciuś.

Pogrzeb króla odbył się z wielką paradą. Latarnie owinięte były czarną krepą. Wszystkie dzwony biły. Orkiestra grała marsza żałobnego. Jechały armaty, szło wojsko. Kwiaty musiały specjalnie przywozić pociągi z najcieplejszych krajów. Wszyscy byli bardzo smutni. A gazety pisały, że cały naród płacze po stracie ukochanego króla.

Maciuś smutny siedział w swoim pokoju, bo chociaż miał zostać królem, ale stracił ojca — i teraz nikogo już nie miał na świecie.

Pamiętał Maciuś swoją mamę; to ona właśnie nazwała go Maciusiem. Chociaż mama jego była królową, ale wcale nie była dumna; bawiła się z nim, klocki z nim ustawiała, opowiadała bajki, obrazki w książkach pokazywała. Z ojcem rzadziej się Maciuś widywał, bo król często wyjeżdżał do wojska albo w gości — różnych królów przyjmował. To znów narady miał i posiedzenia.

Ale i król, bywało, znajdzie dla Maciusia wolną chwilę, pobawi się w kręgle, wyjedzie z nim — król na koniu, a Maciuś na kucu — w długie aleje królewskiego ogrodu. A teraz co będzie? Zawsze ten nudny zagraniczny wychowawca, który ma taką minę, jakby dopiero co wypił szklankę mocnego octu. I czy to znów tak przyjemnie być królem? Chyba nie? Gdyby naprawdę była wojna, można by się bić przynajmniej. Ale co ma król do roboty podczas pokoju?

Smutno było Maciusiowi, gdy siedział samotny w swoim pokoju, i smutno było, kiedy przez kratę królewskiego ogrodu patrzył na wesołe zabawy dzieci służby pałacowej na podwórzu królewskim. Bawiło się siedmiu chłopców — najczęściej w wojsko. I zawsze prowadził ich do ataku, ćwiczył i przewodził taki jeden nieduży, strasznie wesoły chłopak. Nazywał się Felek. Chłopcy tak na niego wołali.

Felek — przedstawienie postaci

Chciał go Maciuś wiele razy zawołać i choć przez kratę trochę porozmawiać, ale nie wiedział, czy wolno i czy wypada, i nie wiedział, co powiedzieć, jak zacząć rozmowę.

Maciuś zostaje królem

Tymczasem na wszystkich ulicach rozlepiono ogromne zawiadomienia, że Maciuś został królem, że wita swoich poddanych, że ministrowie zostają ci sami co dawniej i będą młodemu królowi pomagali w pracy.

We wszystkich sklepach pełno było fotografii Maciusia. Maciuś na kucu. Maciuś w marynarskim ubraniu. Maciuś w wojskowym stroju. Maciuś podczas przeglądu wojsk. W kinematografach też przedstawiano Maciusia. We wszystkich obrazkowych tygodnikach w kraju i za granicą pełno było Maciusia.

I prawdę trzeba powiedzieć: lubili Maciusia wszyscy. Starsi żałowali go, że taki mały stracił oboje rodziców. Chłopcy cieszyli się, że znalazł się między nimi chociaż jeden taki, którego muszą się wszyscy słuchać, przed którym nawet generałowie muszą stać na baczność, a dorośli żołnierze prezentują broń. Dziewczynkom podobał się ten mały król na zgrabnym koniku. A już najbardziej kochały go sieroty.

Kiedy jeszcze żyła królowa, zawsze na święta posyłała do domów sierot cukierki. Kiedy umarła, król rozkazał, by nadal cukierki posyłać. I choć Maciuś wcale o tym nie wiedział, ale w jego imieniu od dawna już posyłano dla dzieci słodycze i zabawki. Już znacznie później Maciuś zrozumiał, że jeśli jest pozycja w budżecie − to można wiele przyjemności ludziom zrobić i wcale o tym nie wiedzieć.

W jakieś pół roku po wstąpieniu na tron − przypadek zdarzył, że Maciuś zdobył wielką popularność. To znaczy, że wszyscy o nim mówili, ale nie dlatego, że był królem, a tylko że zrobił coś, co się spodobało.

Więc opowiem, jak to było.

Maciuś przez swego doktora wyprosił pozwolenie na piesze przechadzki po mieście. Długo Maciuś męczył doktora, żeby go choć raz na tydzień zaprowadził do ogrodu, gdzie bawią się wszystkie dzieci.

− Ja wiem, że w królewskim ogrodzie jest ładnie, ale samemu nawet w najładniejszym ogrodzie się przykrzy.

Wreszcie doktor obiecał i przez marszałka dworu udał się do zarządu pałacowego, aby opiekun króla na radzie ministrów wyjednał dla króla Maciusia pozwolenie na trzy przechadzki w odstępach dwutygodniowych.

Dziwne się może wydać, że tak trudno królowi iść na zwyczajny, taki sobie spacer. Dodam jeszcze, że marszałek dworu tylko dlatego się zgodził, bo go doktor niedawno wyleczył z boleści, gdy zjadł nieświeżą rybę. Zarząd pałacowy już od dawna starał się o pieniądze na budowę stajni, z której korzystać miał i opiekun królewski, a minister spraw wewnętrznych zgodził się na złość ministrowi finansów. Bo za każdy spacer królewski policja otrzymywała trzy tysiące dukatów, a wydział sanitarny beczkę kolońskiej wody i tysiąc w złocie.

Bo przed każdym spacerem króla Maciusia — dwustu robotników i sto kobiet czyściło ogród gruntownie. Zamiatano, malowano ławki, wszystkie aleje polewano kolońską wodą i kurz wycierano z drzew i liści. Doktorzy pilnowali, żeby było czysto, żeby nie było kurzu, bo brud i kurz są szkodliwe dla zdrowia. A policja pilnowała, żeby podczas spaceru nie było w ogrodzie łobuzów, którzy rzucają kamienie, popychają, biją się i bardzo krzyczą.

Król Maciuś bawił się doskonale. Ubrany był zwyczajnie, więc nikt nie wiedział, że to król, bo go nie poznali. I nikomu nie przyszło nawet do głowy, że król może przyjść do zwyczajnego ogrodu. Król Maciuś dwa razy obszedł naokoło cały ogród i prosił, że chce usiąść na ławce na placyku, gdzie bawią się dzieci. Ale jak tylko trochę siedział, doszła do niego dziewczynka i zapytała:

**Maciuś pozna-
je Irenkę**

— Czy kawaler chce się bawić w koło?
Wzięła Maciusia za rękę — i bawili się razem.
Dziewczynki śpiewały różne piosenki i kręciły się w koło. A potem, kiedy czekali na nową zabawę, zaczęła z nim ta dziewczynka rozmawiać:

— Czy kawaler ma siostrzyczkę?
— Nie, nie mam.
— A czym jest kawalera tatuś?
— Mój tatuś umarł: on był królem.

Dziewczynka może myślała, że Maciuś żartuje, bo się roześmiała i powiedziała:

— Gdyby mój ojczulek był królem, musiałby mi kupić lalkę do samego sufitu.

Król Maciuś dowiedział się, że ojciec dziewczynki jest kapitanem straży ogniowej, że nazywa się ona Irenka i bardzo lubi strażaków, którzy pozwalają jej czasem jeździć na koniu.

Maciuś byłby chętnie został długo jeszcze, ale miał pozwolenie tylko do godziny czwartej minut dwadzieścia, sekund czterdzieści trzy.

Niecierpliwie czekał Maciuś następnej przechadzki, ale deszcz padał, więc obawiano się o jego zdrowie.

Za drugim razem stał się z Maciusiem wypadek. Bawił się tak samo z dziewczynkami w koło, aż zbliżyło się kilku chłopców i jeden zawołał:

— Patrzcie, chłopak bawi się z dziewczynkami! — I zaczęli się śmiać.
I król Maciuś zauważył, że naprawdę on jeden bawi się w koło.
— Chodź lepiej z nami się bawić — powiedział chłopiec.
I Maciuś uważnie spojrzał na niego.

Ach, to był właśnie Felek, ten sam Felek, z którym Maciuś tak dawno chciał się zaznajomić.

Felek uważnie spojrzał teraz na niego i zawołał na cały głos:

— Ach, jaki on podobny do króla Maciusia!

Maciusiowi strasznie się wstyd zrobiło, bo wszyscy zaczęli się na niego patrzeć, więc czym prędzej chciał uciec do adiutanta, który także dla niepoznaki ubrany był w zwyczajne ubranie. Ale z pośpiechu czy też ze wstydu upadł i starł sobie skórę na kolanie.

Na radzie ministrów postanowiono, że nie można pozwolić królowi chodzić do ogrodu. Wszystko zrobią, co król zechce, ale do ogrodu zwyczajnego chodzić nie może, bo tam są niegrzeczne dzieci, które go zaczepiły i śmiały się z niego, a rada ministrów nie może pozwolić, żeby się śmieli, bo na to nie pozwala honor królewski.

Zmartwił się bardzo Maciuś i długo myślał o tych swoich dwóch wesołych zabawach w zwyczajnym ogrodzie, aż przypomniał sobie życzenie Irenki.

„Ona chce mieć lalkę do samego sufitu". Ta myśl nie dawała mu spokoju.

„Przecież jestem królem, więc mam prawo rozkazywać. A tymczasem muszę się wszystkich słuchać. Uczę się czytać i pisać tak samo, jak wszystkie dzieci. Muszę myć uszy, szyję i zęby tak samo, jak wszystkie dzieci. Tabliczka mnożenia jest taka sama dla królów, jak dla wszystkich. Więc po co mi jest być królem?"

Zbuntował się Maciuś i podczas audiencji zażądał bardzo głośno od prezesa ministrów, żeby kupiono lalkę największą, jaka jest na świecie, i posłano Irence.

— Wasza królewska mość zauważyć raczy... — począł mówić prezes ministrów.

Maciuś od razu się domyślił, co nastąpi; ten nieznośny człowiek będzie długo mówił wiele niezrozumiałych rzeczy i w końcu nic z lalki nie będzie. Przypomniał sobie Maciuś, jak raz ojcu ten sam minister tak samo zaczął coś tłumaczyć. Wtedy król tupnął nogą i powiedział:

— Ja tego żądam nieodwołalnie.

Więc i Maciuś tak samo tupnął nogą i bardzo głośno powiedział:

— Panie ministrze, wiedz, że ja tego żądam nieodwołalnie.

Prezes ministrów spojrzał zdziwiony na Maciusia, potem zanotował coś sobie w notesie i mruknął:

— Przedstawię żądanie waszej królewskiej mości na radzie ministrów.

Co mówiono na posiedzeniu rady ministrów, nikt nie wie, bo narada odbyła się przy drzwiach zamkniętych. Postanowiono jednak lalkę kupić i minister handlu dwa dni biegał po sklepach i oglądał największe lalki. Ale tak dużej lalki nigdzie nie było. Wtedy minister handlu wezwał na naradę wszystkich przemysłowców i jeden fabrykant podjął się w cztery tygodnie żądaną lalkę za drogie pieniądze zrobić w swojej fabryce. A kiedy lalka była gotowa, wystawił ją w oknie swego sklepu z napisem:

Dostawca dworu jego królewskiej mości wykonał tę lalkę dla Irenki, córki kapitana straży ogniowej.

Zaraz gazety podały fotografię straży ogniowej podczas gaszenia pożaru, fotografię Irenki i lalki. Mówiono, że król Maciuś bardzo lubi patrzeć, jak straż ogniowa jedzie i jak się pali. Ktoś napisał list do gazety, że gotów jest spalić swój dom, jeżeli ukochany król Maciuś lubi pożary. Wiele dziewczynek napisało listy do króla Maciusia, że też bardzo pragną mieć lalki. Ale sekretarz dworu listów tych wcale Maciusiowi nie czytał, bo zabronił mu surowo zagniewany prezes ministrów.

Przed sklepem przez trzy dni stały tłumy ludzi, patrząc na królewski podarek, i dopiero na czwarty dzień z rozporządzenia prefekta policji lalkę z wystawy wyjęto, żeby nie przeszkadzały przejeżdżać tramwajom i samochodom.

Długo mówiono o lalce i o Maciusiu, który Irence taki piękny dał podarunek.

Maciuś wstawał o godzinie siódmej rano, sam się mył i ubierał, sam czyścił buty i słał łóżko. Taki zwyczaj wprowadził jeszcze pradziadek Maciusia, waleczny król

Maciuś – zajęcia króla

Paweł Zwycięzca. Maciuś umyty i ubrany wypijał kieliszek tranu i zasiadał do śniadania, które nie mogło trwać dłużej niż minut szesnaście, sekund trzydzieści pięć. Tak długo bowiem jadał wielki dziadek Maciusia, dobry król Juliusz Cnotliwy. Potem Maciuś szedł do sali tronowej, gdzie było bardzo zimno, i przyjmował ministrów. W sali tronowej nie było pieca, bo prababcia króla Maciusia, rozumna Anna Nabożna, kiedy była jeszcze mała, omal nie zaczadziała – i na pamiątkę jej szczęśliwego ocalenia postanowiono do pałacowego ceremoniału wprowadzić zasadę, aby sala tronowa nie miała pieca przez całych lat pięćset.

Siedział Maciuś na tronie i szczękał z zimna zębami, a ministrowie mówili mu, co się dzieje w całym państwie. To było bardzo nieprzyjemne, bo jakoś wszystkie wiadomości były niewesołe.

Minister spraw zagranicznych opowiadał, kto się gniewa i kto chce się przyjaźnić z ich państwem – i Maciuś nie rozumiał z tego nic prawie.

Minister wojny wyliczał, ile fortec jest zepsutych, ile armat się zniszczyło, że wcale z nich strzelać nie można, i ilu żołnierzy jest chorych.

Minister kolei tłumaczył, że trzeba kupić nowe lokomotywy.

Minister oświaty skarżył się, że dzieci źle się uczą, spóźniają się do szkoły, że chłopcy palą po kryjomu papierosy i wydzierają stronice z kajetów. Dziewczynki obrażają się i kłócą, chłopcy się biją, kamieniami rzucają i tłuką szyby.

A minister finansów ciągle się gniewał, że nie ma pieniędzy, że nie chce kupić ani nowych armat, ani nowych maszyn, bo to za drogo kosztuje.

Potem Maciuś szedł do parku i godzinę mógł sobie biegać i bawić się. Ale sam jeden nie bardzo dobrze się bawił.

Więc dość chętnie wracał na lekcje. Uczył się Maciuś dobrze, bo wiedział, że bez nauki trudno być królem. Toteż bardzo prędko nauczył się podpisywać swoje imię z bardzo długim zakrętasem. I musiał się uczyć francuskiego i innych różnych języków, żeby mógł rozmawiać z innymi królami, jak do nich pojedzie z wizytą.

Maciuś jeszcze chętniej i lepiej by się uczył, gdyby mógł zadawać różne pytania, które mu przychodziły do głowy.

Przez długi czas myślał Maciuś nad tym, czy można wynaleźć takie szkło palące, które na odległość zapala proch. Gdyby Maciuś wymyślił takie szkło, to by wypowiedział wojnę wszystkim królom i w przeddzień bitwy wysadziłby w powietrze wszystkie nieprzyjacielskie prochownie. Wygrałby wojnę, bo tylko on jeden miałby proch. I wtedy od razu stałby się wielkim królem, chociaż jest taki mały. I cóż, nauczyciel wzruszył ramionami, skrzywił się i nic mu nie odpowiedział.

Innym razem zapytał się Maciuś, czy nie mogłoby tak być, żeby ojciec, jak umiera, oddawał synowi swój rozum. Ojciec Maciusia, Stefan Rozumny, bardzo był mądry. I oto teraz Maciuś siedzi na tym samym tronie i nosi tę samą koronę, ale musi od początku uczyć się wszystkiego i nawet nie wie, czy kiedykolwiek tyle będzie umiał, co jego ojciec. A tak, to by z koroną i tronem otrzymał i męstwo po pradziadku Pawle Zwycięzcy, nabożność po babci i całą wiedzę ojca. Ale i to pytanie nie znalazło życzliwego przyjęcia.

Długo, bardzo długo myślał Maciuś, czy nie można zdobyć czapki-niewidki. Jakby to było dobrze: włoży Maciuś taką czapkę, może sobie wszędzie chodzić i nikt go nie widzi. Powiedziałby, że go głowa boli, więc pozwoliliby mu w dzień leżeć w łóżku, wyspałby się dobrze. A w nocy włożyłby czapkę-niewidkę i poszedł sobie na miasto, chodził po stolicy, oglądałby wystawy sklepowe, poszedłby do teatru.

Raz jeden tylko był Maciuś w teatrze na przedstawieniu galowym, kiedy jeszcze tatuś i mama żyli — nic prawie nie pamięta, bo był wtedy bardzo mały, ale wie, że było prześlicznie.

Gdyby Maciuś miał czapkę-niewidkę, wyszedłby z parku na pałacowe podwórze i zaznajomiłby się z Felkiem. I po pałacu mógłby wszędzie chodzić, poszedłby do kuchni popatrzeć, jak się gotuje jedzenie, do stajni — do koni, do tych różnych budynków, gdzie teraz wchodzić mu nie wolno.

Dziwne się może wydać, że królowi tyle rzeczy może być zabronionych. Muszę więc wyjaśnić, że na dworach królewskich jest bardzo surowa etykieta. Etykieta — to znaczy, że tak zawsze królowie robili i inaczej nowemu królowi nie wolno, bo gdyby chciał coś zrobić inaczej, to straciłby honor i wszyscy przestaliby go się bać i szanować. Bo to by znaczyło, że nie szanuje swojego wielkiego ojca-króla albo dziadka czy pradziadka-króla. Jeżeli tylko król chce coś zrobić inaczej, to musi zapytać mistrza ceremonii, który pilnuje dworskiej etykiety i wie, co zawsze robili królowie.

Mówiłem już, że śniadanie króla Maciusia trwało minut szesnaście, sekund trzydzieści pięć, bo tak robił jego dziadek, i że w sali tronowej nie było pieca, bo tak chciała jego babka, która dawno umarła, i już nie można się spytać, czy teraz piec już postawić pozwoli.

Czasem król może coś troszkę zmienić, ale wtedy odbywają się długie narady, tak jak to było ze spacerem Maciusia. Więc nieprzyjemnie jest o coś prosić i potem długo czekać.

Król Maciuś był w gorszym położeniu niż inni królowie, bo etykieta ułożona była przecież dla dorosłych królów, a Maciuś był dzieckiem. Więc trzeba było trochę zmienić. Więc dlatego Maciuś zamiast smacznego wina musiał pić dwa kieliszki tranu, który wcale mu nie smakował. Dlatego więc zamiast czytania gazet przeglądał tylko obrazki, bo czytał jeszcze nie bardzo dobrze.

Wszystko byłoby inaczej, gdyby Maciuś miał rozum ojca-króla i czarodziejską czapkę-niewidkę. Wtedy byłby naprawdę królem, a tak to sam często nie wiedział, czy nie lepiej było urodzić się zwyczajnym chłopcem, chodzić do szkoły, wydzierać stronice z kajetów i rzucać kamienie.

Maciuś – marzenia

Aż przyszło raz Maciusiowi na myśl, że jeśli nauczy się pisać, napisze na kartce list do Felka – i może mu Felek odpowie – i w ten sposób będzie tak, jakby z Felkiem rozmawiał.

Od tej pory król Maciuś wziął się do nauki pisania na dobre. Całe dnie pisał, przepisywał z książki powiastki i wierszyki. I gdyby mu pozwolono, nawet do królewskiego ogrodu nie chodziłby wcale, tylko od rana do wieczora pisał. Nie mógł tego robić, bo etykieta i ceremoniał dworski wymagały, żeby król wprost z sali tronowej wychodził do ogrodu. I już dwudziestu lokajów było przygotowanych, żeby otworzyć drzwi z sali do ogrodu. Gdyby Maciuś nie wyszedł do ogrodu, tych dwudziestu lokajów nie miałoby żadnej roboty i im by się bardzo nudziło.

Może ktoś powie, że to przecież żadna robota otworzyć drzwi. Tak powie ten, kto nie zna dworskiej etykiety. Więc muszę objaśnić, że lokaje ci mieli zajętych całych pięć godzin. Każdy rano brał zimną kąpiel, potem fryzjer ich czesał, golił im wąsy i brody, a ubranie musiało być czyste, żeby na nim nie było ani jednego pyłka, bo trzysta lat temu, kiedy panował król Henryk Porywczy raz z jednego lokaja skoczyła pchła na berło królewskie, więc temu niedbalcowi kat obciął głowę, a marszałek dworu ledwo uniknął śmierci. Od tej pory sam nadzorca sprawdzał czystość lokajów, którzy ubrani, wykąpani i czyści już od godziny jedenastej minut siedem stali w korytarzu i czekali do pierwszej minut siedemnaście, żeby ich sam mistrz ceremonii obejrzał. Musieli się bardzo pilnować, bo za nie zapięty guzik groziło im sześć lat więzienia, za złe uczesanie — cztery lata ciężkich robót, za nie dość zręczny ukłon — dwa miesiące aresztu o chlebie i wodzie.

O tym wszystkim Maciuś już trochę wiedział, więc nawet mu do głowy nie przyszło, żeby nie wyjść do parku, a zresztą, kto wie, może by znaleźli gdzie w historii, że któryś król wcale do ogrodu nie wychodził — i powiedzieliby, żeby Maciuś do tego właśnie się stosował. I na nic byłaby wówczas umiejętność pisania, bo jak by mógł Maciuś Felkowi list swój przez kratę oddać.

Maciuś – cechy

Maciuś był zdolny i miał silną wolę. Powiedział:

— Za miesiąc pierwszy list do Felka napiszę.

I mimo przeszkód tak długo pisał i pisał, że po miesiącu już bez niczyjej pomocy list do Felka był gotów.

Kochany Felku — pisał Maciuś — *już dawno patrzę, jak wy się wesoło bawicie na podwórzu. I bardzo chcę się też bawić. Ale jestem królem, więc nie mogę. Ale Ty mi się bardzo podobasz. Napisz, kto jesteś, bo chcę się z tobą zaznajomić. Jeżeli tatuś Twój jest wojskowym, może pozwolą Ci czasem przyjść do królewskiego ogrodu.*

Maciuś — król

Mocno biło serce Maciusiowi, kiedy zawołał przez kratę Felka i oddał mu swoją kartkę.

I bardzo mocno biło mu serce, kiedy na drugi dzień tą samą drogą otrzymał odpowiedź.

Królu — pisał Felek — *mój tatuś jest plutonowym straży pałacowej i jest wojskowym — i ja bardzo chcę być w królewskim ogrodzie. I jestem Ci, Królu, wierny i gotów jestem iść za Ciebie w ogień i wodę, i bronić Ciebie do ostatniej kropli krwi. Ile razy będziesz potrzebował pomocy, gwiznij tylko, a stawię się na pierwsze wezwanie.*

Felek

Maciuś położył ten list na samo dno szuflady pod wszystkie książki — i zaczął się gorliwie uczyć gwizdać. Maciuś był ostrożny, nie chciał się zdradzić. Jeżeli zażąda wpuszczenia Felka do ogrodu, zaczną się zaraz narady: a dlaczego, a skąd wie, jak się Felek nazywa, a jak się poznali? A co będzie, jeśli wyśledzą i wreszcie nie pozwolą? Syn plutonowego — żeby chociaż porucznika. Synowi oficera może by pozwolili, ale tak to się na pewno nie zgodzą.

„Trzeba poczekać jeszcze — zdecydował Maciuś. — Tymczasem nauczę się gwizdać".

Wcale niełatwo nauczyć się gwizdać, jeśli nie ma nikogo, kto by pokazał. Ale Maciuś miał silną wolę, więc się nauczył.

I gwizdnął.

Gwizdnął tylko na próbę, żeby się przekonać, czy umie. I jakież było jego zdumienie, gdy w chwilę później stanął przed nim — wyciągnięty jak struna — Felek we własnej osobie.

— Jakeś się ty tu dostał?

— Przelazłem przez kratę.

W ogrodzie królewskim rosły bardzo gęste maliny. Więc tam ukrył się król Maciuś ze swym przyjacielem, żeby się naradzić, co dalej robić.

Maciuś – przy-jaźń z Felkiem

— Słuchaj, Felku, jestem bardzo nieszczęśliwym królem. Od czasu kiedy nauczyłem się pisać, podpisuję wszystkie papiery, nazywa się, że rządzę całym państwem, a właściwie robię to, co mi każą, a każą mi robić same nudne rzeczy i zabraniają wszystkiego, co przyjemne.

— A któż waszej królewskiej mości zabrania i rozkazuje?

— Ministrowie — powiedział Maciuś. — Kiedy był tatuś, robiłem co on kazał.

— No tak, byłeś wówczas królewską wysokością, następcą tronu, a tatuś twój był jego królewską mością królem. A teraz...

— Właśnie teraz jest stokroć gorzej. Tych ministrów jest cała kupa.

— Wojskowi czy cywile?

— Jeden jest tylko wojskowy, minister wojny.

— A reszta cywile?

— Ja nie wiem, co znaczy „cywile".

— Cywile to tacy, którzy nie noszą mundurów i szabel.

— No tak, cywile.

Felek włożył do ust pełną garść malin i głęboko się zamyślił. Po czym powoli i z pewnym wahaniem zapytał:

— Czy w ogrodzie królewskim są wiśnie?

Zdziwiło Maciusia to pytanie, ale że miał do Felka duże zaufanie, więc wyznał, że są wiśnie i gruszki, i obiecał, że będzie przez kratę podawał je Felkowi, ile ten tylko zapragnie.

— Więc dobrze, widywać się często nie możemy, bo mogą nas wyśledzić. Będziemy udawali, że się zupełnie nie znamy. Będziemy pisywali listy. Listy te kłaść będziemy na parkanie (obok listu mogą leżeć wiśnie). Jak już tu ta tajna korespondencja będzie leżała, wasza królewska mość gwizdnie... i ja wszystko zabiorę.

— A jak ty mi odpiszesz, ty gwizdniesz — ucieszył się Maciuś.

— Na króla się nie gwiżdże — powiedział Felek porywczo — ja mogę dać hasło kukułki. Stanę sobie z daleka i będę kukał.

— Dobrze — zgodził się Maciuś. — A kiedy znów przyjdziesz?

Felek długo coś ważył w sobie, wreszcie odpowiedział:

— Ja tu przychodzić bez pozwolenia nie mogę. Mój ojciec jest plutonowym i ma bardzo dobry wzrok. Ojciec mi nie pozwala zbliżać się nawet bardzo do parkanu królewskiego ogrodu i wiele razy mi zapowiadał: „Felek, uprzedzam cię, żeby ci kiedy nie strzeliło do głowy wybrać się na wiśnie do królewskiego ogrodu, bo pamiętaj: jak ci jestem rodzonym ojcem, że gdyby cię tam przyłapano, skórę z ciebie zedrę, żywego z rąk nie puszczę".

Maciuś się stropił.

To byłoby straszne. Znalazł z takim trudem przyjaciela. I oto z jego, Maciusia, winy ten przyjaciel ma być ze skóry obdarty. Nie, naprawdę, zbyt to już wielkie niebezpieczeństwo.

— No, a jakże teraz wrócisz do domu? — zapytał niespokojnie Maciuś.

— Niech wasza królewska mość się oddali, ja sobie jakoś poradzę.

Maciuś uznał słuszność tej rady i wyszedł z zarośli. Czas był po temu najwyższy, bo zagraniczny guwerner[2], zaniepokojony nieobecnością króla, bacznie rozglądał się po królewskim ogrodzie.

Maciuś i Felek działali teraz wspólnie, choć przedzieleni kratą. Maciuś wzdychał często w obecności doktora, który co dzień ważył go i mierzył, żeby się przekonać, jak rośnie mały król i kiedy będzie już duży; żalił się na samotność i raz nawet wspomniał ministrowi wojny, że bardzo chciałby się uczyć musztry.

— Może pan minister zna jakiegoś plutonowego, który by mógł mi udzielić lekcji.

— Owszem, chwalebne jest dążenie waszej królewskiej mości, by zdobyć wiadomości wojskowe. Dlaczego jednak ma to być plutonowy?

— Może być nawet syn plutonowego — powiedział Maciuś uradowany.

Minister wojny zmarszczył brwi i zanotował żądanie króla.

Maciuś westchnął: wiedział już, co mu odpowie.

— Żądanie waszej królewskiej mości wniosę na najbliższe posiedzenie rady ministrów.

Nic z tego nie będzie; przyślą mu pewnie jakiegoś starego generała.

Stało się jednak inaczej.

Na najbliższym posiedzeniu ministrów jeden był tylko temat rozmów i narad:

Królowi Maciusiowi wypowiedziały wojnę trzy naraz państwa.

Wojna!

---

[2] *guwerner* — prywatny nauczyciel.

Nie darmo był Maciuś prawnukiem mężnego Pawła Zwycięzcy — krew w nim zagrała.

Ach, gdyby mieć szkło zapalające nieprzyjacielski proch na odległość i czapkę-niewidkę.

Maciuś czekał do wieczora, czekał nazajutrz do południa. I nic. O wojnie doniósł mu Felek. Na poprzednie kartki Felek kukał tylko trzy razy, tym razem zakukał chyba ze sto razy. Maciuś zrozumiał, że kartka zawierać będzie wiadomość niezwykłą. Nie wiedział jednak, że aż tak niezwykłą. Wojny już dawno nie było, bo Stefan Rozumny tak jakoś umiał żyć z sąsiadami, że choć przyjaźni wielkiej nie było, ale i walki otwartej sam nie wypowiadał ani nikt jemu wypowiedzieć się nie ośmielał.

To jasne: skorzystali, że Maciuś jest mały i niedoświadczony. Ale tym silniej pragnął Maciuś dowieść, że się omylili, że choć mały, król Maciuś kraj swój obronić potrafi. Kartka Felka głosiła:

Trzy państwa wypowiedziały waszej królewskiej mości wojnę. Ojciec mój zawsze obiecywał, że na pierwszą wieść o wojnie upije się z radości. Czekam na to, bo zobaczyć się musimy.

I Maciuś czekał. Myślał, że tego dnia jeszcze wezwą go na nadzwyczajne posiedzenie rady — i że teraz on, Maciuś, on — król prawowity — obejmie ster państwa. Narada jakaś istotnie się w nocy odbyła, ale Maciusia nie wezwano.

A nazajutrz zagraniczny nauczyciel odbył z nim lekcje jak zwykle.

Maciuś znał etykietę dworską, wiedział, że królowi nie wolno kaprysić, upierać się i złościć, tym bardziej w takiej chwili nie chciał w czymkolwiek ubliżyć godności i królewskiemu honorowi. Tylko brwi miał zsunięte i czoło zmarszczone i kiedy podczas lekcji spojrzał w lustro, przyszło mu na myśl:

„Wyglądam tak prawie jak król Henryk Porywczy."

Czekał Maciuś na godzinę audiencji.

Ale kiedy mistrz ceremonii oznajmił, że audiencja jest odwołana, Maciuś spokojny, ale bardzo blady powiedział stanowczo:

— Żądam, aby bezzwłocznie wezwano do sali tronowej ministra wojny.

„Wojny" — Maciuś powiedział z takim naciskiem, że mistrz ceremonii od razu zrozumiał, że Maciuś wie już o wszystkim.

— Minister wojny jest na posiedzeniu.

— To i ja będę na posiedzeniu — odparł król Maciuś i skierował swe kroki w stronę sali sesjonalnej[3].

---

[3] *sala sesjonalna* — sala, w której odbywają się sesje, czyli posiedzenia (narady) ministrów lub posłów.

— Wasza królewska mość raczy jedną tylko chwilę zaczekać. Wasza królewska mość raczy się zlitować nade mną. Mnie nie wolno. Ja jestem odpowiedzialny. — I stary rozpłakał się na głos.

Żal się Maciusiowi zrobiło starego, który istotnie wiedział dokładnie, co może król robić, a co nie wypada. Nieraz długie wieczory siedzieli razem przy kominku i przyjemnie było słuchać ciekawych opowieści o królu-ojcu i królowej-mamie, o etykiecie dworskiej, balach zagranicznych, galowych przedstawieniach w teatrach, manewrach wojskowych, w których król brał udział.

Maciuś nie miał czystego sumienia. To pisywanie listów do syna plutonowego było wielkim uchybieniem, potajemne zrywanie wisien i malin dla Felka dręczyło Maciusia najbardziej. Wprawdzie ogród należał do niego, wprawdzie zrywał owoce nie dla siebie, a na podarek, ale czynił to ukradkiem i kto wie, czy nie splamił tym rycerskiego honoru swych wielkich przodków.

Zresztą nie darmo był Maciuś wnukiem świątobliwej Anny Nabożnej. Maciuś miał dobre serce, wzruszyły go łzy starego. I byłby może Maciuś popełnił znów niewłaściwość, dając poznać swoje wzruszenie, lecz w porę się opamiętał i tylko mocniej zmarszczywszy czoło, chłodno powiedział:

— Czekam dziesięć minut.

Mistrz ceremonii wybiegł. Zakotłowało się w zamku królewskim.

— Skąd Maciuś się dowiedział?! — wołał zirytowany minister spraw wewnętrznych.

— Cóż ten smarkacz robić zamierza?! — krzyknął w uniesieniu prezes ministrów.

Aż minister sprawiedliwości przywołał go do porządku:

— Panie prezesie ministrów, prawo zabrania na oficjalnych posiedzeniach odzywać się w ten sposób o królu. Prywatnie może pan mówić, co się panu podoba, ale narada nasza jest oficjalna. I wolno panu tylko — myśleć, ale nie — mówić.

— Narada została przerwana — próbował się bronić przestraszony prezes.

— Należało oznajmić, że pan przerywa posiedzenie. Jednakże pan tego nie zrobił.

— Zapomniałem, przepraszam.

Minister wojny spojrzał na zegarek.

— Panowie, król dał nam dziesięć minut. Cztery minuty przeszły. Więc się nie kłóćmy. Jestem wojskowy i muszę spełnić wyraźny rozkaz królewski.

Miał się czego obawiać biedny prezes ministrów; na stole leżał arkusz papieru, na którym wyraźnie napisane było niebieskim ołówkiem:

Dobrze, niech będzie wojna.

Łatwo było udawać odważnego wtedy, ale teraz trudno za nieostrożnie napisane słowa odpowiadać. Zresztą, co powiedzieć, gdy król zapyta, dlaczego wówczas tę kartkę napisał? Toć zaczęło się wszystko od tego, że po śmierci starego króla nie chcieli wybrać Maciusia.

Wiedzieli o tym wszyscy ministrowie i nawet po trochu się cieszyli, bo nie lubili prezesa ministrów, że zbytnio się rozporządzał i już zanadto był dumny.

Nikt nie chciał nic radzić, a każdy myślał, co robić, żeby na kogoś innego padł gniew królewski za zatajenie tak ważnej wiadomości.

— Pozostała minuta — powiedział minister wojny; zapiął guzik, poprawił ordery, podkręcił wąsa, wziął ze stołu rewolwer — i w minutę później stał już wyprostowany przed królem.

— Więc wojna? — zapytał cicho Maciuś.

— Tak jest, mości królu.

Maciusiowi kamień spadł z serca; bo dodać muszę, że i Maciuś spędził tych dziesięć minut w wielkim niepokoju.

„A może Felek tak tylko napisał? A może nieprawda? A może zażartował?"

Krótkie: „Tak jest" uchylało wszelkie wątpliwości. Jest wojna, i to duża wojna. Chcieli załatwić bez niego. A Maciuś sobie tylko wiadomym sposobem odkrył tajemnicę.

W godzinę później chłopcy krzyczeli na cały głos:

— Dodatek nadzwyczajny! Przesilenie ministerialne!

To znaczy, że ministrowie się pokłócili.

Przesilenie ministerialne było takie: prezes udał obrażonego i nie chciał być więcej najstarszym ministrem. Minister kolei powiedział, że wojska wozić nie może, bo nie ma parowozów tyle, ile potrzeba. Minister oświaty powiedział, że nauczyciele pewnie pójdą na wojnę, więc w szkołach jeszcze więcej tłuc będą szyb i niszczyć ławek, więc i on się zrzeka. Na godzinę czwartą zwołana została nadzwyczajna narada.

Król Maciuś, korzystając z zamieszania, wymknął się do królewskiego ogrodu i przeraźliwie gwizdnął raz i drugi, ale Felek się nie pokazał.

„Kogo się tu poradzić w tak ważnej chwili? – Maciuś czuł, że ciąży na nim wielka odpowiedzialność, a nie widział drogi. – Co robić?"

Nagle przypomniał sobie Maciuś, że każdą ważną sprawę rozpocząć należy modlitwą. Tak go uczyła nie-

> Maciuś – poczucie odpowiedzialności za kraj

gdyś jego dobra mama. Król Maciuś krokiem stanowczym zagłębił się dalej, gdzie go nikt nie widział, i gorącą modlitwę skierował do Boga.

– Jestem małym chłopcem – modlił się Maciuś – bez Twojej, Boże, pomocy, nie dam rady. Z Twojej woli otrzymałem koronę królewską, więc pomóż mi, bo w wielkim jestem frasunku.

Długo prosił Maciuś Boga o pomoc i łzy gorące spływały mu po twarzy. Ale przed Bogiem nawet królowi nie wstyd płakać.

Modlił się król Maciuś na przemian i płakał. Aż zasnął wsparłszy się o pień ściętej brzozy.

I śniło mu się, że ojciec jego siedział na tronie, a przed nim stali wyprostowani wszyscy ministrowie. Nagle wielki zegar sali tronowej – ostatni raz nakręcony czterysta lat temu – zadzwonił tak jak dzwon kościelny. Mistrz ceremonii wszedł do sali, a za nim dwudziestu lokajów wniosło złotą trumnę. Wtedy król-ojciec zszedł z tronu i położył się do tej trumny, mistrz ceremonii zdjął koronę z głowy ojca i włożył ją na głowę Maciusia. Maciuś chciał usiąść na tronie, ale patrzy – tam znów siedzi jego ojciec, ale już bez korony i taki jakiś dziwny, jakby cień tylko. I ojciec powiedział:

– Maciusiu, mistrz ceremonii oddał ci moją koronę, a ja ci daję... mój rozum.

I cień króla wziął w ręce głowę — i Maciusiowi aż serce zabiło, co to teraz będzie.

Ale ktoś szarpnął Maciusia — i Maciuś się obudził.

— Wasza królewska mość, godzina czwarta się zbliża.

Podniósł się Maciuś z trawy, na której spał przed chwilą — i jakoś przyjemniej mu było, niż kiedy wstawał z łóżka. Nie wiedział Maciuś, że niejedną noc spędzi tak pod niebem na trawie, że na długo pożegna się ze swym królewskim łóżkiem.

I tak, jak mu się śniło, mistrz ceremonii podał Maciusiowi koronę.

I punkt o czwartej w sali posiedzeń zadzwonił król Maciuś i powiedział:

— Panowie, zaczynamy obrady.

— Proszę o głos — odezwał się prezes ministrów.

I zaczął długą przemowę o tym, że nie może dłużej pracować, że przykro mu zostawić króla samego w tak ciężkiej chwili, że jednak musi odejść, że jest chory.

To samo powiedziało czterech innych ministrów.

Maciuś ani trochę się nie przestraszył, tylko odpowiedział:

— Wszystko to bardzo piękne, ale teraz jest wojna i nie ma czasu na choroby i zmęczenie. Pan, panie prezesie ministrów, zna wszystkie sprawy, więc musi pan zostać. Jak wygram wojnę, to pomówimy jeszcze.

— Ależ w gazetach pisali, że ja ustępuję.

— A teraz napiszą, że pan zostaje, bo taka jest moja... prośba.

Król Maciuś chciał powiedzieć: „Taki mój rozkaz", ale widocznie cień ojca poradził mu w tak ważnej chwili zamienić wyraz „rozkaz" na „prośbę".

— Panowie, musimy bronić ojczyzny, musimy bronić naszego honoru.

— Więc wasza królewska mość będzie się bił z trzema państwami? — spytał minister wojny.

— A cóż pan chcesz, panie ministrze, żebym ich prosił o pokój? Jestem prawnukiem Juliana Zwycięzcy. Bóg nam dopomoże.

Spodobała się ministrom taka przemowa, a prezes zadowolony był, że go król prosi. Jeszcze się trochę na niby upierał, ale się zgodził zostać.

Długo trwała narada. A gdy się skończyła, chłopcy na ulicach krzyczeli:

— Dodatek nadzwyczajny! Konflikt zażegnany!

Co znaczy, że ministrowie się już pogodzili.

Maciuś był trochę zdziwiony, że w naradach nic o tym nie wspomniano, że on, Maciuś, ma mieć przemowę do ludu, że na białym koniu jechać będzie na czele dzielnego wojska. Mówili o kolejach, pieniądzach, sucharach, butach dla wojska, o sianie, owsie, wołach i świniach, jakby nie o wojnę szło, a o jakieś całkiem inne rzeczy.

Bo Maciuś słyszał wiele o dawnych wojnach, ale nie znał wcale wojny współczesnej. Miał ją dopiero poznać, miał niezadługo zrozumieć, po co są te suchary i buty, i co one z wojną mają wspólnego.

Niepokój Maciusia wzrósł, gdy nazajutrz o zwykłej porze zjawił się jego zagraniczny guwerner na lekcje.

Zaledwie jednak połowa lekcji przeszła, gdy odwołano Maciusia do sali tronowej.

— To wyjeżdżają posłowie państw, które wypowiedziały nam wojnę.

— A dokąd oni jadą?

— Do siebie.

Dziwne się Maciusiowi zdawało, że im tak wolno spokojnie wyjechać, wolał to jednakże, niż gdyby ich wbito na pal albo poddano torturom.

— A po co oni przyszli?

— Pożegnać się z waszą królewską mością.

— Czy ja mam być obrażony? — zapytał się cicho, żeby lokaje nie słyszeli, bo by stracili dla niego szacunek.

— Nie, wasza królewska mość pożegna się z nimi uprzejmie. Zresztą już oni to sami zrobią.

Posłowie nie byli ani związani, ani nie mieli łańcuchów na nogach i rękach.

— Przyszliśmy pożegnać waszą królewską mość. Jest nam bardzo przykro, że wojna być musi. Robiliśmy wszystko, aby nie dopuścić do wojny. Trudno, nie udało się. Zmuszeni jesteśmy zwrócić waszej królewskiej mości otrzymane ordery, bo nie wypada nam nosić orderów państwa, z którym nasze rządy prowadzą wojnę.

Mistrz ceremonii odebrał od nich ordery.

— Dziękujemy waszej królewskiej mości za gościnę w jego pięknej stolicy, skąd wynosimy najmilsze wspomnienia. I nie wątpimy, że drobny zatarg prędko się skończy i dawna serdeczna przyjaźń znów sprzymierzy nasze rządy.

Maciuś wstał i głosem spokojnym odpowiedział:

> **Maciuś – godność, szlachetność**

— Powiedzcie waszym rządom, że rad jestem szczerze, że wojna wybuchła. Postaram się możliwie prędko was zwyciężyć, a warunki pokoju postawię łagodne. Tak czynili moi przodkowie.

Uśmiechnął się z lekka jeden z posłów, nastąpił głęboki ukłon — mistrz ceremonii uderzył trzy razy w podłogę srebrną laską i powiedział:

— Audiencja skończona.

Mowa króla Maciusia, powtórzona przez wszystkie pisma, wzbudziła zachwyt.

Przed pałacem królewskim zebrał się ogromny tłum. Wiwatom nie było końca.

Tak upłynęły trzy dni. I król Maciuś na próżno czekał, kiedy go wreszcie wezwą. Bo przecież nie na to jest wojna, żeby królowie uczyli się gramatyki, pisali dyktando i rozwiązywali zadania arytmetyczne.

Mocno zafrasowany szedł Maciuś po ogrodzie, gdy usłyszał znane hasło kukułki.

Chwila — i ma w ręku cenny list od Felka.

Jadę na front. Ojciec się upił, tak jak zapowiedział, ale zamiast położyć się spać, zaczął szykować wszystko do drogi. Nie znalazł manierki, składanego noża i pasa do patronów. Myślał, że to ja wziąłem — i sprał mnie na całego. Dziś albo jutro w nocy uciekam z domu. Byłem na kolei. Żołnierze obiecali mnie wziąć ze sobą. Jeśli wasza królewska mość chce mi dać jakieś polecenie, czekam o godzinie siódmej. Przydałaby mi się na drogę kiełbasa, najlepiej suszona, flaszka wódki i trochę tytoniu.

Przykre to, gdy król musi się chyłkiem wymykać z pałacu jak rzezimieszek. Gorzej, gdy tę wycieczkę poprzedza równie potajemna wyprawa do stołowego pokoju, gdzie jednocześnie ginie butelka koniaku, kiełbasa i wielki kawał łososia.

„Wojna — myślał Maciuś. — Przecież na wojnie zabijać nawet wolno.”

Maciuś był bardzo smutny, a Felek promieniał.

— Koniak lepszy jeszcze od wódki. Nie szkodzi, że nie ma tytoniu. — Felek nasuszył sobie liści, a potem dostawać będzie zwykłą porcję żołnierską.

— Dobra nasza. Szkoda tylko, że głównodowodzący wojskami — fujara.

— Jak to: fujara? Kto taki?

Maciusiowi krew uderzyła do głowy. Znów oszukali go ministrowie. Okazuje się, że wojska już od tygodnia są w drodze, że się odbyły już dwie nie bardzo udane bitwy; że na czele wojska poszedł stary generał, o którym nawet ojciec Felka, co prawda trochę pijany, powiedział — cymbał. Maciuś pojedzie może raz jeden, i to w takie miejsce, gdzie nic mu grozić nie będzie. Maciuś będzie się uczył, a naród będzie go bronił. Jak przywiozą rannych do stolicy, Maciuś odwiedzi ich w szpitalu; a jak zabiją generała, Maciuś będzie na pogrzebie.

„Jakże to? Więc nie ja będę bronił narodu, tylko naród mnie będzie bronił?”

Co na to powie honor królewski, co o nim pomyśli Irenka? Więc on, król Maciuś, po to jest tylko królem, by uczyć się gramatyki i lalki do sufitu dawać dziewczynkom. Nie, jeśli tak myślą ministrowie, to nie znają Maciusia. Felek zjadał właśnie piątą garść malin, gdy Maciuś szarpnął go za ramię i powiedział:

— Felek.

— Rozkaz, wasza królewska mość.

— Chcesz być moim przyjacielem?

— Rozkaz, wasza królewska mość.

— Felek, to, co ci teraz powiem, jest tajemnicą. Żebyś mnie nie zdradził, pamiętaj.

— Rozkaz, wasza królewska mość.

— Dzisiaj w nocy uciekam z tobą na front.

— Rozkaz, wasza królewska mość.

— Pocałuj się ze mną.

— Rozkaz, wasza królewska mość.

— I mów mi „ty".

— Rozkaz, wasza królewska mość.

Maciuś
– postanowienie ucieczki
na front

— Już nie jestem królem. Jestem, poczekaj, jak by się tu nazywać? Jestem Tomcio Paluch. Ja na ciebie — Felek, ty na mnie — Tomek.

— Rozkaz — powiedział Felek łykając pośpiesznie kawałek odgryzionego łososia. Postanowiono: dziś w nocy o godzinie drugiej Maciuś będzie przy kracie.

— Słuchaj, Tomek, jeśli nas będzie dwóch, to prowizji musi być więcej.

— Dobrze — odparł Maciuś niechętnie, bo wydawało się, że w tak ważnej chwili nie przystoi myśleć o żołądku.

Skrzywił się zagraniczny guwerner, gdy ujrzał na policzku Maciusia ślad malin, pamiątkę po pocałunku z Felkiem, ale że i do pałacu dotarło zamieszanie wojenne, nic nie powiedział.

Rzecz niesłychana: ktoś z królewskiego kredensu ściągnął wczoraj dopiero rozpoczętą butelkę koniaku, doskonałą kiełbasę i połowę łososia. Były to specjały, które zagraniczny guwerner wymówił sobie z góry, gdy obejmował posadę nauczyciela następcy tronu jeszcze za życia starego króla. I oto dziś po raz pierwszy wszystkiego tego był pozbawiony. Bo choć kucharz pragnął bardzo zastąpić stratę, ale trzeba było napisać nowe zapotrzebowanie, na którym zarząd pałacowy winien był przyłożyć stempel, podpisać je miał ochmistrz dworu — i wówczas dopiero na rozkaz naczelnika piwnic można było otrzymać nową butelkę. Jeżeli zaś ktoś się uprze i zechce wstrzymać pozwolenie aż do ukończenia śledztwa — żegnaj, miły koniaku, na miesiąc lub i dłużej.

Gniewnie nalał guwerner królowi jego kieliszek tranu i o pięć sekund wcześniej, niż obowiązywał regulamin, dał hasło Maciusiowi udania się na spoczynek.

— Tomek, jesteś?

— Jestem. To ty, Felek?

— Ja. Do pioruna, ciemno, jeszcze na straż gdzie wpadniemy.

Z trudem udało się Maciusiowi wleźć na drzewo, z drzewa na parkan, a z parkanu na ziemię.

— Król, a niezgrabny jak ostatnia baba — mruknął do siebie Felek, gdy Maciuś z niewielkiej wprawdzie wysokości stoczył się na ziemię i z dala rozległo się pytanie pałacowego wartownika:

— Kto tam?

— Nie odzywaj się — szepnął Felek.

Maciuś padając na ziemię zdrapał sobie skórę na ręce: pierwsza w tej wojnie odniesiona rana.

Chyłkiem prześliznęli się przez drogę do rowu, a tam czołgając się na brzuchu, pod samym nosem straży przeprawili się aż do topolowej alei, która prowadziła do koszar. Koszary obeszli z prawej strony, kierując się światłem wielkiej lampy elektrycznej koszarowego więzienia, potem przeszli mostek i już równą drogą szli wprost na centralny dworzec wojskowy.

To, co zobaczył teraz Maciuś, przypomniało mu opowiadania o dawnych czasach. Tak, to był obóz. Jak okiem sięgnąć, paliły się ogniska, a przy nich żołnierze gotowali herbatę, rozmawiali lub spali.

Maciuś nie podziwiał Felka, z jaką znajomością rzeczy przeprowadzał go najkrótszą drogą do swojego oddziału. Maciuś myślał, że wszyscy chłopcy niekrólowie — są tacy. Jednakże Felek był wyjątkiem nawet wśród bardzo dzielnych. W tłoku, gdzie co godzina inny pociąg przywoził wojsko, gdzie oddziały coraz to zmieniały miejsca, bądź zbliżając się do kolei, bądź wybierając dogodniejsze miejsce na postój, zabłądzić wcale nie było trudno. I Felek nawet stawał parę razy w niepewności. Był tu w dzień, ale od tej pory wiele się zmieniło. Przed kilku godzinami stały tu armaty, ale zabrał je pociąg. A tymczasem nadjechał szpital polowy. Saperzy przenieśli się aż do plantu, a miejsce ich zajęli telegrafiści. Część obozu oświetlona była wielkimi reflektorami, a część tonęła w mroku. Na domiar złego deszcz zaczął padać, a że trawa była zupełnie wydeptana, nogi grzęzły w lepkim błocie.

Maciuś nie śmiał zatrzymać się, żeby nie zgubić Felka, ale tchu mu brakło, bo Felek biegł raczej, niż szedł, potrącając przechodzących żołnierzy i wzajem potrącany.

— Zdaje mi się, że tu być powinno — odezwał się nagle, rozglądając się przymrużonymi oczami. Nagle wzrok jego padł na Maciusia.

— Nie wziąłeś palta? — zapytał.

— Nie, palto moje wisi w szatni królewskiej.

— I plecaka nie wziąłeś? No wiesz, tak się wybrać na wojnę, to trzeba być mazgajem — wyrwało się Felkowi.

— Albo bohaterem — odparł urażony Maciuś.

Felek ugryzł się w język: zapomniał, że Maciuś jest bądź co bądź królem. Ale gniew go ogarnął, że deszcz akurat pada, że gdzieś mu się wynieśli znajomi żołnierze, którzy ukryć go w swoim wagonie obiecali, że wreszcie wziął Maciusia, nie uprzedziwszy go dokładnie, co wziąć powinien na drogę. Felek dostał wprawdzie w skórę od ojca, ale ma manierkę, nóż składany i pas, bez którego na wojnę żaden rozsądny człowiek się nie wybiera. A Maciuś, o zgrozo, w lakierowanych pantoflach i z zielonym krawatem, który źle zawiązany w pośpiechu i wymazany błotem, nadawał twarzy Maciusia tak żałosny widok, że Felek roześmiałby się, gdyby nie wiele trwożnych myśli, które mu może zbyt późno przyszły w tej chwili do głowy.

— Felek, Felek! — rozległo się wołanie.

Zbliżył się do nich duży chłopak, także ochotnik, ubrany już w płaszcz żołnierski, prawie żołnierz prawdziwy.

— Umyślnie tu czekałem. Nasi już są na dworcu, za godzinę ładują. Prędzej!

„Jeszcze prędzej" — pomyślał król Maciuś.

— A to co za lala z tobą? — zapytał wskazując Maciusia.

— Tak, widzisz, później ci powiem. To długa historia; musiałem go wziąć.

— No, no, wątpię. Gdyby nie ja, ciebie by pewnie nie wzięli. A ty jeszcze ze szczeniakiem.

— Nie pyskuj — gniewnie odpowiedział Felek. — Dzięki niemu mam flaszkę koniaku — dodał szeptem, tak żeby Maciuś nie słyszał.

— Daj na spróbunek.

— To się zobaczy.

Długo szli w milczeniu trzej ochotnicy. Najstarszy zły, że Felek go nie posłuchał, Felek niespokojny, że się istotnie wkopał w wielki kłopot, a Maciuś tak obrażony, tak obrażony śmiertelnie, że gdyby nie konieczność milczenia, powiedziałby temu przybłędzie tak, jak na obelgi odpowiadają królowie.

— Słuchaj, Felek — nagle zatrzymał się przewodnik — jeśli mi nie oddasz koniaku, idź sam. Ja ci wyrobiłem miejsce, obiecałeś się słuchać. Co będzie później, jeśli zaczynasz od tego, że się stawiasz?

Zaczęła się kłótnia, byłoby może doszło do bójki, gdy nagle wyleciała w powietrze skrzynia rakiet, widocznie przez nieostrożność przez kogoś zaprószona. Dwa artyleryjskie konie, spłoszone, poniosły. Zrobiło się zamieszanie, jakiś jęk przeszył powietrze, jeszcze chwila popłochu — i oto przewodnik ich leży w kałuży krwi z potrzaskaną nogą.

Felek z Maciusiem stali bezradni. Co robić? Przygotowani byli na śmierć, krew i rany, ale w boju, w polu — później nieco.

— Po co tu się dzieciaki plączą, co to za porządek? — zrzędził jakiś widocznie doktor odpychając ich na stronę. — Jakbym zgadł: ochotnik. W domu ci było siedzieć, cycek ssać, smarkaczu — mruczał przecinając nogawkę spodni wyjętymi z plecaka nożyczkami.

— Tomek, zmiatajmy! — zawołał nagle Felek zauważywszy z daleka dwóch policjantów polowych, jak szli obok noszy, na których mieli zapewne położyć sanitariusze niefortunnego ochotnika.

— Zostawimy go? — spytał Maciuś nieśmiało.

— I cóż? Pójdzie do szpitala. Do wojny niezdatny.

Ukryli się w cieniu namiotu. Po chwili miejsce opustoszało zupełnie, został tylko but, płaszcz, który sanitariusze zrzucili układając na nosze rannego, i krew w błocie.

— Płaszcz się przyda — powiedział Felek. — Oddam, jak wyzdrowieje — dodał na usprawiedliwienie. — Chodź, idziemy na dworzec. Straciliśmy z dziesięć minut.

Oddział akurat sprawdzano, gdy przecisnęli się nie bez trudu na peron.

— Nie rozchodzić się! — rozkazał młody porucznik. — Zaraz tu wrócę.

Felek opowiedział przygodę ochotnika i nie bez trwogi przedstawił Maciusia.

— Co też on powie? — ciekaw był Maciuś.

— Porucznik go wyrzuci z wagonu na pierwszej stacji. O tobie już mówiliśmy, i to się krzywił.

— Ej, wojak, ile masz lat?

— Dziesięć.

— Nic z tego nie będzie: chce, niech się do wagonu wkieruje. Ale go porucznik wyrzuci — i nam pewnie naurąga.

— Jak mnie porucznik z wagonu wyrzuci, to sam pieszo pójdę! — krzyknął buntowniczo Maciuś.

Łzy go dusiły. Jak to, on, król, który na białym koniu na czele zastępów, ze wszystkich okien obsypywany kwiatami, winien był opuszczać stolicę — ukradkiem wymyka się jak złodziej, by spełnić swój święty obowiązek obrony kraju i poddanych — i oto jedna za drugą spadają na niego obelgi.

Koniak i łosoś szybko rozchmurzyły oblicza żołnierzy.

— Królewski koniak, królewski łosoś — chwalili.

Nie bez radości przyglądał się Maciuś, jak koniak guwernera zapijali żołnierze.

— No, mały kamracie, golnij i ty krzynę; zobaczymy, czy umiesz wojować.

Nareszcie Maciuś pije to, co pijali królowie.

— Precz z tranem! — zawołał.

— He, he, to jakiś rewolucjonista — odezwał się młody kapral — a kogoż to ty nazywasz tyranem? Przecież nie króla Maciusia? Bądź no ostrożny, synek. Za takie jedno „precz" można dostać kulką tam, gdzie nie potrza.

— Król Maciuś nie jest tyranem — żywo zaprzeczył Maciuś.

— Mały jeszcze, nie wiadomo, co z niego wyrośnie.

Maciuś chciał jeszcze coś powiedzieć, ale Felek na inny temat skierował rozmowę.

— Powiadam wam, my we trzech idziem, a tu jak nie huknie: myślałem, że bomba z aeroplanu. A to tylko skrzynia z rakietami. Potem gwiazdy takie spadły z nieba.

— A po diabła im rakiety do wojny?

— Żeby oświetlać drogę, jak nie ma reflektorów.

— A tam obok stoi ciężka artyleria. Konie się spłoszyły i — na nas. My obaj w bok, a on już nie zdążył.

— I bardzo go poraniło?

— Krwi było dużo. Zaraz go zabrali.

— Ot, wojna — westchnął któryś. — Macie tam jeszcze co z tego koniaku? Cóż tego pociągu nie widać?

W tej chwili właśnie nadjechał sycząc pociąg. Gwar — zamieszanie — bieganina.

— Nie wsiadać jeszcze! — zawołał biegnąc z dala porucznik.

Ale głos jego stłumiła wrzawa.

Maciusia i Felka wrzucili żołnierze do wagonu jak dwa pakunki. Znów jakieś wagony mieli odczepiać czy doczepiać, pociąg ruszył — coś stuknęło — znów wrócił.

Ktoś wszedł do wagonu z latarką, wywoływał nazwiska. Potem żołnierze wybiegli z kociołkami po zupę.

Maciuś niby widział i słyszał, ale oczy mu się kleiły. Kiedy pociąg naprawdę ruszył wreszcie — nie wiedział. Kiedy się obudził, miarowy stuk kół o szyny wskazywał, że pociąg jest w pełnym biegu.

„Jadę" — pomyślał król Maciuś. I zasnął ponownie.

Pociąg składał się z trzydziestu wagonów towarowych, którymi jechali żołnierze, z kilku odkrytych platform z wozami i karabinami maszynowymi i jednego osobowego wagonu dla oficerów.

Obudził się Maciuś z lekkim bólem głowy. Prócz tego bolała go rozbita noga, plecy i oczy. Ręce miał brudne i lepkie, a przy tym dokuczało mu nieznośne swędzenie.

— Wstawajcie, raki, bo zupa wam wystygnie.

Nie przyzwyczajony do żołnierskiej strawy Maciuś zaledwie parę łyżek przełknął.

— Jedz, bracie, bo nic innego nie dostaniesz — zachęcał go Felek, ale bezskutecznie.

— Głowa mnie boli.

— Słuchaj, Tomek, nie myśl tylko chorować — szepnął zafrasowany towarzysz. — Na wojnie wolno być rannym, ale nie chorym.

I Felek zaczął się nagle drapać.

— Stary miał rację — powiedział — już juchy oblazły. A ciebie nie gryzie?

— Kto? — zapytał Maciuś.

— Kto? Pchły. A może co gorszego. Stary mi mówił, że na wojnie mniej dokuczają kule niż te zwierzątka.

Maciuś znał historię nieszczęsnego królewskiego lokaja — i pomyślał: „Jak też wygląda owad, który tak rozgniewał wtedy króla?"

Ale nie było czasu długo myśleć, bo nagle kapral zawołał:

— Chowajcie się, porucznik idzie!

Wepchnięto ich w kąt wagonu i przykryto.

Sprawdzano odzież — i tak się jakoś stało, że zbywało coś temu i tamtemu, a że w wagonie był jeden żołnierz-krawiec, zamiłowany w swym zawodzie, więc z nudów wziął się chętnie do uszycia dla ochotników żołnierskiego uniformu.

Gorzej było z butami.

— Słuchajcie, chłopcy, czy wy naprawdę myślicie wojować?

— Na to jedziemy.

— Tak, to tak, ale marsze są ciężkie. Buty dla żołnierza — to pierwsza rzecz po karabinie. Dopóki nogi masz zdrowe, toś żołnierz, a natrzesz je sobie, toś dziad. Zdechł pies. Na nic.

Tak sobie gwarząc jechali powoli. Przystanki były długie. To ich zatrzymywano na stacjach godzinę i dłużej, to stawiano na boczne szyny, aby przepuścić ważniejsze pociągi, to cofano na stacje, które już przejechali, to zatrzymywano o parę wiorst przed dworcem, bo linie były zajęte.

Żołnierze śpiewali, ktoś grał na harmonii w sąsiednim wagonie. Nawet tańczyli na licznych postojach. A Maciusiowi i Felkowi czas tym bardziej się dłużył, że ich nie wypuszczano z wagonów.

— Nie wychylajcie się, bo porucznik zobaczy.

Maciuś czuł się tak zmęczony, jakby nie jeden, ale pięć wielkich bojów przeżył. Chciał zasnąć, nie mógł, bo mu dokuczało swędzenie; chciał wyjść — nie można, a duszno było w wagonie.

— Wiecie, dlaczego tak długo stoimy? — przyszedł z nowiną jeden z żołnierzy, wesoły, żywy, coraz się gdzieś wśrubował i z inną powracał wiadomością.

— No co? Pewnie nieprzyjaciel most wysadził w powietrze albo tor uszkodził.

— Nie, nasi dobrze mostów pilnują.

— Więc węgla zabrakło, bo kolej nie przewidziała, że ma być zapas dla tylu pociągów.

— Może szpieg jaki uszkodził parowóz.

— I to nie. Wszystkie transporty wstrzymano, bo będzie przejeżdżał pociąg królewski.

— A któż, u pioruna, będzie nim jechał? Bo chyba nie król Maciuś.

— Jego tam bardzo potrzeba.

— Potrzeba czy nie potrzeba, a on król — i tyle.

— Królowie teraz na wojny nie jadą.

— Inni może nie jadą, a Maciuś może jechać — wtrącił się nagle Maciuś, choć go Felek ciągnął za kapotę.

— Wszyscy królowie jednakowi. Dawniej to tam może było inaczej.

— Co my tam wiemy, jak było dawniej. Może tak samo leżeli pod pierzyną, a że nikt nie pamięta, więc kłamią.

— Co mają kłamać?

— No powiedzcie, ilu królów zabili na wojnie, a ilu żołnierzy?

— No, bo król jest jeden, a żołnierzy dużo.

— A ty byś może chciał jeszcze więcej jak jednego? I z takim jednym dosyć kramu.

Maciuś uszom własnym nie wierzył. Tyle się nasłuchał o miłości narodu do króla, a szczególniej wojska. Jeszcze wczoraj myślał, że musi się ukrywać, żeby z nadmiaru miłości nie wyrządzili mu szkody, a teraz widzi, że gdyby odkryto, kim jest, nie wzbudziłoby to wcale zachwytu.

Dziwne: wojsko jedzie bić się za króla, którego nie lubi.

Bał się Maciuś, żeby czego na ojca nie powiedzieli. Ale nie, nawet go pochwalili.

— Nieboszczyk nie lubił wojen. Sam nie chciał się bić i narodu do wojny nie zmuszał.

Uwaga ta przyniosła pewną ulgę zbolałemu sercu Maciusia.

— I po prawdzie, co król będzie robił na wojnie? Prześpi się na trawie, zaraz kataru dostanie. Pchły mu spać nie dadzą. Od zapachu żołnierskiego sukna głowa go rozboli. I skórę ma delikatną, i nos delikatny.

Maciuś był sprawiedliwy. Nie mógł nie przyznać, że mają rację.

Wczoraj spał na trawie — i ma naprawdę katar. I głowa go boli — i skóra cała nieznośnie swędzi.

— No, chłopcy, dajcie pokój, i tak nic nie wymyślimy. Lepiej sobie coś wesołego zaśpiewać.

— Jedziemy! — krzyknął ktoś.

I naprawdę pociąg dość szybko ruszył. Bo tak się jakoś dziwnie składało, że ile razy kto powiedział, że pociąg stać będzie długo, pociąg ruszał nagle — i żołnierze wskakiwali w biegu, a niejeden nie zdążył i zostawał w drodze.

— Uczą nas tak w drodze, żeby się nie gapić — domyślał się któryś.

Zajechali na większą stację. I naprawdę się okazało, że przejeżdżać będzie jakaś wielka figura. Flagi, warta honorowa, jakieś damy biało ubrane i dwoje dzieci z pięknymi bukietami.

— Królewskim pociągiem jedzie na front sam minister wojny.

Znów postawili pociąg na sąsiedniej linii, gdzie stali całą noc, którą Maciuś przespał kamiennym snem. Głodny, zmęczony i smutny — spał Maciuś i nic mu się nie śniło.

Od świtu czyszczono i myto wagony — porucznik biegał i sam wszystkiego doglądał.

— Trzeba was schować, chłopcy, bo będzie krewa — powiedział kapral.

I Felek z Maciusiem zostali przyjęci do ubogiej izdebki zwrotniczego. Poczciwa żona zajęła się wojakami. Ciekawa też była, myśląc, że od małych więcej się czego dowie.

— Oj, dzieci, dzieci — biadała — i po co wam to było! Nie lepiej do szkoły? Dawno wojujecie? Gdzie byliście, dokąd jedziecie?

— Dobra pani gospodyni — chmurnie odpowiedział Felek. — Ojciec nasz jest plutonowy. I tak nam na odjezdnym powiedział: „Dobry żołnierz nogi ma do marszów, ręce do karabinu, oczy do patrzenia, uszy do słuchania, a język na to, żeby go trzymać za zębami, dopóki ich łyżka nie otworzy z zupą żołnierską. Żołnierz jednym karabinem jednej broni głowy. A jednym głupim językiem zgubić może nie tylko własną głowę, ale — cały oddział". Skąd i dokąd jedziemy — to tajemnica wojenna. Nic nie wiemy i nic nie powiemy.

Aż usta otworzyła szeroko dobra zwrotniczowa.

— Kto by się to spodziewał. Malec, a gada jak stary. Macie rację: dużo bo szpiegów między wojskiem się włóczy. Ubierze taki siaki mundur żołnierski i wypyta, wywie się o wszystkim, a potem hajda do nieprzyjaciela.

I z wielkiego szacunku nie tylko napoiła ich herbatą, ale i kiełbasy dała.

Smakowało Maciusiowi śniadanie, tym bardziej że i umył się jak należy.

— Pociąg królewski, pociąg królewski — rozległo się wołanie.

Felek wlazł z Maciusiem na drabinę, która stała przy obórce zwrotniczego, i patrzyli.

— Jedzie.

Piękny pociąg osobowy z dużymi oknami wjeżdża na stację. Orkiestra gra hymn narodowy. W oknie stoi dobrze Maciusiowi znany minister wojny.

Oczy ministra spotkały się na chwilę z oczami Maciusia.

Maciuś drgnął i szybko się pochylił: co by to było, gdyby go poznał minister?

Minister nie mógł poznać Maciusia, po pierwsze, dlatego że myśl jego była zajęta bardzo ważnymi sprawami, a po drugie, dlatego że już po ucieczce Maciusia, którą prezes ministrów ukrył przed wszystkimi — o czym później się powie — Maciuś podrobiony żegnał go na drogę w stolicy.

Minister spraw zagranicznych kazał mu się przygotować do wojny z jednym, a bić się trzeba aż z trzema królami.

Minister wojny miał teraz o czym myśleć: „Łatwo powiedzieć: «Idź i bij się», kiedy aż trzech na ciebie idzie". Co z tego, że pobije jednego albo dwóch nawet, jeżeli go trzeci położy.

Żołnierzy by może starczyło, ale ani karabinów nie ma, ile potrzeba, ani armat, ani odzieży. Toteż minister taki plan obmyślił.

Rzuci się znienacka, rozbije pierwszego nieprzyjaciela, zabierze wszystko, co on przygotował do wojny — i dopiero weźmie się do drugiego.

Przykro było trochę Maciusiowi, gdy patrzał, jak wojsko stało na baczność, jak ministrowi dawano kwiaty i orkiestra bez przerwy grała.

„Mnie się to wszystko należy" — pomyślał.

Ale że był sprawiedliwy, więc zaraz sam sobie wszystko wytłumaczył:

„Tak, łatwo chodzić i salutować, słuchać muzyki i brać bukiety. Ale powiedz no, mój Maciusiu, czy wiedziałbyś dokąd posyłać wojsko, kiedy nie umiesz jeszcze geografii".

Bo co wie Maciuś? Zna trochę rzek i gór, i wysp, wie, że ziemia jest okrągła i obraca się dokoła osi, ale taki minister musi znać wszystkie fortece, wszystkie drogi, musi znać każdą ścieżkę w lesie. Pradziadek Maciusia wygrał wielką bitwę, bo kiedy nieprzyjaciel prowadził na niego wojska, on schował się w lesie, przeczekał, aż nieprzyjaciel wejdzie głęboko w las, a sam gęstymi ścieżkami zaszedł od tyłu i rozbił go na głowę. Nieprzyjaciel myślał, że spotka wojsko prapradziadka z przodu, a on uderzył niespodzianie z tyłu i jeszcze go wepchnął w bagna.

A Maciuś czy zna swoje lasy i błota?

Pozna je teraz. Gdyby siedział w stolicy, znałby tylko swój ogród królewski. A tak — zobaczy całe swoje państwo.

Mieli jeszcze słuszność żołnierze, że śmieli się z Maciusia. Maciuś jest bardzo małym i mało uczonym królem. Może i źle się stało, że wojna tak od razu wybuchła. Żeby choć za dwa lata albo za rok jakiś.

Teraz muszę opowiedzieć, co działo się w pałacu, kiedy spostrzeżono, że nie ma króla.

Wchodzi rano do sypialni najstarszy lokaj i oczom nie wierzy: okno otwarte, łóżko rozrzucone, a Maciusia ani śladu.

Mądry był królewski lokaj: zamknął na klucz sypialnię, pobiegł do mistrza ceremonii, który spał jeszcze, obudził go i do ucha powiedział:

— Jaśnie wielmożny mistrzu ceremonii, król zginął.

Mistrz ceremonii w największej tajemnicy zatelefonował do prezesa ministrów.

Nie upłynęło dziesięć minut, gdy w szalonym pędzie zajechały trzy samochody:

prezesa ministrów,

ministra spraw wewnętrznych,

prefekta policji[4].

— Ukradli króla.

To przecież jasne. Nieprzyjacielowi musiało bardzo na tym zależeć, żeby ukraść króla. Wojsko się dowie, że nie ma króla, więc bić się nie zechce — i bez boju nieprzyjaciel zawładnie stolicą.

— Kto wie, że nie ma króla?

— Nikt nie wie.

— To dobrze.

— Musimy się tylko dowiedzieć, czy Maciuś został uprowadzony, czy też zabity. Panie prefekcie policji, proszę to zbadać. Czekam za godzinę odpowiedzi.

W parku królewskim była sadzawka. Może utopili Maciusia. Sprowadzono z ministerium morskiego ubranie nurka. Ubranie nurka — to jest taki żelazny klosz z okienkami i rurą, przez którą się pompuje powietrze. Prefekt policji włożył na głowę ten klosz, spuścił się na dno sadzawki — chodzi i szuka. A z góry mu marynarze pompują powietrze. Ale Maciusia nie znalazł.

---

[4] *prefekt policji* — naczelnik policji.

Wezwano do pałacu doktora i ministra handlu. Wszystko robiono w największej tajemnicy, ale coś trzeba było przecież powiedzieć, bo służba wiedziała, że coś się stało, kiedy ministrowie od samego rana latają jak opętani.

Więc powiedzieli, że Maciuś jest niezdrów i doktor zapisał mu na śniadanie raki. I dlatego prefekt policji wlazł do sadzawki.

Zagranicznemu guwernerowi powiedziano, że Maciuś lekcji mieć nie będzie, bo leży w łóżku. Obecność doktora upewniła wszystkich, że to jest prawda.

— No dobrze, więc dziś możemy już być spokojni — powiedział minister spraw wewnętrznych — ale co jutro zrobimy?

— Jestem prezesem ministrów i głowę mam nie od parady. Zaraz zobaczycie.

Przyjechał minister handlu.

— Czy pan pamięta tę lalkę, którą Maciuś kazał kupić dla Irenki?

— Doskonale pamiętam. A bo małą mi zrobił awanturę minister finansów, że na głupstwa wydaję pieniądze?

— Więc jedź pan w tej chwili do fabrykanta i powiedz pan, że na jutro musi być podług fotografii Maciusia zrobiona taka lalka, żeby nikt, ale to nikt nie poznał, żeby wszyscy myśleli, że to naprawdę żywy Maciuś.

Prefekt policji wyszedł z sadzawki i dla niepoznaki wyciągnął dziesięć raków, które zaraz odesłano z wielkim hałasem do królewskiej kuchni. A doktor napisał pod dyktando receptę:

Rp.
zupa rakowa
ex 10 raków dosis una
S. Co dwie godziny łyżka.

Kiedy dostawca jego królewskiej mości usłyszał, że sam minister handlu czeka go w gabinecie, aż ręce zatarł z radości:

„Znów Maciusiowi strzeliło coś do głowy".

Obstalunek tym bardziej mu był potrzebny, że z chwilą wybuchu wojny — wszyscy prawie ojcowie i wujaszki wyjechali i nikt nie miał głowy do kupowania lalek.

— Panie fabrykancie, terminowy obstalunek. Lalka musi być gotowa na jutro.

— To będzie trudno. Prawie wszyscy robotnicy poszli na wojnę, zostały tylko robotnice i chorzy. A przy tym zawalony jestem robotą, bo prawie każdy ojciec, idąc na wojnę, kupuje dzieciom swoim lalki, żeby nie płakały i nie tęskniły, i były grzeczne.

Fabrykant kłamał jak najęty. Bo nikt z jego robotników nie poszedł na wojnę, bo tak im mało płacił za robotę, że wszyscy z głodu byli chorzy i niezdatni do służby wojskowej. Obstalunków żadnych nie miał. A powiedział tak, bo za lalkę chciał wziąć dużo pieniędzy.

Aż oczy mu się zaśmiały, kiedy się dowiedział, że tą lalką ma być Maciuś.

— Uważa pan, król musi się często pokazywać. Będzie jeździł powozem po mieście, żeby nie myśleli, że się boi, że jest wojna i siedzi schowany. A po co dziecko wozić tak ciągle po mieście? Może być deszcz, zaziębi się albo co. A rozumie pan, że właśnie teraz dbać trzeba o zdrowie króla.

Za mądry był fabrykant, żeby się nie domyślić, że tak mu tylko mówią, że tu jest jakaś tajemnica...

— Więc koniecznie na jutro?

— Na jutro na dziewiątą rano.

Fabrykant wziął pióro, niby to coś liczył — Maciusia musi przecież zrobić z najlepszej porcelany — nie wie, czy mu starczy. Tak, to musi drogo kosztować. I robotnikom więcej zapłacić musi za tajemnicę. A tu maszyna mu się zepsuła. Ile to reperacja będzie kosztowała? No — i te obstalunki musi odłożyć. Liczył, liczył długo.

— Panie ministrze handlu, gdyby nie wojna... ja rozumiem przecież, że teraz są wielkie wydatki na wojsko i armaty... gdyby nie wojna, musielibyście dwa razy więcej zapłacić. Więc niech będzie — no już ostatnia cena...

I powiedział taką sumę, że minister aż jęknął.

— Ależ to zdzierstwo.

— Panie ministrze, pan obraziłeś przemysł narodowy.

Minister zatelefonował do prezesa, bo sam bał się tyle pieniędzy płacić. Ale bojąc się, żeby rozmowy ktoś nie podsłuchał, zamiast „lalka" powiedział „armata".

— Panie prezesie ministrów, strasznie drogo chcą za tę armatę.

Prezes ministrów domyślił się zaraz, o co chodzi, więc powiedział:

— Nie targuj się pan, tylko powiedz, że musi za pociągnięciem sznurka salutować.

Telefonistka bardzo się zdziwiła, co to za nowe armaty, które mają salutować.

Fabrykant zaczął się rzucać.

On do obstalunku dołoży. To nie jego rzecz. Niech się zwrócą do królewskiego mechanika albo zegarmistrza. On jest poważny przemysło wiec, a nie magik. Maciuś będzie zamykał oczy, ale salutować nie będzie — i basta. Wreszcie i na to zgoda, ale nie opuści ani złamanego szeląga.

Spocony i głodny wracał minister handlu do domu.

Spocony i głodny wrócił prefekt policji do pałacu.

— Już wiem, jak Maciusia ukradli. Obejrzałem wszystko dokładnie.

Było tak: kiedy Maciuś spał, zarzucono mu na głowę worek i wyniesiono do królewskiego ogrodu, tam gdzie rosną maliny. Między malinami jest wydeptane miejsce. Tam Maciuś zemdlał. Więc dano mu na otrzeźwienie maliny i wiśnie. Leży tam sześć pestek od wisien. Kiedy przenoszono Maciusia przez parkan, musiał się bronić, bo na korze drzewa są ślady błękitnej krwi. Dla niepoznaki wsadzono go na krowę. Sam prefekt widział ślady krowich nóg. Potem droga prowadzi do lasu, gdzie znaleziono worek. A potem na pewno ukryto gdzieś żywego Maciusia, a gdzie, prefekt nie wie, bo miał mało czasu i nie mógł się nikogo pytać, żeby nie zdradzić tajemnicy, należy pilnować zagranicznego guwernera, bo jest bardzo podejrzany. Pytał się, czy może odwiedzić Maciusia.

— A oto są pestki od wisien i worek.

Prezes ministrów włożył worek i pestki do skrzynki, zamknął na kłódkę i opieczętował czerwonym lakiem, a na wierzchu napisał po łacinie: *corpus delicti*.

Bo tak już jest przyjęte, że jak ktoś czegoś sam nie wie i nie chce, żeby inni wiedzieli, to pisze po łacinie.

Nazajutrz minister wojny składał pożegnalny raport, a Maciuś-lalka nic nie powiedział, tylko salutował.

I na wszystkich rogach ulic wywieszono ogłoszenia, że ludność stolicy może spokojnie pracować, bo król Maciuś codziennie w otwartym samochodzie wyjeżdżać będzie na spacer.

Plan ministra wojny udał się doskonale. Trzej nieprzyjaciele myśleli, że wojska Maciusia pójdą od razu na wszystkich. A tymczasem on zebrał żołnierzy w jedno miejsce, z całej siły uderzył na jednego i pobił go. Wziął wielką zdobycz i rozdał karabiny, buty i plecaki tym, którym nie wystarczało.

Maciuś akurat wtedy przybył na front, kiedy odbywał się podział wojennego łupu.

— A to co za wojownicy? — zdziwił się główny komendant wojska, to jest ten, który daje odzież i jedzenie.

— My tacy sami wojacy jak wszyscy — powiedział Felek — tylko trochę mniejsi.

Każdy wybrał sobie parę butów, rewolwer, karabin, plecak. I Felek żałował nawet, że zabrał ojcu pas i nóż składany — i niepotrzebnie zupełnie dostał wtedy w skórę. Ale kto może przewidzieć, jakie niespodzianki przyniesie wojna.

Nie darmo mówiono, że głównodowodzący nie był zanadto mądry. Zamiast, zabrawszy łupy, cofnąć się i okopać na miejscu, poszedł naprzód. Zabrał jakichś pięć czy sześć miast, do niczego mu niepotrzebnych, i dopiero kazał kopać okopy. Ale już było za późno, bo nieprzyjacielowi szli na pomoc ci dwaj inni.

Tak później mówiono, ale oddział Maciusia nie wiedział nic, bo na wojnie wszystko trzyma się w tajemnicy.

Przyszedł rozkaz, żeby iść tu i tu, przyszedł rozkaz, żeby robić to i to. Idź i rób, o nic się nie pytaj i nic nie gadaj.

Kiedy weszli do tego zagranicznego zwyciężonego miasta, Maciusiowi wszystko bardzo się podobało. Spali w wygodnych, dużych pokojach, co prawda na podłodze, ale zawsze to lepsze niż ciasna chałupa albo zgoła pole.

Z utęsknieniem czekał Maciuś na pierwszą bitwę, bo do tej pory dużo ciekawych rzeczy widział i słyszał, ale wojny prawdziwej nie widział. Co za szkoda, że się spóźnili.

W mieście stali tylko jedną noc, a na drugi dzień ruszyli dalej.

— Stanąć i kopać.

Maciuś nie znał zupełnie nowoczesnej wojny. Myślał, że wojsko tylko się bije, zabiera konie i jedzie coraz dalej i dalej, tratując nieprzyjaciela. Ale że wojska kopią rowy, przed tymi rowami wbijają paliki z drutem kolczastym i siedzą w tych rowach całe tygodnie, ani się Maciusiowi śniło. Toteż nie bardzo chętnie wziął się do roboty. Zmęczony był i słaby — wszystkie kości bardzo go bolały; bić się — to królewskie zadanie, ale kopać — to każdy inny lepiej zrobi od niego.

A tu przychodzi rozkaz za rozkazem, żeby się śpieszyć, bo nieprzyjaciel się zbliża. Już nawet słychać było z daleka strzały armatnie.

Aż tu raz wali samochodem pułkownik saperów, krzyczy, pięści zacisnął, grozi, że rozstrzela tych, którzy źle robią.

— Jutro ma być bitwa, a oni nic nie robią.

— A ci dwaj po co tu?! — krzyknął w ostatniej złości. — Co to za Waligóra i Wyrwidąb?

I mogła się cała złość pułkownika saperów skrupić na dwóch ochotnikach, na szczęście nad głowami warczeć zaczął nieprzyjacielski aeroplan.

Pułkownik popatrzył przez lornetę w niebo, ale prędko zawrócił, wsiadł do samochodu i czmychnął. A tu buch — buch — buch — jedna za drugą trzy bomby upadły. Nikogo wprawdzie nie zraniły, ale wszyscy powskakiwali do wykopanych rowów, bo tam było bezpieczniej.

Bomby i pociski armatnie tak są urządzone, że w nich jest dużo kul i kawałków żelaza. I jak pocisk się rozerwie, wszystko to ze środka się rozsypie na różne strony i rani, i zabija. A kto siedzi w dole, w rowie, temu nad głową wszystko przelatuje. Chyba że pocisk w sam rów upadnie. Ale to rzadko się zdarza, bo kule armatnie parę wiorst niosą i trudno akurat w rów wycelować z takiej odległości.

Te trzy bomby wiele Maciusia nauczyły. Już nie dąsał się i nie buntował, tylko wziął za łopatę i pracował tak długo, aż wreszcie zmęczone ręce same opadły, i jak kłoda zwalił się, ciężkim snem zmorzony, na dno samo rowu. Nie budzili go żołnierze, ale sami przy świetle rakiet całą noc pracowali. A razem ze świtem spadł na nich pierwszy atak nieprzyjaciela.

Pokazało się czterech nieprzyjacielskich jeźdźców na koniach. To byli ci, którzy ich szukali: gdzie są — żeby wojsko uprzedzić. Zaczęli strzelać do nich, jeden spadł z konia, pewnie zabity, a trzech uciekło.

— Zaraz będzie bitwa! — wołał porucznik. — Leżeć w rowach, tylko karabiny wystawić i czekać — brzmiał rozkaz.

Pierwsza bitwa

Istotnie niezadługo pokazało się wojsko nieprzyjacielskie. Zaczęto strzelać z obu stron.

Ale oddział Maciusia ukryty był w rowach, a tamci szli przez otwarte pole. Kule tamtych przelatywały nad rowem, nad głowami ukrytych żołnierzy, i tylko świst ich i brzęczenie słychać było, a tamtych gęsto kule raziły.

Zrozumiał teraz Maciuś, że słusznie gniewał się wczoraj pułkownik saperów, i zrozumiał, że na wojnie każdy rozkaz musi być wykonany szybko i bez niepotrzebnego gadania.

Tak, cywile mogą sobie słuchać lub nie słuchać, ociągać się i perorować, ale wojskowy jedno wie tylko: rozkaz musi być bez zwłoki wykonany, każde polecenie ściśle spełnione.

Naprzód – to naprzód, w tył – to w tył. Kopać – to kopać.

Bitwa cały dzień trwała. Nareszcie nieprzyjaciel zrozumiał, że nic nie poradzi, bo tylko traci ludzi, a dojść do nich nie może, bo przeszkadzają druty kolczaste, więc cofnął się i zaczął okopywać. Ale inna rzecz kopać spokojnie, gdy nikt nie przeszkadza, a inna – kopać pod strzałami, gdy zewsząd kule padają.

W nocy co chwila puszczano rakiety, więc było widno – i chociaż mniej strzelano, bo zmęczeni na przemian strzelali i spali, ale bitwa dalej trwała.

– Nie daliśmy się – mówili zadowoleni żołnierze.

– Nie daliśmy się – telefonował porucznik do sztabu.

Bo i telefon zdążyli już przeprowadzić.

Jakież więc było ich zdziwienie i gniew, gdy nazajutrz otrzymali rozkaz, żeby się cofać.

– Dlaczego? Wykopaliśmy rowy, zatrzymaliśmy wroga, możemy się bronić.

Gdyby Maciuś był porucznikiem, na pewno nie posłuchałby rozkazu. To pewnie pomyłka jakaś. Niech pułkownik tu przyjdzie, niech zobaczy, jak dobrze się biją. Tamtych tylu zabitych, a u nich jeden tylko ranny w rękę, bo kiedy strzelał z rowu, wysuniętą rękę drasnęła nieprzyjacielska kula. Skąd pułkownik z daleka może wiedzieć, co tu się dzieje?

Była chwila, kiedy Maciuś gotów był krzyknąć na cały głos:

„Ja jestem król Maciuś! Niech sobie pułkownik, co chce, rozkazuje, a ja nie pozwalam się cofać! Król jest starszy od pułkownika".

Jeżeli tego nie zrobił, to że nie miał pewności, czy mu uwierzą i nie wyśmieją.

I po raz drugi przekonał się Maciuś, że w wojsku rozumować nie wolno, a trzeba bezzwłocznie wykonywać rozkazy.

Przykro było rzucać z takim mozołem wykopane rowy strzeleckie, zostawiać nawet część zapasów chleba, cukru i słoniny. Przykro było wracać przez wieś, gdzie mieszkańcy zdziwieni pytali się:

— Dlaczego uciekacie?

Już w drodze dogonił ich konny wysłaniec z listem, żeby szli prędko, bez wypoczynku.

Łatwo mówić — bez wypoczynku, ale — po dwóch nieprzespanych nocach, gdy jedną noc kopali, a drugą noc się bili — iść bez wypoczynku nie można. Przy tym jedzenia mieli mało, a w dodatku byli źli i zmartwieni. Iść naprzód ochota, ostatnich sił dobywasz i pędzisz, ale wracać niechętnie — to sił prędzej braknie.

Idą — idą — idą — idą — a tu nagle z dwóch stron strzały, bo i z prawej, i z lewej strony.

— Rozumiem! — krzyknął porucznik. — Myśmy za daleko poszli naprzód, a nieprzyjaciel zaszedł od tyłu. Miał rację pułkownik, że kazał prędko uciekać. Byliby nas wzięli do niewoli.

— Ładna historia, musimy się przedzierać — ze złością powiedział jeden żołnierz.

Och, jak było ciężko! Teraz nieprzyjaciel siedział w rowach i strzelał z dwóch stron, a oni mieli uciekać.

Zrozumiał teraz Maciuś, dlaczego na radzie ministrów mówili o butach, owsie dla koni i o sucharach.

Gdyby nie mieli sucharów w plecakach, toby umarli z głodu, bo trzy dni tylko suchary gryźć musieli. Spali na zmianę, po parę godzin tylko. A nogi mieli tak poranione, że krew z nich aż bulgotała w butach.

Cicho, jak cienie, uciekali lasami, a porucznik coraz to patrzał na mapie, gdzie jest jakiś parów, żeby się ukryć, albo gęstwina.

I raz wraz zjawiali się jeźdźcy nieprzyjacielscy, żeby zobaczyć którędy uciekają, żeby dać znać i kierować pościgiem.

Gdybyście widzieli Maciusia! Wysechł przez te dnie jak patyczek, zgarbił się, zmalał jeszcze. Wielu żołnierzy rzucało karabiny, ale Maciuś trzymał swój karabin w zdrętwiałych palcach.

Jak można w kilka dni tyle przeżyć!

„Ojczulku, ojczulku — myślał Maciuś — o, jak ciężko być królem, który prowadzi wojny. Łatwo było powiedzieć: «A bo my się boimy? Zwyciężę was jak mój wielki pradziadek». Łatwo gadać, ale robić trudno. Och, jakim ja wtedy byłem lekkomyślnym dzieciakiem! Myślałem tylko o tym, jak będę na białym koniu opuszczał stolicę, a ludność sypać będzie kwiaty pod nogi konia. A nie myślałem, ile ludzi zabiją".

A ludzie padali od kul i może Maciuś dlatego tylko ocalał, że mały. Och, jakże się ucieszyli, gdy wreszcie spotkali swoje wojska! I nie tylko wojska, ale już gotowe wykopane rowy.

„A teraz śmiać się z nas będą" — pomyślał Maciuś.

Ale się rychło przekonał, że nawet na wojnie jest sprawiedliwość. Kiedy się już w rowach strzeleckich wyspali i podjedli, kazano im iść do rezerwy.

Nowi żołnierze zajęli okopy i strzelali, a oni przeszli jeszcze pięć wiorst do tyłu — i tam zatrzymano ich w małym miasteczku.

Tu na placu spotkał ich pułkownik saperów, ale wcale się teraz nie gniewał, tylko powiedział:

— No, co zuchy, rozumiecie teraz, dlaczego potrzebne są rowy?

O, i jak zrozumieli!

Potem oddzielili osobno tych żołnierzy, którzy rzucili swoje karabiny, i osobno tych, którzy wrócili z karabinami. I do tych ostatnich zwrócił się generał z taką mową:

— Cześć wam za to, zachowaliście broń. Bohaterów prawdziwych poznaje się nie w powodzeniu, ale w porażce.

— Patrzcie, są tu ci dwaj malcy! — zawołał pułkownik saperów. — Niech żyją dzielni bracia Waligóra i Wyrwidąb!

Od tej pory Felek został Waligórą, a Maciuś Wyrwidębem. I już inaczej o nich nie mówili:

— Ej, Waligóra, przynieś no wody!

— Te, Wyrwidąb, dorzuć drew do ognia!

I oddział pokochał swoich chłopaków.

Tu na wypoczynku dowiedzieli się, że minister wojny strasznie się pokłócił z głównodowodzącym i dopiero król Maciuś ich pogodził.

Maciuś nic nie wiedział o lalce, która go zastępowała w stolicy i dziwił się bardzo, że tak mówili, jakby on był w domu. Maciuś był jeszcze bardzo młodym królem i nie wiedział, co to jest dyplomacja. A dyplomacja — to znaczy wszystko kłamać, żeby nieprzyjaciel nic nie wiedział.

Ano, odpoczęli, podjedli — i zasiedli w okopach. I zaczęła się tak zwana wojna pozycyjna. To znaczy, że i oni, i nieprzyjaciel strzelali, ale kule przelatywały nad głowami, bo żołnierze siedzieli pod ziemią.

Tylko od czasu do czasu, jak im się zaczynało nudzić, szli do ataku raz ci, raz tamci — wtedy albo jedni, albo drudzy o parę wiorst szli naprzód albo w tył.

Żołnierze chodzili sobie w rowach, grali, śpiewali, grali w karty, a Maciuś pilnie się uczył.

Uczył Maciusia porucznik, któremu też się nudziło. Postawi rano wartę, żeby patrzyli, czy nieprzyjaciel idzie do ataku, zatelefonuje do sztabu, że wszystko w porządku — i cały dzień nie ma co robić.

Więc chętnie zgodził się uczyć małego Wyrwidęba. Miłe to były lekcje. Siedzi Maciuś w rowie i uczy się geografii, śpiewają skowronki — czasem tylko strzał się rozlegnie. Cicho i przyjemnie.

A tu nagle tak, jakby psy skowyczały.

Zaczyna się!

To małe polowe armatki.

A tu: bęc — bęc — szczeknie duża armata.

I zaczyna się. Karabiny rechoczą jak żaby — tu gwiżdże — tu syczy — tu dudni — i raz wraz bac — buch-buch!

Trwa tak pół godziny, godzinę. Wpadnie czasem kula armatnia do okopu i tu wybuchnie — położy paru ludzi, pokaleczy kilku. Ale przyzwyczajeni już nic sobie z tego nie robią towarzysze.

— Szkoda go, dobry był chłop.

— Wieczne odpoczywanie — przeżegna się ten i ów. Doktor rannych opatrzy — w nocy odeśle do polowego szpitala.

Ano cóż — wojna.

Nie uniknął i Maciuś rany. Przykro mu było iść do szpitala. Taka mała rana — nawet kość nie ruszona. Ale doktor się uparł — odesłał.

Leży Maciuś na łóżku — po raz pierwszy od czterech miesięcy. Ach, jakie szczęście! Siennik, poduszka, kołdra, białe prześcieradło, ręcznik płócienny, stolik biały przy łóżku, kubek, talerz, łyżka podobna trochę do tych, którymi jadał w pałacu królewskim.

Rana się prędko goiła, siostry i lekarze bardzo byli mili — i Maciuś czułby się nawet dobrze, gdyby nie straszne niebezpieczeństwo.

— Patrzcie, jaki on podobny do króla Maciusia — powiedziała raz żona pułkownika.

— Prawda! I mnie wydawał się jakiś znajomy, ale nie mogłem sobie przypomnieć.

I chcieli go fotografować do gazety.

Za nic w świecie.

Na próżno mu tłumaczyli, że może król Maciuś przyśle mu medal, jak przeglądając obrazki zobaczy takiego małego żołnierza.

— Poślesz ojcu, głupi, swoją fotografię, to się ucieszy.

— Nie i nie!

Dosyć miał Maciuś tych fotografii, zresztą bał się nie na żarty. A nuż poznają, domyślą się.

— Dajcie mu spokój, kiedy nie chce. A może ma rację. Jeszcze się król Maciuś obrazi, będzie mu przykro, że jeździ samochodem po stolicy na spacer, gdy jego rówieśnicy otrzymują rany.

„Co to — do pioruna — za Maciuś, o którym ciągle mówią?"

Maciuś pomyślał „do pioruna", bo już dawno zapomniał etykiety i nauczył się gwary żołnierskiej.

„Jak to dobrze, że uciekłem i jestem na froncie" — pomyślał jeszcze król Maciuś.

Nie chcieli wypisać Maciusia ze szpitala, nawet prosili bardzo, żeby został, że przyda się: herbatę rannym dawać będzie, w kuchni pomoże.

Oburzył się Maciuś.

Nie, za żadne skarby! Niech sobie ten malowany Maciuś w stolicy rozdaje w szpitalach prezenty i chodzi na pogrzeby oficerów, on — prawdziwy król Maciuś — pójdzie znowu do okopów.

I wrócił.

Gdzie Felek?

— Nie ma Felka.

Felkowi znudziła się służba w okopach. Ruchliwy był chłopak — ani chwili nie mógł usiedzieć na miejscu. A tu siedź w rowie całymi tygodniami i łba nie wychylaj, bo zaraz strzelają, a porucznik się złości.

— Schylisz ty swój głupi łeb czy nie?! — wołał porucznik. — Postrzelą głupca, a potem wozić go trzeba po szpitalach, opatrunki robić. I bez ciebie dosyć jest kłopotów.

Raz i drugi skrzyczał tylko, a za trzecim razem wsadził go do paki na trzy dni na chleb, na wodę.

A to tak było:

W nieprzyjacielskich okopach zmienił się oddział. Stary poszedł na wypoczynek, a nowy oddział w nocy go zmienił. Okopy ich były teraz tak blisko, że jedni słyszeli, co krzyczą drudzy. Więc zaczęli sobie wzajemnie wymyślać.

— Wasz król jest smarkacz! — wołają z nieprzyjacielskiego okopu.

— A wasz jest niedołężny dziad.

— Wy dziady. Buty macie dziurawe.

— A wy głodne pyski, lurę dostajecie zamiast kawy.

— Chodź spróbuj.

— Jak weźmiemy waszego do niewoli, to taki głodny jak wilk.

— A wasi obdarci i głodni.

— A dobrze uciekaliście przed nami.

— Ale spraliśmy was na ostatku.

— Strzelać nie umiecie. Wasze kule lecą do wron.

— A wy umiecie?

— Pewnie, że umiemy.

Zezłościł się Felek, wyskoczył z okopu, odwrócił się plecami do nich, pochylił, płaszcz zakasał i krzyknął:

— No to strzelajcie!

Huknęły cztery strzały, ale nie trafiły.

— O strzelcy!

Żołnierze się śmieli, ale porucznik bardzo się rozgniewał i wsadził Felka do paki.

To była głęboko pod ziemią wykopana jama, obłożona deskami. Bo trzeba wiedzieć, że żołnierze brali deski z rozbitych chałup i porobili sobie w okopach ściany, podłogi, a nawet altanki, żeby ich deszcz nie moczył i błota nie było.

Posiedział Felek dwa dni tylko w drewnianej klatce pod ziemią, bo mu porucznik przebaczył. Ale i tego było mu za wiele.

— Nie chcę służyć w piechocie.

— A gdzie pójdziesz?

— Do aeroplanów.

Akurat w państwie Maciusia brakło benzyny. Ale bez benzyny trudno aeroplanem wozić duże ciężary. Więc przyszedł rozkaz, żeby do aeroplanów brać tylko lekkich żołnierzy.

— Idź ty, serdelku — śmieli się żołnierze z jednego grubasa.

Rada w radę — Felek pójdzie. Bo kto może być lżejszy jak nie dwunastoletni chłopak. Pilot będzie kierował aeroplanem, a Felek będzie bomby rzucał.

Trochę się zmartwił Maciuś, a trochę i cieszył, że nie ma Felka.

Felek jeden jedyny wiedział, że Maciuś jest królem. Prawda. Maciuś sam go prosił, żeby go nazywał Tomkiem. Ale zawsze nie było to w porządku, że go Felek traktował jak równego sobie. I żeby to jak równego, ale nie. Ponieważ Maciuś był młodszy, więc Felek go lekceważył. Felek pił wódkę i palił papierosy, a jak Maciusia chciał kto poczęstować, zaraz mówił:

— Jemu nie dawajcie, on mały.

Maciuś nie lubił pić ani palić, ale chciał sam powiedzieć, że dziękuje, a nie — żeby Felek mówił za niego.

Jak wychodzili z okopów w nocy na zwiady, zawsze tak Felek kierował, że jego zabierali żołnierze.

— Nie bierzcie Tomka. Co on wam pomoże?

Zwiady były niebezpieczne i ciężkie. Trzeba było cicho czołgać się na brzuchu aż do nieprzyjacielskich drutów kolczastych, przecinać je nożycami albo szukać ukrytej warty nieprzyjacielskiej. Czasem godzinę leżeć trzeba było cichutko, bo jak usłyszeli szmer, zaraz puszczali rakiety i strzelali do śmiałków. Więc żołnierze żałowali Maciusia, bo młodszy i delikatniejszy, i częściej brali Felka. A Maciusiowi było przykro.

Teraz został sam jeden i duże usługi oddawał oddziałowi: to warcie zanosił patrony, to wślizgnął się pod drutami do nieprzyjacielskich okopów, a dwa razy w przebraniu zakradł się aż na ich stronę.

**Maciuś
– bohaterstwo**

Przebrał się Maciuś za pastuszka, przekradł się przez druty, uszedł ze dwie wiorsty, usiadł przed rozwaloną chałupą i niby to płacze.

— Czego płaczesz? — dostrzegł go jakiś żołnierz.

— Co nie mam płakać, jak nam chałupę spalili, a mama gdzieś poszła, nie wiem gdzie.

Wzięli Maciusia do sztabu, kawą napoili. Przykro było Maciusiowi.

Ot, dobrzy ludzie, nakarmili, jeszcze mu jakiś stary kaftan dali, bo drżał z zimna, bo go dla niepoznaki w biedne szmaty na drogę ubrali. Ot, dobrzy ludzie, a on, Maciuś, ich oszukuje — szpiegować przyszedł.

I już Maciuś układał sobie w głowie, że nic nie powie, kiedy tak. Niech sobie mówią na niego, że głupi, że nic nie wie, i niech go więcej nie posyłają. Nie chce być szpiegiem. Ale zawołali go do sztabowego oficera.

— Słuchaj, mały, jak ty się nazywasz?

— Tomek się nazywam.

— Więc słuchaj, Tomek. Możesz zostać przy wojsku, jak chcesz, póki twoja mama nie wróci. Dostaniesz ubranie, kociołek żołnierski, zupę i pieniądze. Ale musisz się do nich przekraść i zobaczyć, gdzie mają prochownię.

— Co to jest prochownia? — udał Maciuś, że nie wie.

Więc go zaprowadzili, pokazali mu, gdzie są kule armatnie, gdzie bomby i granaty, gdzie proch i patrony.

— Wiesz teraz?

— Wiem.

— No to pójdziesz, zobaczysz u nich, gdzie to wszystko mają schowane, a potem wrócisz tu i opowiesz.

— Dobrze — zgodził się Maciuś.

A oficer nieprzyjacielski kontent, że mu się tak łatwo udało. Aż dał Maciusiowi całą tabliczkę czekolady.

„To tak? — pomyślał z ulgą Maciuś. — Już jak mam być wywiadowcą, wolę dla swoich”.

Odesłali go do okopów i puścili w drogę. A żeby nie było słychać, że idzie, dla niepoznaki trochę strzelali, ale w górę.

Wraca Maciuś, ale taki zadowolony, zagryza czekoladę, to pełznie na czworakach, to czołga się na brzuchu.

Aż tu — bac — bac — swoi do niego strzelają. I mogli go zabić nawet, bo zauważyli, że ktoś się skrada, a nie wiedzieli kto.

— Puśćcie tam trzy rakiety! — krzyknął porucznik.

Wziął lornetę — patrzy — i aż się zatrząsł ze strachu:

— Nie strzelać. Zdaje się, Wyrwidąb wraca.

I bez przeszkód wrócił już Maciuś, wszystko opowiedział, co i jak. Zaraz porucznik zatelefonował do artylerii. Zaraz zaczęli strzelać do nieprzyjacielskiej prochowni. Dwanaście razy nie trafili, a trzynasty raz widocznie trafili w nieprzyjacielską prochownię. Bo jak nie huknie, aż całe niebo zrobiło się czerwone — taki dym, aż dusi. Zakotłowało się tam w nieprzyjacielskich okopach. Porucznik podniósł w górę Maciusia i trzy razy powiedział:

— Zuch chłopak, zuch chłopak, zuch chłopak.

Ano dobrze. Jeszcze więcej go kochają. Bo w nagrodę dano oddziałowi całą butelkę wódki — a że nieprzyjaciel nie miał teraz prochu, więc przez trzy dni spać mogli spokojnie. I porucznik nie zabraniał nawet wyjść trochę z okopów, wyprostować plecy. A tamci siedzą i tak się złoszczą, że nic nie mogą poradzić.

I znów wszystko poszło po staremu. W dzień Maciuś uczy się u porucznika, a czasem kopie trochę, bo deszcz ciągle psuje okopy, to go wyślą na wartę, to postrzela. I dużo razy myślał Maciuś:

„Jakie dziwne. Tak bardzo chciałem wynaleźć szkło palące, żeby wysadzać w powietrze nieprzyjacielskie prochownie. I chociaż niezupełnie, ale trochę się spełniło moje życzenie".

I tak skończyła się jesień — i nadeszła zima. Śnieg upadł. Przysłano im ciepłe odzienie. Biało było i cicho.

I znów miał się Maciuś ważnej nowej rzeczy dowiedzieć. Przecież nie mogły tak wojska siedzieć tylko w okopach. Bo co by to było? Jak by się wojna skończyła?

Cicho było w okopach na froncie, ale za to szła ogromna praca w stolicy. Trzeba było przygotować wszystko, żeby zebrawszy wojsko w jedno miejsce, z całej siły uderzyć na nieprzyjaciela i przełamać front. Bo jak tylko w jednym miejscu przerwać linię okopów, nieprzyjaciel musi wszędzie uciekać, bo przez tę przerwę wchodzą wojska i zaczynają strzelać od tyłu.

Przez zimę porucznik został już kapitanem, a Maciuś dostał medal. O, jakże się cieszył. Oddział ich dwa razy wymieniony był, że się dzielnie sprawuje.

Sam jenerał przyjechał do okopów i czytał rozkaz:

W imieniu króla Maciusia dziękuję oddziałowi za wysadzenie prochowni w powietrze i za dzielną służbę w obronie ojczyzny i rodaków. I daję wam tajne polecenie, żeby przerwać front nieprzyjacielski, jak tylko będzie ciepło.

To był wielki zaszczyt.

Zaraz zaczęto potajemne przygotowania. Przywieziono dużo armat i kul. A z tyłu zebrała się konnica i czeka.

Co dzień patrzą żołnierze na słońce, kiedy już będzie ciepło. Bo im się już strasznie nudziło.

Tak biedacy czekali, tak się szykowali. A nie wiedzieli, ile przecierpieć będą musieli. Kapitan ich tak wymyślił podstęp wojenny: żeby nie napadać wszystkimi siłami, tylko pierwszego dnia część wojska posłać do ataku, żeby szli tylko na niby i żeby się zaraz wrócili. Wtedy nieprzyjaciel będzie myślał, że oni słabi, a na drugi dzień dopiero rzuci wszystkie siły i przerwie linię okopów.

Tak też i zrobił.

Posłał połowę wojska do ataku. Przed atakiem długo kazał strzelać artylerii w nieprzyjacielskie druty kolczaste, żeby je porozrywać, poszarpać i zrobić wolną drogę dla piechoty.

— Naprzód!

Och, jak przyjemnie wybiec z tych nieznośnych okopów, z tych mokrych rowów, biec z całej siły i krzyczeć: „Wiwat — naprzód — dalej!" Przestraszył się nieprzyjaciel, kiedy zobaczył, że walą na niego na bagnety, nawet strzelał mało i bezładnie. Już doszli do drutów kolczastych, które były porozrzucane. A tu kapitan daje hasło do odwrotu.

Ale Maciuś i jeszcze kilku innych żołnierzy, czy nie słyszeli rozkazu, czy że poszli trochę dalej — otoczeni przez nieprzyjacielską wartę, dostali się do niewoli.

— Aha, zlękli się wasi — drwili żołnierze. — Lecieli, lecieli, hałasu narobili, a jak do nas dobiegli, to uciekli. I wcale was nie tak dużo.

Tak mówili nieprzyjacielscy żołnierze, bo wstyd im było, że stchórzyli i zapomnieli aż strzelać.

Po raz drugi szedł Maciuś do sztabu, tylko za pierwszym razem przebrany był i szedł jako wojenny wywiadowca, a teraz w żołnierskim płaszczu szedł jako jeniec.

— A, znamy cię, ptaszku! — krzyknął rozzłoszczony nieprzyjacielski oficer. — To ty byłeś w zimie, to przez ciebie prochownię naszą wysadzili w powietrze. Ho, ho! Już teraz nam nie umkniesz jak wtedy. Weźcie starszych żołnierzy do obozu jeńców, a mały za szpiegostwo będzie powieszony.

— Jestem żołnierzem! — krzyknął Maciuś. — Macie mnie prawo rozstrzelać, ale nie wieszać.

Maciuś — honor żołnierza

— Takiś ty mądry! — krzyknął oficer. — Patrzcie, czego mu się zachciewa! Teraz może jesteś żołnierzem, ale wtedy byłeś Tomkiem i zdradziłeś nas. I my ciebie powiesimy.

— Nie wolno — znów upierał się Maciuś. — Ja wtedy także byłem żołnierzem, a przyszedłem tu w przebraniu i umyślnie usiadłem przed spaloną chałupą.

— No, dosyć gadania. Odprowadzić go osobno pod silną strażą do więzienia. A jutro sąd wojenny rozpatrzy tę sprawę. Jeżeli byłeś naprawdę i wtedy żołnierzem, to może ci się uda, choć wolałbym stryczek dla ciebie niż kulę.

Na drugi dzień odbył się sąd polowy.

— Oskarżam tego chłopca — mówi oficer na sądzie — że w zimie wyszpiegował, gdzie jest nasza prochownia, i doniósł nieprzyjacielskiej artylerii. Dwanaście razy strzelali i nie trafili, a za trzynastym razem trafili i wysadzili prochownię w powietrze.

— Czy tak było, czy przyznajesz się do winy? — zapytał się siwy sędzia-generał.

— Było inaczej. Nie ja wyszpiegowałem, gdzie jest prochownia, a ten właśnie oficer mnie zaprowadził, pokazał mi wszystko i kazał iść zobaczyć, gdzie jest u nas prochownia, i dać mu znać. I za to dał mi czekoladę. Może nie tak było?

Zaczerwienił się bardzo oficer, bo źle wtedy zrobił, bo nie wolno mówić nikomu, gdzie są składy pocisków.

— Byłem żołnierzem i posłano mnie na wywiad, a wasz oficer chciał ze mnie zrobić szpiega — ciągnął śmiało Maciuś.

— A skąd ja mogłem wiedzieć? — zaczął się tłumaczyć oficer.

Ale jenerał nie dał mu dokończyć:

— Wstyd, panie oficerze, że taki mały pana oszukał. Zrobiłeś pan źle i będziesz za to ukarany. Ale i temu chłopcu przebaczyć nie można. Co pan powie, panie adwokacie?

Adwokat zaczął bronić Maciusia:

— Panowie sędziowie, oskarżony, który to się podaje za Wyrwidęba, to za Tomcia Palucha — nie jest winien. Był żołnierzem i musiał słuchać. Poszedł na wywiad, bo go posłano. I myślę, że powinien być posłany tak samo do obozu jeńców jak inni.

Generał trochę się ucieszył, bo mu żal było chłopaka. Ale nic nie mówił, bo wojskowy nie ma prawa pokazać, że kogoś żałuje, a tym bardziej nieprzyjacielskiego żołnierza.

Więc tylko schylił głowę nad książką, gdzie były napisane wszystkie prawa wojenne — i szukał, co tam napisane o szpiegach wojennych.

— Ooo, jest — powiedział nareszcie. — Szpiegów cywilnych, którzy za pieniądze zdradzają — należy wieszać od razu, szpiegów wojskowych można od razu rozstrzelać albo jeżeli adwokat się nie zgadza, trzeba odesłać wszystkie papiery do wyższego sądu i z rozstrzelaniem trochę poczekać.

— Więc ja żądam — powiedział adwokat — żeby posłać tę sprawę do wyższego sądu.

— Dobrze — zgodził się generał i wszyscy sędziowie.

I Maciusia odprowadzono znów do jego więzienia.

Maciuś więźniem

Więzienie Maciusia to była sobie zwyczajna chałupa wiejska. Bo w polu na froncie nie ma przecież wielkich, kamiennych domów z kratami w oknach. Takie „wygody" mają miasta, a nie wojsko na froncie. Więc też Maciusia odprowadzono do tej chałupy, tylko że przed oknami i przed drzwiami stało po dwóch żołnierzy z nabitymi karabinami i rewolwerami.

Siedzi więc Maciuś i myśli nad swoją dolą. Ale jakoś wcale nie traci nadziei.

„Mieli mnie powiesić, a nie powiesili. Może się i od kuli wykręcę. Tyle już kul kręciło się koło mnie".

Zjadł z apetytem kolację, nawet bardzo smaczną, bo skazanych na karę śmierci dobrze żywią — już takie jest prawo. A Maciuś tak był traktowany jak skazany na śmierć.

Usiadł Maciuś przy oknie i patrzy w niebo, jak aeroplany fruwają: „Nasze to czy nieprzyjacielskie?" — myśli sobie.

A tu jak nie grzmotną od razu trzy bomby, a wszystkie blisko Maciusinego więzienia.

Co było potem, Maciuś nie pamięta. Bo znów spadł cały grad bomb. Jedna uderzyła w chałupę — coś się zakotłowało. Jakieś jęki, krzyki, furczenie. Ktoś go pochwycił, ale Maciuś głowę miał zwieszoną. Potem coś klekotało nieznośnie. A kiedy się wreszcie ocknął — leżał na szerokim łóżku w jakimś pięknie umeblowanym pokoju.

— Jak się wasza królewska mość czuje? — pyta się salutując, ten sam stary generał, który mu w zimie przypiął medal za wysadzenie prochowni.

— Jestem Tomek Paluch, Wyrwidąb, żołnierz zwyczajny, panie generale! — krzyknął zrywając się z posłania Maciuś.

— A już — roześmiał się generał. — Zaraz się przekonamy. Hej, zawołać tu Felka.

Wszedł Felek w ubraniu lotnika.

— Powiedz, Felek, kto to jest?

— To jest jego królewska mość, król Maciuś Pierwszy.

Maciuś nie mógł się dłużej zapierać. I wcale nie potrzeba było teraz ukrywać. Przeciwnie, chwila wojenna wymagała najbardziej, żeby najgłośniej na całe wojsko i na całe państwo krzyknąć, że król Maciuś żyje i jest na froncie.

— Czy wasza królewska mość może już wziąć udział w obradach?

— Mogę — odpowiedział Maciuś.

Wydarzenia w stolicy w czasie wojny

Więc było tak. I generał opowiedział, jak to zamiast Maciusia zrobiono lalkę, jak ta lalka codziennie jeździła po stolicy samochodem, jak prezes ministrów nawet na tronie podczas audiencji sadzał tę lalkę, która za poruszeniem sznurka kiwała głową i salutowała.

Do powozu wnoszono lalkę, bo król Maciuś — tak pisali w gazetach — dał słowo, że nogą nie stąpi na ziemię, dopóki ta ziemia nie będzie całkiem wolna od ostatniego nieprzyjacielskiego żołnierza. I długo się sztuka udawała — i ludzie wierzyli, choć dziwno im było, że król Maciuś zawsze tak samo siedzi na tronie i w powozie, nigdy się nie uśmiechnie ani nic nie powie, tylko czasem głową kiwnie i salutuje.

Ten i ów coś podejrzewał, a było wreszcie i wielu takich, którzy wiedzieli o zniknięciu króla Maciusia.

Nieprzyjaciel też zaczął się czegoś domyślać uprzedzony przez swoich szpiegów, ale udawał, że nic, bo co go to mogło obchodzić. Była zima, a zimą i tak siedzi się tylko w okopach.

Dopiero kiedy się dowiedzieli, że wojsko Maciusia chce przerwać front, zaczęli na serio myszkować – i całą tajemnicę poznali.

I oto w przeddzień ataku wynajęli jakiegoś łobuza, który z całej siły cisnął kamień w lalkę-Maciusia. Maciuś się stłukł. Porcelana się rozsypała, tylko ręka lalki salutowała w powietrzu, bo głowy już nie było. I jedni zaczęli rozpaczać, inni zaczęli się złościć, że ich oszukują, i grozić rewolucją, a inni się śmiali.

Kiedy nazajutrz po próbnym ataku, kiedy to król Maciuś dostał się do niewoli, miał nastąpić atak generalny – nagle pokazały się nad wojskiem aeroplany, tylko zamiast bomb rzucały karteczki nadrukowane. To były proklamacje[5].

Żołnierze! – pisało w tych kartkach. – *Generałowie i ministrowie was oszukują. Nie ma już Maciusia. Od początku wojny jeździ po stolicy porcelanowa lalka, którą dziś stłukł kamieniem jakiś łobuz. Idźcie do domu, przestańcie się bić.*

Z trudem udało się przekonać żołnierzy, żeby jeszcze trochę poczekali, że to może kłamstwo. Ale do ataku już iść nie chcieli.

I wtedy to Felek powiedział wszystko.

Ucieszyli się generałowie, telefonują do kapitana, żeby natychmiast przysłał do sztabu Maciusia. I jakże się przerazili, gdy się dowiedzieli, że Maciuś w próbnym ataku dostał się do niewoli.

Co robić?

Powiedzieć zbuntowanym żołnierzom, że Maciuś w niewoli – raz już oszukani, nie zechcą uwierzyć. Na nadzwyczajnej naradzie postanowili napaść na nieprzyjaciela aeroplanami i wykraść w popłochu Maciusia.

Wszystkie aeroplany podzielono na cztery oddziały. Jeden miał napaść na obóz jeńców, jeden na areszt, jeden na prochownię, a jeden na sztab oficerów.

Tak też zrobili. Zarzucili bombami dom, gdzie byli wszyscy oficerowie. Więc już nikt nie mógł dawać rozkazów. Rzucili dużo bomb tam, gdzie zdawało im się, że jest prochownia, ale to się nie udało, bo tam prochowni nie było. A trzeci oddział wpadł do obozu jeńców szukając Maciusia, ale go nie znalazł. Tylko czwarty oddział porwał Maciusia i zemdlonego, z wielkim trudem odwiózł do siebie.

– Dzielnie się spisaliście, moi panowie. A ile straciliśmy aeroplanów?

– Wysłaliśmy trzydzieści cztery aeroplany, a wróciło piętnaście.

---

[5] *proklamacja* – obwieszczenie, podanie do publicznej wiadomości.

— Jak długo trwał atak? — zapytał Maciuś.

— Od wzlotu do powrotu upłynęło czterdzieści minut.

— Ano dobrze — powiedział — więc jutro atak generalny.

Oficerowie aż w ręce z radości klasnęli.

— A to niespodzianka. Doskonale! Żołnierze na całej linii dowiedzą się tej jeszcze nocy, że król Maciuś żyje, że jest wśród nich i sam poprowadzi ich do ataku. Ucieszą się chłopcy setnie i bić się będą jak lwy.

Zaraz zahuczały telefony i telegrafy do wojska i do stolicy.

W nocy wyszły nadzwyczajne dodatki wszystkich gazet.

Dwie odezwy napisał Maciuś: jedną do żołnierzy, a drugą do narodu. O rewolucji nikt już nie myślał, tylko młodzież i dzieci urządziły kocią muzykę przed pałacem prezesa ministrów.

Zaraz zebrała się rada ministrów i wydała swoją odezwę, że to wszystko było tak naumyślnie zrobione, żeby oszukać nieprzyjaciela. W wojsku taki był zapał, że się doczekać nie mogli rana i ciągle tylko pytali się, która godzina.

No i ruszyli do ataku.

Trzech królów prowadziło wojnę z Maciusiem. Jednego rozbili na głowę i wzięli do niewoli, drugiego tak pobili, że prędzej niż za trzy miesiące nie mógłby znów wojować, bo mu zabrali prawie wszystkie armaty i więcej niż połowę wojska. Więc został się tylko jeden, który stał w rezerwie.

Kiedy się bitwa skończyła, zebrano się znów na naradę. Był i głównodowodzący, i minister ekstrapociągiem zdążył przyjechać ze stolicy.

— Czy ścigać wroga, czy nie?

— Ścigać! — krzyknął dowodzący wojskami. — Jeżeli poradziliśmy sobie, kiedy ich było trzech, tym bardziej pobijemy jednego, który został.

— Ja mówię, że nie — powiedział minister wojny. — Już mieliśmy nauczkę wtedy, kiedyśmy niepotrzebnie tak daleko za nieprzyjacielem polecieli.

— To było co innego — powiedział głównodowodzący.

Wszyscy czekali, co powie Maciuś.

Strasznie chciało się Maciusiowi chociaż troszeczkę gonić zwyciężonych wrogów, którzy go chcieli powiesić. Zresztą ściga zwykle konnica, a Maciuś ani razu jeszcze w tej wojnie konno nie jechał. Tyle słyszał o tym, jak królowie na koniach zwyciężali, a on tyle się czołgał na brzuchu, tyle schylony siedział w rowie. Żeby choć troszkę pojeździć prawdziwie na koniu.

Ale pamiętał Maciuś początek wojny. Poszli za daleko i mało wojny nie przegrali. Pamiętał Maciuś, że o głównodowodzącym mówili, że cymbał.

I pamiętał Maciuś, że obiecał wówczas odjeżdżającym posłom, że postara się ich prędko zwyciężyć — i postawi łagodne warunki pokoju.

Długo milczał Maciuś, a wszyscy w milczeniu czekali.

— Gdzie jest nasz królewski jeniec? — zapytał się nagle.

— Jest tu niedaleko.

— Sprowadzić go proszę.

Wprowadzono okutego w kajdany nieprzyjacielskiego króla.

— Rozkuć kajdany! — krzyknął Maciuś.

W tej chwili spełniono rozkaz, tylko straż bliżej jeńca stanęła, żeby nie uciekł.

— Zwyciężony królu — powiedział Maciuś — wiem, co to niewola. Daruję ci wolność. Jesteś pobity, więc proszę cię, żebyś resztę swojego wojska zabrał z mojego kraju.

Maciuś – szlachetność

I króla odwieziono samochodem aż do okopów, a potem poszedł do swoich.

Na drugi dzień przyszedł papier, podpisany przez wszystkich trzech nieprzyjacielskich królów.

Królu Maciusiu — pisali — *jesteś mężny, rozumny i szlachetny. Po co mamy się bić? Chcemy się z tobą przyjaźnić. Wracamy do naszego kraju. Czy się zgadzasz?*

Król Maciuś się zgodził.

Pokój został zawarty.

Porządni żołnierze wszyscy się cieszyli, cieszyły się ich żony, matki i dzieci. Byli może i niezadowoleni, ci, którzy na wojnie rabują i kradną, ale takich jest niezbyt wielu.

Toteż z radością witano Maciusia, gdy królewskim pociągiem wracał do stolicy.

Na jednej stacji kazał zatrzymać pociąg, a sam poszedł do poczciwej zwrotniczowej.

— Przyszedłem do pani na kawę — powiedział Maciuś z uśmiechem.

Zwrotniczowa z radości nie wiedziała, co robić.

— Co za szczęście, co za szczęście — mówiła, a z oczu tak jej łzy kapią, kapią.

W stolicy czekał już samochód, ale Maciuś zażądał białego konia.

Ucieszył się mistrz ceremonii, za głowę się złapał.

— Ach, jaki ten Maciuś mądry. Właśnie na koniu powinien król wracać z wojny, a nie na benzynie.

I jechał Maciuś stępa przez wszystkie ulice, a we wszystkich oknach mieszkańcy, a najwięcej dzieci.

Dzieci najwięcej kwiatów rzucają i najgłośniej krzyczą:

— Wiwat! Niech żyje król Maciuś! Wiwat, wiwat, wiwat!

Maciuś trzymał się ostro, ale był bardzo zmęczony. Atak, niewola, ucieczka, narada, znowu bitwa, podróż, a teraz ten krzyk straszny tak zmęczyły Maciusia, że chwilami w głowie mu zaczynało szumieć i w oczach migało. Tak jakby gwiazdy, czy co.

A tu jakiś gamoń rzucił w górę czapkę, która spadła akurat na głowę konia. A koń był rasowy z królewskiej stajni, więc bardzo wrażliwy. Koń rzucił się w bok, a Maciuś spadł z konia.

Zaraz przeniesiono go do pojazdu i już pełnym galopem odwieziono do pałacu. Maciuś nic sobie nie zrobił złego, nie zemdlał, a tylko zasnął mocno.

I spał, spał, spał do wieczora, a potem do rana i jeszcze do południa.

– Żryć dawajcie, do stu piorunów! – huknął Maciuś, aż lokaje zbledli ze strachu jak papier.

W minutę na łóżku, koło łóżka i pod łóżkiem stało już ze sto półmisków z jedzeniem i przysmakami.

– Zabrać mi w tej chwili te zamorskie frykasy – huknął Maciuś – chcę kiełbasy z kapustą i piwa!

Rety babskie, w pałacowym kredensie ani kawałka kiełbasy! Na szczęście kapral straży pałacowej pożyczył.

– Ach wy, maminsynki, niunie, piecuchy, pieszczochy, dziamdzie, lalusie, ciamary – sypał Maciuś całą swoją żołnierską uczoność. – Już ja się do was wezmę teraz.

Wcina Maciuś kiełbasę, aż mu się uszy trzęsą, a myśli w duchu:

„Teraz będą wiedzieli, że wrócił prawdziwy król, którego muszą się słuchać".

Maciuś przeczuwał, że po zwycięskiej wojnie będzie musiał rozpocząć jeszcze większą walkę ze swymi ministrami.

Jeszcze na froncie doszła go wiadomość, że minister finansów pieni się ze złości.

– Ładny zwycięzca – mówił. – Dlaczego nie żądał kontrybucji[6]? Zawsze tak było, że kto przegra, ten płaci. Szlachetny, dobrze, niech teraz sam gospodaruje, gdy w skarbie pustki. Niech płaci fabrykantom za armaty, szewcom za buty, dostawcom za owies, groch i kaszę. Dopóki była wojna, wszyscy czekali, a teraz – płać, jak nie ma z czego.

Wściekły był i minister spraw zagranicznych.

– Jak świat światem, nigdy jeszcze nie zawierano pokoju bez ministra spraw zagranicznych. A cóż to ja od parady? Urzędnicy śmieją się ze mnie.

Ministrowi handlu fabrykant spokoju nie dawał.

– Płać – mówi – za lalkę porcelanową.

I prezes ministrów niezbyt miał czyste sumienie, i prefekt policji trochę się obawiał, że wtedy nie bardzo mądrze ucieczkę Maciusia wytłumaczył.

---

[6] *kontrybucja* – jednorazowa zapłata dużej sumy pieniędzy przez państwo pokonane w wojnie na rzecz zwycięzcy.

Maciuś trochę wiedział, reszty się domyślał — i postanowił zrobić z nimi porządek.

Dość tych ministerialnych rządów. Albo się muszą słuchać, albo — fora ze dwora. Teraz prosić prezesa ministrów nie będzie, gdy mu się zachce chorować.

Oblizał się Maciuś po kiełbasie, splunął na dywan i kazał wylać na siebie kubeł zimnej wody.

— To jest kąpiel żołnierska — powiedział zadowolony. Włożył koronę na głowę i wszedł do sali posiedzeń. Był tam minister wojny.

— A gdzie reszta?

— Nie wiedzieli, że wasza królewska mość chce z nimi odbywać naradę.

— Może myśleli, że po powrocie z wojny zasiądę do lekcji z zagranicznym guwernerem? A oni będą robili, co chcą?... Do pioruna, mylą się bardzo... Panie ministrze, ogłaszam naradę na godzinę drugą. Kiedy się zbierzemy w sali, ma się cichaczem zebrać w korytarzu pluton żołnierzy. Plutonowy ma stać przed drzwiami i słuchać, a jak klasnę w ręce, ma wejść z żołnierzami na salę. Panu mogę powiedzieć prawdę: jeżeli zechcą zrobić tak, żeby wszystko było po staremu jak przed wojną, każę ich — do stu tysięcy bomb i kartaczy — aresztować. Ale to tajemnica.

— Rozkaz, wasza królewska mość — skłonił się minister.

Maciuś zdjął koronę i poszedł do pałacowego ogrodu. Tak dawno tu nie był.

— Ach, prawda — zawołał — zupełnie zapomniałem o Felku!

Gwizdnął — w odpowiedzi otrzymał hasło kukułki.

— Chodź, Felek. Nie bój się. Teraz jestem już prawdziwym królem i nie potrzebuję się przed nikim tłumaczyć.

— No tak, ale mój ojciec co powie.

— Powiesz ojcu, że jesteś królewskim faworytem[7] i zabraniam, by cię tknął bodaj palcem.

— Gdyby wasza królewska mość zechciał to napisać.

— Bardzo chętnie, chodź do mojego gabinetu.

Felek nie dał sobie tego dwa razy powtarzać.

— Panie sekretarzu stanu, proszę napisać papier, że Felek jest mianowany moim faworytem.

— Wasza królewska mość, przy dworze nie było takiego stanowiska.

— Jeżeli nie było, teraz już jest, bo taka moja królewska wola.

---

[7] *faworyt* — ulubieniec.

— Może waszej królewskiej mości wola rozkaże napisanie papieru odroczyć do posiedzenia ministrów. Zwłoka niezbyt wielka, a zawsze trochę formalniej.

Maciuś gotów był ustąpić, ale Felek nieznacznie pociągnął go za rękaw.

— Żądam natychmiastowego napisania papieru, do pioruna! — huknął Maciuś.

Sekretarz poskrobał się w głowę i napisał dwa papiery. Na jednym napisane było:

Ja, król Maciuś, żądam nieodwołalnie, by bezzwłocznie napisany i do podpisu podany, a po złożeniu pieczęci wręczony był mi papier o mianowaniu Felka nadwornym królewskim faworytem. W razie niewypełnienia natychmiast tej mojej woli i tego mojego kategorycznego rozkazu, winny oporu ulegnie najsurowszej, najbezwzględniejszej karze. Co wiadomym panu sekretarzowi dworu czynię i własnoręcznym swym podpisem stwierdzam.

Sekretarz tłumaczył, że tylko po podpisaniu tego papieru — będzie miał prawo wydać ten drugi.

Król Maciuś podpisał, po czym sekretarz wydał opatrzone pieczęcią mianowanie Felka faworytem.

Potem przeszli do królewskiej bawialni — oglądali zabawki, książki, rozmawiali, wspominali swe przygody wojenne; potem jedli razem obiad. Potem poszli razem do ogrodu, gdzie Felek przywołał swoich rówieśników z podwórza — doskonale się bawili aż do posiedzenia ministrów.

— Muszę iść — powiedział smutnie Maciuś.

— Gdybym ja był królem, nic i nigdy bym nie musiał.

— Nie rozumiesz tego, mój Felku, i my królowie nie zawsze możemy robić, co byśmy chcieli.

Maciuś – mądrość

Felek wzruszył ramionami na znak, że jest innego zdania, i dość niechętnie, chociaż z papierem podpisanym przez samego króla, wrócił do domu, wiedząc, że spotka się z surowym wzrokiem ojca i znanym mu pytaniem:

— Gdzieś się wałęsał, kundlu jeden? Chodź no tu, gadaj!

Co po tym pytaniu zwykle następowało, Felek wiedział; tym razem miało być inaczej.

Zaczęły się skargi i biadania.

Minister skarbu mówił, że nie ma pieniędzy. Minister handlu mówił, że kupcy dużo stracili przez wojnę i nie mogą płacić podatków. Minister kolei mówił, że wagony musiały tyle wozić na front, że się popsuły zupełnie i trzeba je poprawiać — i to musi dużo kosztować. Minister oświaty mówił, że dzieci przez czas wojny bardzo się rozpuściły, bo ojcowie wyjechali, a matki nie mogły sobie z nimi dać rady; więc nauczyciele żądają podwyższenia pensji i wprawienia potłuczonych szyb. Pola przez wojnę nie zasiane, towarów przez wojnę mało. I tak w kółko przez całą godzinę.

Prezes ministrów wypił szklankę wody, co zawsze czynił, kiedy miał długo mówić. Maciuś strasznie nie lubił, kiedy prezes ministrów pił wodę.

— Panowie, dziwne jest nasze posiedzenie. Gdyby ktoś nie wiedział, a słyszał to wszystko, myślałby, że wojna skończyła się nieszczęśliwie, że zostaliśmy pobici. A przecież jesteśmy zwycięzcami. Do tej pory bywało tak, że zwyciężeni płacili kontrybucję, że ten, który pobił wrogów — bogacił się. I to było słuszne, bo to państwo wojnę wygrywa, które nie skąpi na armaty, na proch i na jedzenie dla wojska. Myśmy wydali najwięcej pieniędzy i myśmy zwyciężyli. Nasz bohaterski król Maciuś sam mógł ocenić, że wojsko miało wszystko, czego mu było potrzeba. Ale dlaczego my mamy płacić? Oni nas zaczepili, oni z nami zaczęli, myśmy im przebaczyli — i w tym nasza wspaniałomyślność i dobroć. Ale dlaczego nie mieli nam zwrócić kosztów wojny? Nie chcemy nic waszego, ale dajcie, co nam się należy. Bohaterski król Maciuś uniósł się szlachetnością i dał wrogom pokój — i to było czynem zarówno rozumnym, jak pięknym — ale pokój za darmo stworzył niesłychane trudności finansowe. My sobie z tym poradzimy, bo mamy doświadczenie, bo przeczytaliśmy dużo mądrych książek, bo jesteśmy ostrożni, bo wiele umiemy, i jeżeli król Maciuś zaszczyci nas tym samym zaufaniem, jakim cieszyliśmy się przed wojną, jeżeli rady nasze zechce przyjmować...

— Panie prezesie ministrów — przerwał Maciuś — dość tej gadaniny. Tu nie o rady chodzi, a o to, że wy chcecie rządzić, a ja mam być porcelanową lalką, więc mówię, że... do pioruna, do stu tysięcy bomb i kartaczów... ja się nie zgadzam.

— Wasza królewska mość...

— Dosyć. Nie zgadzam się, i basta. Ja jestem królem — i ja królem zostanę.

— Proszę o głos — odezwał się minister sprawiedliwości.

— Proszę, tylko krótko.

— Według prawa, dodatek piąty do paragrafu 777555, księgi XII, tomu 814 zbioru praw i przepisów, na stronicy piątej w wierszu czternastym czytamy: „Jeśli następca tronu nie ma ukończonych dwudziestu lat..."

— Panie ministrze sprawiedliwości, mnie to nic nie obchodzi.

— Rozumiem: wasza królewska mość pragnie pogwałcić prawo. Gotów jestem podać prawo, które to przewiduje. Jest paragraf 105486.

— Panie ministrze sprawiedliwości, to mnie nic nie obchodzi.

— I na to jest prawo. „Jeśli król lekceważy prawa zawarte w paragrafach..."

— Czy pan przestanie, do cholery, czy nie?...

— Jest i o cholerze prawo. „W razie wybuchu epidemii cholery..."

Zniecierpliwiony Maciuś klasnął w ręce. Na salę weszli żołnierze.

— Aresztuję panów! — krzyknął Maciuś. — Odprowadzić ich do więzienia.

— I na to jest prawo! — zawołał uradowany minister. — To się nazywa dyktatura wojskowa[8]... Oj, to jest już bezprawie! — krzyknął, gdyż żołnierz kolbą potrącił parę żeber.

Ministrowie biali jak kreda szli do więzienia. Minister wojny został wolny, złożył ukłon wojskowy i wyszedł.

Zapanowała grobowa cisza. Maciuś został sam. Założył ręce w tył i chodził długo po sali. A ile razy przechodził koło lustra, spoglądał w nie i myślał: „Podobny jestem trochę do Napoleona".

— Co tu robić?

Na stole pozostała kupa papierów. Czy podpisać je, czy wszystkie podpisać, co w nich napisane, dlaczego na jednych pisze się „zezwalam", na drugich „odłożyć" albo „zabronić"?

Może nie wszystkich ministrów należało aresztować? Może w ogóle nie należało tego robić? Bo co teraz będzie?

I za co właściwie? Co oni złego zrobili? Prawdę powiedziawszy, Maciuś zrobił głupstwo. Dlaczego się tak pośpieszył z zawarciem pokoju? Mógł wezwać ministrów — na pewno minister finansów powiedziałby o kontrybucji.

Maciuś – bezradność

---

[8] *dyktatura wojskowa* — bezwzględne rządy wojskowych w państwie.

Kto mógł wiedzieć, że są jakieś kontrybucje? Choć co prawda, to prawda. Dlaczego ma płacić ten, który zwyciężył? A zresztą oni sami zaczęli.

A może napisać do królów. Ich jest aż trzech, to im łatwiej razem zapłacić niż jemu jednemu.

Ale jak się pisze takie papiery? Jak on mówił — ten minister: tom 814. Ileż jest tych książek. A Maciuś przeczytał dopiero dwa zbiorki powiastek i życiorys Napoleona. To strasznie mało.

Coraz cięższe myśli dręczyły Maciusia, gdy nagle przez otwarte okno usłyszał hasło kukułki.

Nareszcie nie jest sam.

— Słuchaj, Felek, co ty byś zrobił na moim miejscu?

— Ja bym na miejscu waszej królewskiej mości dalej się bawił w ogrodzie i na ich posiedzenia wcale bym nie chodził. Ja bym robił, co mnie się podoba, a oni niechby sobie robili, co im się podoba.

Maciuś pomyślał, że Felek jest jednak bardzo prosty chłopak i nie rozumie, że król musi przecież rządzić dla szczęścia narodu, a nie — w berka i palanta grać tylko. Ale nic. Nie powiedział mu tego.

— Trudno, Felku, stało się. Już oni siedzą w więzieniu.

— Niech siedzą, jeśli taka wola waszej królewskiej mości.

— Ba, patrz, ile tu papierów nie podpisanych. A jak nie podpiszę, nie będzie ani kolei, ani fabryk, no nic.

— No, to podpisać trzeba.

— Nie, poczekaj. Słuchaj: ja bez nich nic nie wiem, nawet starzy królowie nie mogą się obejść bez ministrów.

— No, to można ich wypuścić.

Maciuś mało nie rzucił się Felkowi na szyję z radości. Takie proste, a nie przyszło mu do głowy. Rzeczywiście nic się złego nie stało. Może ich w każdej chwili wypuścić. Ale postawi im warunki. Nie będzie im się wolno tak rozporządzać — będą musieli się go słuchać. Nie, żeby on, król, musiał wykradać z kredensu albo z ogrodu własnego coś dla przyjaciela, albo przez kratę z zazdrością patrzeć na zabawy chłopców. On też się chce bawić. Chce, żeby jego nauczycielem był poczciwy kapitan, pod którego rozkazami przebył całą wojnę. Cóż on wreszcie chce tak złego — chce być wesołym chłopcem jak każdy, żeby go nie męczyli.

Felek nie mógł być długo, bo miał jakieś ważne interesy na mieście, przyszedł tylko pożyczyć trochę pieniędzy — niewiele: tylko na tramwaj i może na papierosa i czekoladę.

— Ależ bardzo chętnie. Masz, Felku.

I Maciuś znów został sam.

Mistrz ceremonii jakoś go unikał, guwerner gdzieś się schował, a lokaje przesuwali się cicho jak cienie.

I nagle Maciusiowi przyszło na myśl, czy oni wszyscy nie uważają go czasem za tyrana.

I strach go ogarnął.

To byłoby przecież okropne. Maciuś był prawnukiem Henryka Porywczego, który ludzi zabijał jak wrony.

Co tu robić, co robić?

Żeby choć Felek przyszedł albo kto.

I cicho wszedł do pokoju stary doktor Maciusia. Ucieszył się Maciuś szczerze.

— Mam ważny interes — zaczął doktor nieśmiało. — Boję się jednak, że mi wasza królewska mość odmówi.

— A cóż ja? Tyran jestem czy co? — zapytał się Maciuś, uważnie patrząc doktorowi w oczy.

— E, skąd by znów tyran. Tylko że przychodzę w trudnej sprawie.

— Jakiej?

— Chciałem prosić o parę drobnych ulg dla uwięzionych.

— Mów śmiało, doktorze. Na wszystko z góry się zgadzam. Ja się na nich wcale nie gniewam. Ja ich wypuszczę z więzienia, tylko muszą mi obiecać, że się za bardzo rozporządzać nie będą.

— O, to prawdziwie królewskie słowa! — zawołał uradowany doktor. I śmiało zaczął wyliczać prośby uwięzionych: — Prezes ministrów prosi o poduszkę, materac i pierzynę, bo nie może spać na słomie, bo kości go bolą...

— A ja spałem na ziemi — wtrącił Maciuś.

— Minister zdrowia prosi o szczoteczkę i proszek do zębów. Minister handlu prosi o biały chleb, bo nie może jeść czarnego więziennego chleba. Minister oświaty prosi o książkę do czytania. Minister spraw wewnętrznych prosi o proszek, bo ze zmartwienia dostał boleści.

— No, a minister sprawiedliwości?

— On o nic nie prosi, bo wyczytał w 745 tomie praw, że uwięzieni ministrowie dopiero po trzech dniach pobytu w więzieniu mają prawo składać prośby do łaski królewskiej, a oni siedzą dopiero trzy godziny.

Maciuś kazał posłać wszystkim ministrom pościel pałacową, polecił wysłać im zaraz królewski obiad i wieczorem kolację z winem. A ministra sprawiedliwości pod strażą kazał sprowadzić do siebie.

Kiedy przyszedł minister sprawiedliwości, Maciuś kazał mu uprzejmie usiąść na krześle i zapytał:

— Czy to będzie zgodne z prawem, jeśli wypuszczę was jutro z kozy?

— Niezupełnie, mości królu, ale dyktatura wojskowa uznaje procedurę przyspieszoną... i jeśli to tak nazwiemy, będzie wszystko formalnie.

— Panie ministrze, a czy jak ja ich wypuszczę, oni mogą mnie wsadzić do kozy?

— Nie mają prawa, choć, z drugiej strony, tom 949 omawia stronę prawną tak zwanego zamachu stanu.

— Nie rozumiem — przyznał król Maciuś. — Ile trzeba czasu, aby to wszystko zrozumieć?

— Chyba z pięćdziesiąt lat — odpowiedział minister.

Maciuś westchnął. Korona zawsze zdawała mu się ciężką, ale teraz tak mu ciążyła, jakby była kulą armatnią.

Ministrom zdjęto kajdany, wprowadzono ich do więziennej jadalni — przybyli też z wolności minister sprawiedliwości i wojny — straż z obnażonymi szablami zajęła swoje miejsca — i zaczęła się narada.

Maciuś ułożył w nocy taki plan:

— Wy będziecie się zajmowali dorosłymi, a ja będę królem dzieci. Jak będę miał dwanaście lat, będę rządził dziećmi do lat dwunastu, jak będę miał piętnaście lat, to — do piętnastu. A sam, jako król, mogę robić, co chcę. A reszta niech będzie po staremu. Ja jestem sam mały i wiem, co jest potrzebne dla malców.

— I my byliśmy mali kiedyś — powiedział prezes ministrów.

— No, dobrze, a ile pan ma lat?

— Czterdzieści trzy — powiedział premier.

— A dlaczego pan rządzi tymi, co są starsi od pana? A pan minister kolei jest młody, a kolejami jeżdżą i staruszkowie.

A ministrowie powiedzieli:

— No, prawda.

— Więc cóż pan na to, panie ministrze sprawiedliwości, czy można tak robić?

— W żaden sposób — powiedział minister sprawiedliwości. — Według prawa (tom 1349) dzieci są własnością rodziców. Jest jedna tylko możliwość.

— Jaka? — zapytali wszyscy ciekawie.

— Król Maciuś musi się nazwać: król Maciuś Pierwszy-Reformator (tom 1764, str. 377).

— Co to znaczy?

— To znaczy, że jest królem, który zmienia prawa. Jak król powie: „Chcę wydać prawo takie i takie", to powiem: „Nie wolno, bo już jest inne prawo". A jak król powie: „Chcę wprowadzić taką a taką reformę" — powiem: — „Dobrze".

Zgodzili się wszyscy. Ale najtrudniej było z Felkiem.

— Nie może być faworytem.

— Dlaczego?

— Bo na to nie pozwala etykieta.

Nie było na posiedzeniu mistrza ceremonii, więc nie mogli dobrze ministrowie wytłumaczyć, co to jest dworska etykieta. Jedno wiedzieli tylko na pewno: że królowie mogą mieć faworytów, ale dopiero po śmierci. Nie znaczy to, żeby król Maciuś miał, Boże broń, umierać, ale ten papier musi być od Felka odebrany za wszelką cenę.

— Tak, to nie jest prawny papier — potwierdził minister sprawiedliwości.

— Felek może przychodzić do króla, może być jego serdecznym przyjacielem, tak — ale nie może być napisane, i w dodatku z pieczęcią.

— No, dobrze — powiedział Maciuś, żeby ich wypróbować — a jeżeli nie ustąpię i zostawię was dalej w więzieniu?

— To zupełnie rzecz inna — uśmiechał się minister sprawiedliwości. — Król wszystko może.

Zdziwił się Maciuś, że o jakieś głupstwo, o jakiś papierek tylu ludzi chce siedzieć w kozie.

— Mości królu — powiedział minister sprawiedliwości — niech się król nie obrazi — prawo i to przewiduje; jest i o tym wzmianka w 235 tomie. Król może i za życia mianować faworytów, ale musi się nazwać nie reformatorem...

— A jak? — zapytał Maciuś niespokojnie, bo już się trochę zaczął domyślać.

— Musi być królem tyranem.

Maciuś wstał, straż więzienna niespokojnie podniosła uzbrojone w więzienne szable ręce, nastała wielka cisza. Wszyscy aż zbledli ze strachu, co też król Maciuś powie. Nawet więzienne muchy przestały brzęczeć.

A Maciuś głośno i powoli powiedział:

— Od dziś nazywam się królem Maciusiem Reformatorem. Jesteście, panowie, wolni.

Maciuś przybiera przydomek „Reformator"

Stróż więzienny wyniósł zaraz kajdany do komórki, bo nie były potrzebne, straż więzienna schowała szable, a klucznik otworzył ciężkie żelazne drzwi. Ministrowie wesoło zacierali ręce.

— Zaraz, moi panowie. Muszę zrobić jakąś reformę: niechaj jutro każdy uczeń dostanie w szkole funt czekolady.

— Za dużo — powiedział minister zdrowia. — Najwyżej ćwierć funta.

— To niech będzie ćwierć funta.

— W państwie całym mamy pięć milionów uczniów — powiedział minister oświaty.

— Jeżeli mają dostać czekoladę łobuzy i leniuchy...

— Wszyscy — zawołał Maciuś — wszyscy bez wyjątku!

— Taką ilość czekolady mogą przygotować nasze fabryki dopiero w dziewięć dni.

— A koleje mogą ją rozwieźć po całym państwie w tydzień.

— Jak widzi wasza królewska mość, rozkaz może być spełniony... dopiero za trzy tygodnie.

— No, trudno — powiedział Maciuś, a w duszy powiedział sobie: „Jak to dobrze, że mam doświadczonych pomocników. Bez nich nie wiedziałbym nawet, ile potrzeba czekolady, bez nich nie wiedziałbym, kto ma ją zrobić. Nie przyszło mi do głowy, że trzeba ją przecież porozwozić po całym państwie".

Ale głośno Maciuś tego nie mówił. Udawał nawet, że jest trochę niezadowolony, więc dodał:

— Więc proszę, żeby jutro ogłoszono to w gazetach.

— Przepraszam bardzo — powiedział minister sprawiedliwości. — Wszystko to bardzo piękne, ale to nie jest reforma. To jest tylko — królewski dar dla dzieci szkolnych. Gdyby król Maciuś wydał prawo, że każdy uczeń dostawać będzie codziennie na koszt skarbu czekoladę, to co innego. To by było już prawo. A tak — to jest funda, prezent, niespodzianka.

— No, niech będzie funda — zgodził się Maciuś, bo był już zmęczony i bał się, że jeszcze będą gadali.

— Posiedzenie zamknięte. Żegnam panów.

Maciuś pojechał królewskim samochodem do swego pałacu, wpadł prędko do ogrodu, gwizdnął na Felka.

— Widzisz, Felek, jestem już prawdziwym królem. Już wszystko dobrze.

— Waszej królewskiej mości, ale mnie nie bardzo.

— Dlaczego? — zapytał zdziwiony Maciuś.

— Bo mnie ojciec tak sprał za ten papier, że mi szrapnele przed oczami latały.

— Sprał cię, powiadasz? — zdumiał się Maciuś.

— A tak. „Prawo królewskie — powiada — dawać ci fawory, a moje ojcowskie prawo, kundlu jeden, kości ci porachować. W pałacu ty królewski, a w domu ty plutonowski. A ojcowska ręka pewniejsza od królewskiej łaski."

Maciuś był ostrożny. Już wiedział, że tak od razu nic nie należy robić. W życiu tak jak na wojnie: „Jeżeli chcesz zwyciężyć, musisz dobrze się przygotować do ataku". Pośpieszył się z tym papierem — i głupstwo palnął. Sobie kłopotu narobił i Felkowi bólu. A teraz wstyd i ujma dla jego królewskiego honoru. Bo jakże: on, król, daje papier, a jakiś plutonowy bije za jego papier królewski.

— Słuchaj, Felek, troszkę pośpieszyliśmy się. Pamiętasz: ja nawet chciałem trochę zaczekać. Ja ci muszę jedną rzecz wytłumaczyć.

I opowiedział Maciuś, jak było z tą czekoladą.

— Królowie nie mogą robić wszystkiego, co chcą.

— No tak, wasza królewska mość...

— Słuchaj, Felek, mów mi dalej po imieniu. Przecież razem wojowaliśmy, przez ciebie z niewoli się wyrwałem.

Rada w radę postanowili, że na odosobnieniu będą mówili sobie po dawnemu.

— Sztaba, Waligóra.

— Sztaba, Wyrwidębie.

Teraz lżej już było Maciusiowi odebrać nieszczęsny papier.

— Dam ci za ten papier łyżwy, dwie lanki[9], album z markami[10], palące szkło[11] i magnes.

— A stary znów mnie zbije.

— Prawda, mój Felku, bądź cierpliwy, sam widzisz, że królowie nie mogą też tak od razu. Królowie muszą słuchać prawa.

— A co to jest?

— Sam jeszcze nie wiem dobrze. To są jakieś książki czy coś...

— No tak — powiedział smutnie Felek — jak ty jesteś ciągle na posiedzeniach, to się po trochu uczysz wszystkiego, a ja co...

— Nie martw się, mój złoty Felku, zobaczysz, że będzie dobrze. Jeżeli mogę rozdać pięciu milionom dzieci czekoladę, to przecież mogę i dla ciebie dużo dobrego zrobić. Tylko to musi być prawnie zrobione. Ty wcale nie wiesz, jak ja teraz długo wieczorem nie mogę zasnąć w łóżku. Leżę i leżę — myślę i myślę. I męczę się, żeby coś takiego zrobić, żeby wszystkim było dobrze. Teraz będzie już łatwiej, bo co ja mogłem wymyślić dla dorosłych? Papierosy im dam — mają pieniądze, to sobie sami kupią. Wódkę dam — no to się popiją i co będą mieli?

— Ja nie wiem — mówi Felek — ty tak zaraz myślisz o wszystkich. Ja bym sobie tu kazał w parku zrobić huśtawkę, karuzelę z muzyką...

Reformy Maciusia

— Widzisz, Felek, ty nie jesteś królem, więc tego nie rozumiesz. Dobrze, niech będzie karuzela, ale nie jedna. Zaraz na przyszłym posiedzeniu powiem, żeby we wszystkich szkołach urządzić huśtawki i karuzele z muzyką.

---

[9] *lanka* — piłka cała lana z gumy, bez powietrza wewnątrz.

[10] *marka* — tu w znaczeniu: znaczek pocztowy.

[11] *palące szkło* — szkło skupiające promienie słoneczne, można nim podpalić np. papier.

— I kręgielnie, i strzelnice.

— No widzisz.

Jak tylko ministrowie wyszli z więzienia, zaraz poszli do cukierni na kawę ze śmietanką i ciastka z kremem. Chociaż odzyskali wolność, nie było im wesoło. Widzieli, że z Maciusiem nie będzie łatwo.

— Przede wszystkim trzeba będzie pożyczyć pieniędzy.

— Czy nie można wydrukować nowych pieniędzy?

— Teraz nie można, bo już za dużo wydrukowaliśmy podczas wojny. Trzeba trochę poczekać.

— Ba, czekaj tu, kiedy trzeba tyle płacić.

— Więc też mówię, że musimy pożyczyć od zagranicznych królów.

Zjedli po cztery ciastka z kremem, wypili kawę ze śmietanką i poszli do domu.

A na drugi dzień prezes ministrów poszedł do króla na audiencję i powiedział, że trzeba pożyczyć dużo pieniędzy od bogatszych królów. To jest bardzo trudne przedsięwzięcie, bo muszą bardzo mądrze napisać papier do zagranicznych królów, i dlatego co dzień odbywać się będą po dwie narady.

— Dobrze — powiedział Maciuś — wy się naradzajcie, a ja od dziś zaczynam lekcje u swojego kapitana.

Przyjechał minister wojny z kapitanem. Maciuś serdecznie się z nim przywitał, zapytał się nawet, czy nie można mianować go majorem, ale nie można, bo kapitan był niedawno jeszcze porucznikiem, więc był za młody.

— Pan mnie będzie uczył wszystkiego, a zagraniczny guwerner tylko obcych języków.

I zaczął się Maciuś uczyć z taką ochotą, że zapomniał nawet o zabawach. Kapitan mieszkał daleko, więc Maciuś zaproponował, żeby zamieszkał w pałacu razem z rodziną. Kapitan miał syna Stasia i córeczkę Helenkę. Więc uczyli się razem i trochę razem bawili. Przychodził i Felek na lekcje, ale dużo przepuszczał, bo się nie bardzo lubił uczyć.

Maciuś bardzo rzadko chodził teraz na narady.

— Szkoda czasu — mówił — nudzę się i niewiele z nich rozumiem.

Do królewskiego ogrodu przychodziły chętnie dzieci. Ojciec Felka, który przed wstąpieniem do wojska był cieślą, zrobił im huśtawkę, więc się huśtali, bawili się w berka, w piłkę, straż ogniową, wiosłowali na królewskiej sadzawce, łowili ryby. Troszkę gniewał się na te porządki królewski ogrodnik i chodził na skargę do pałacowego zarządu. Już nawet parę szyb przez nieostrożność stłuczono, ale nikt nie mógł mówić, bo Maciuś był teraz królem-reformatorem i sam wprowadzał własne porządki.

Już był zamówiony na jesień zdun, żeby w sali tronowej postawił piec, bo Maciuś zapowiedział, że nie myśli marznąć podczas audiencji.

Jak był deszcz, bawili się w pokojach. Lokaje byli trochę źli, że im dzieciaki depcą pokoje – i muszą potem sprzątać i froterować. Ale że mniej teraz zwracali uwagi, czy mają wszystkie guziki zapięte, więc czasu było więcej. A zresztą i im było smutno, jak w pałacu tak cicho było dawniej jak w grobie. Teraz za to śmiech, bieganina, krzyki, w których brał często udział i wesoły kapitan, a niekiedy i stary doktor się rozruszał i zaczynał z nimi razem tańczyć albo skakać przez sznur. Wtedy to już naprawdę było śmiesznie.

Ojciec Felka po huśtawce zmajstrował im wózek, ale że były tylko trzy koła, więc wózek często się przewracał. Nie szkodzi. Tak nawet było weselej.

Rozdanie czekolady dzieciom w stolicy tak się odbyło, że dzieci ze wszystkich szkół ustawione były w dwa rzędy na ulicach; jechały ciężarowe samochody – i żołnierze czekoladę rozdawali. A jak skończyli, Maciuś przejechał przez wszystkie ulice – i dzieci jadły, i śmiały się, i krzyczały:

– Niech żyje król Maciuś!

A Maciuś raz wraz wstawał, posyłał im ręką pocałunki, wywijał kapeluszem, powiewał chusteczką i naumyślnie wiercił się, uśmiechał, ruszał rękami i głową, żeby nie pomyśleli, że znów oszukują i obwożą porcelanową lalkę.

Ależ skąd. Wszyscy wiedzieli na pewno, że to jest prawdziwy Maciuś. Prócz dzieci byli na ulicach i ojcowie, i matki, też ucieszeni, bo dzieci teraz lepiej się uczyły, bo wiedziały, że król je lubi i o nich pamięta.

Do tej uroczystości minister oświaty dodał jeszcze od siebie niespodziankę dla spokojnych i pilnych uczniów, żeby wieczorem byli w teatrze. Więc wieczorem Maciuś, kapitan, Felek, Helcia i Stasio zajmowali królewską lożę, a cały teatr pełen był dzieci.

Kiedy Maciuś wszedł do loży, orkiestra zagrała hymn narodowy. Wszyscy wstali i Maciuś przez cały czas stał na baczność, bo tak każe etykieta. Dzieci teraz przez cały wieczór widziały swego króla, trochę tylko były zmartwione, że chociaż w wojskowym ubraniu, ale bez korony.

Ministrowie na przedstawieniu nie byli, bo kończyli akurat papier o zagraniczną pożyczkę, więc czasu nie mieli. Tylko minister oświaty wpadł na parę minut i powiedział zadowolony:

— To przynajmniej rozumiem. Teraz mają nagrodę ci, którzy na nią naprawdę zasłużyli.

Maciuś grzecznie mu podziękował i dzień skończył się bardzo przyjemnie.

Za to na drugi dzień ciężkie miał Maciuś spełnić obowiązki. Przyjechali wszyscy ministrowie i posłowie zagranicznych państw — i miał im być uroczyście wręczony papier o zagraniczną pożyczkę.

Maciuś musiał siedzieć spokojnie i słuchać, co oni pisali całe trzy miesiące. Tym trudniej było Maciusiowi teraz, kiedy się już odzwyczaił od posiedzeń i akurat nazajutrz po tak mile spędzonym dniu.

Akt dzielił się na cztery części.

W pierwszej części pisali ministrowie w imieniu Maciusia, jak często wielcy przodkowie Maciusia im pomagali i też pożyczali pieniądze, kiedy tamci nie mieli. To była część historyczna aktu o pożyczce.

Potem była bardzo długa część geograficzna. Tu się wyliczało, ile ziemi należy do Maciusia, ile ma miast, ile lasów, ile kopalni węgla, soli i nafty, ilu ludzi mieszka, ile jest różnych fabryk, ile zboża i kartofli, i cukru rocznie wyrasta w państwie Maciusia. To była część geograficzna.

Trzecia część aktu była ekonomiczna. Tu chwalili się ministrowie, że kraj Maciusia jest bogaty, że pieniędzy jest dużo, co rok duże wpływają do skarbu podatki, że pożyczkę będzie mógł na pewno zapłacić, więc niech się wcale nie boją.

Jeżeli Maciuś chce pożyczyć, to tylko dlatego, żeby jeszcze lepiej gospodarować, żeby mieć jeszcze więcej pieniędzy. W tej części czwartej pisało się, jakie nowe koleje i nowe miasta będą w państwie Maciusia, ile zbudują nowych domów i nowych fabryk.

I czytanie byłoby nawet ciekawe, ale tyle w nim było różnych cyfr — milionów i dziesiątków milionów, że posłowie patrzyli coraz na zegarki, która już godzina, a Maciuś zaczął ziewać.

Kiedy nareszcie papier przeczytano, posłowie powiedzieli:

— Poślemy to pismo do naszych rządów; nasi królowie bardzo chcą teraz żyć w przyjaźni z Maciusiem i na pewno zgodzą się mu pieniądze pożyczyć.

Teraz dali Maciusiowi złote pióro, wysadzane drogimi kamieniami, i Maciuś dopisał:

Wasze królewskie mości. Ja was pobiłem i nie wziąłem żadnej kontrybucji, a teraz proszę, żebyście mi pożyczyli pieniądze. Więc nie bądźcie świniami i pożyczcie.

Król Maciuś Pierwszy
Reformator

Maciuś został zaproszony w gości do zagranicznych królów. Pisali, że proszą bardzo króla Maciusia, kapitana, doktora, Stasia i Helcię.

Król Maciuś może być pewien, że nie pożałuje.
Zrobimy wszystko, co będzie w naszej mocy, żeby się dobrze bawił i żeby otrzymał wszystko, co zechce.

Strasznie się Maciuś ucieszył. Maciuś znał tylko jedno zagraniczne miasto z wojny, a teraz miał poznać trzy stolice, trzy zagraniczne pałace i królewskie ogrody — a bardzo był ciekawy, czy tam jest inaczej. W jednej stolicy był podobno śliczny ogród zoologiczny, gdzie były zwierzęta z całego świata. W drugiej znów był podobno taki wysoki dom, że, jak mówił Felek, już prawie sięgał do nieba. A w trzeciej były sklepy z takimi ładnymi wystawami, że można patrzeć cały rok — i nawet się nie znudzi.

Ministrowie bardzo byli źli, że ich nie zaproszono, ale nic nie mogli zrobić. Tylko minister finansów zaklinał Maciusia, żeby pieniędzy nie brał i nic nie podpisywał, bo go oszukają.

— Już niech się pan nie boi — powiedział Maciuś. — Młodszy byłem, a oszukać się przez nich nie dałem, więc i teraz się nie dam.

— Mości królu, oni teraz będą udawali przyjaciół, niby że już po wojnie, ale będą się zawsze starali wszystko na swoją stronę.

— Niby to ja nie wiem — powiedział Maciuś, ale w duszy rad był, że go ostrzeżono, i postanowił sam żadnych papierów tam nie podpisywać. Bo, rzeczywiście, dziwne mu było, dlaczego nikogo z ministrów nie zaprosili.

— Będę się pilnował — dodał Maciuś.

Wszyscy zazdrościli Maciusiowi, że jedzie tak daleko. Pakowali kufry, krawcy przynosili nowe ubrania, szewcy nowe buty. Mistrz ceremonii biegał po całym pałacu, żeby czego nie zapomnieć. Helcia i Stasio aż skakali z radości.

Wreszcie zajechały dwa samochody, do jednego wsiadł król Maciuś i kapitan, do drugiego — doktor, Helcia i Stasio. Wśród wiwatów przejechali miasto; na dworcu oczekiwał ich królewski pociąg i wszyscy ministrowie.

Maciuś jechał już raz z wojny królewskim pociągiem, ale był bardzo zmęczony, więc nie mógł się tak dobrze przyjrzeć wszystkiemu. Teraz było zupełnie co innego. Jechał sobie dla przyjemności, więc mógł o niczym nie myśleć. Należał mu się przecie wypoczynek po takiej ciężkiej wojnie i po takiej pracy. Z radością i ze śmiechem opowiadał, jak ukryty pod derką chował się przed porucznikiem, a teraz swym nauczycielem. Mówił o zupie, o pchłach, które go gryzły, o spotkaniu z ministrem wojny, kiedy z drabinki nad obórką patrzył na pociąg, którym teraz jedzie.

— O, tu staliśmy cały dzień. O, z tej stacji cofnęli nas z powrotem.

Pociąg królewski składał się z sześciu wagonów. Jeden — to była sypialnia. Każdy miał swój pokój z wygodnym łóżkiem, umywalką, stolikiem i krzesełkiem. Drugi wagon — stołowy — pośrodku stał stół, naokoło krzesła, na podłodze piękny dywan, wszędzie kwiaty. Trzeci wagon był biblioteką, a teraz prócz książek były tam najładniejsze zabawki króla. W czwartym była kuchnia, w piątym wagonie jechała służba pałacowa: kucharz i lokaje, a w szóstym były kufry pełne rzeczy.

Dzieci na przemian wyglądały przez okno i bawiły się. Zatrzymywali się na dużych stacjach, kiedy trzeba było dolać wody do parowozu. Wagony szły tak leciutko, że ani hałasu nie było, ani żadnego trzęsienia.

Wieczorem położyli się jak zwykle, a rano obudzili się już wszyscy za granicą.

Jak tylko Maciuś umył się i ubrał, zjawił się poseł króla zagranicznego z pozdrowieniem. Wsiadł do pociągu w nocy, nie chciał niepokoić króla Maciusia, ale czuwa od samej granicy, bo teraz Maciuś jest pod jego opieką.

— Kiedy będę w stolicy waszego króla?

— Za dwie godziny.

Maciusiowi bardzo przyjemnie było, że królewski poseł nie mówił w zagranicznym języku, bo chociaż rozumiał i mówił już Maciuś w paru obcych językach, ale zawsze przyjemniej mówić po swojemu.

Jakie przyjęcie zgotowano Maciusiowi, trudno powiedzieć. Wjeżdżał do stolicy obcego państwa nie jak zwycięzca miasta, jego fortecy i murów, ale jak zwycięzca serc całej ludności. Stary, siwy król tego państwa ze swymi dorosłymi dziećmi i z wnukami oczekiwał go na stacji. Na dworcu tyle było zieleni i kwiatów, jakby to był najpiękniejszy ogród, a nie dworzec kolejowy. Z gałązek i kwiatów upleciono napis:

Witaj, gorąco oczekiwany młody przyjacielu!

Wygłoszono cztery długie mowy powitalne, w których Maciusia nazywano dobrym, mądrym i walecznym królem. Przepowiadano, że panować będzie tak długo, jak żaden król jeszcze. Ofiarowano mu chleb i sól na srebrnej tacy. Zawieszono mu na piersi najwyższy Order Lwa z ogromnym brylantem. Stary król ucałował go tak serdecznie, że się Maciusiowi przypomnieli jego zmarli rodzice i łzy napłynęły mu do oczów. Orkiestra, sztandary, bramy tryumfalne. Na balkonach dywany i flagi.

Maciuś w gościnie u starego króla

Na rękach wyniesiono go do samochodu. Na ulicach tyle było ludzi, jakby się z całego świata zjechali. Ponieważ zwolniono ze szkół uczniów na trzy dni, wszystkie dzieci były na ulicy.

Tak Maciusia nigdy jeszcze nie witała jego własna stolica. Kiedy już zajechali do pałacu, na placu zebrał się tłum ludzi – nie chcieli się rozejść, dopóki Maciuś nie wyjdzie na balkon.

– Niech nam coś powie! – krzyczeli.

Już prawie był wieczór, kiedy im się wreszcie Maciuś pokazał na królewskim balkonie.

– Jestem waszym przyjacielem! – krzyknął Maciuś.

Huknęły na wiwat armaty. Zapalono fajerwerki i ognie bengalskie. Z rakiet na niebie sypały się gwiazdy czerwone, niebieskie i zielone. Było ślicznie.

I zaczęły się bale, teatry, w dzień wycieczki za miasto, gdzie były śliczne, wysokie góry, zamki w lasach starych, potem polowanie, potem przegląd wojska, znów obiad galowy, znów teatr.

Wnuki i wnuczki starego króla chciały oddać Maciusiowi wszystkie swoje zabawki. Dostał dwa prześliczne konie, małą armatę z prawdziwego srebra, na własność dostał nowy kinematograf z najładniejszymi obrazami.

Aż przyszło najpiękniejsze: cały dwór pojechał samochodami do morza, gdzie się odbyła na niby bitwa morska. Maciuś pierwszy raz w życiu płynął admiralskim okrętem, który nazwano imieniem Maciusia.

Tak całych dziesięć dni goszczono Maciusia, który chętnie byłby został dłużej, ale musiał jechać do drugiego króla.

Był to właśnie król, którego Maciuś uwolnił z niewoli. Ten król był biedniejszy, więc skromniej przyjął Maciusia, ale jeszcze serdeczniej. Ten król miał dużo przyjaciół między dzikimi królami i zaprosił ich razem z Maciusiem. Tu Maciuś miał bardzo ciekawe bale, gdzie byli Murzyni, Chińczycy i Australijczycy. Jedni

Maciuś w gościnie u króla – przyjaciela „dzikich" królów

byli żółci i mieli warkocze, inni znów czarni, w nosie i w uszach nosili ozdoby z muszli i kości słoniowej. Maciuś się bardzo zaprzyjaźnił z tymi dzikusami, od jednego dostał cztery śliczne papugi, które mówiły jak ludzie, od drugiego dostał krokodyla i węża boa w szklanej ogromnej klatce, a od trzeciego — dwie nadzwyczaj ucieszne małpki tresowane, które umiały takie śmieszne sztuki, że Maciuś śmiał się, ile razy na nie spojrzał.

Tu właśnie widział Maciuś ten największy na świecie ogród zoologiczny, gdzie były ptaki-pingwiny, podobne do ludzi, białe niedźwiedzie, żubry, wielkie indyjskie słonie, lwy, tygrysy, wilki, lisy, aż do najmniejszych stworzonek lądowych i morskich. Co ryb rozmaitych, co ptaków różnokolorowych! A małp samych było z pięćdziesiąt gatunków.

— To wszystko podarunki moich afrykańskich przyjaciół — mówił król.

I Maciuś postanowił koniecznie zaprosić ich do swojej stolicy, żeby mieć też taki ogród. Bo jeżeli jemu się tak podobają zwierzęta, więc pewnie i wszystkim dzieciom.

— Ano, trzeba jechać. A szkoda. Co też ten trzeci król mi pokaże? W jego stolicy jest właśnie ogromny dom, o którym Felek wspominał.

U trzeciego króla przyjęto Maciusia bardzo skromnie, chociaż równie życzliwie. Maciusia to trochę nawet zdziwiło i mu było jakby nieprzyjemnie.

Maciuś w gościnie u smutnego króla

„Skąpy, czy co?" – pomyślał Maciuś.

Pałac nawet nie bardzo wyglądał na zamek królewski, prawie się nie różnił od ładniejszych domów miasta.

Jeden lokaj miał nawet trochę przybrudzone rękawiczki, a na obrusie była mała wprawdzie, ale – jednak – dziurka, zręcznie zaszyta jedwabiem.

Zdziwił się Maciuś tym więcej, gdy go ten król zaprowadził do swego skarbca. Tyle było w skarbcu złota, srebra i drogich kamieni, że Maciuś aż oczy zmrużył.

– Wasza królewska mość strasznie jest bogaty.

– O, nie – powiedział król – gdybym to chciał rozdać między wszystkich obywateli mego państwa, na każdego przypadłby jeden zaledwie pieniążek.

I tak to jakoś przyjemnie powiedział, że Maciusiowi aż serce drgnęło.

Ten król był najmłodszy ze wszystkich trzech, ale jakiś smutny. Jeśli wieczorem nie byli w teatrze, król grał na skrzypcach, ale jakoś smutnie, że trzeba było westchnąć.

„Jacy rozmaici są królowie" – pomyślał Maciuś.

I powiedział:

– Podobno wasza królewska mość ma ogromny dom, ale to bardzo, bardzo wielki.

– Ach, tak. Nie pokazywałem go waszej królewskiej mości, bo to gmach parlamentu[12]. Ponieważ w waszym państwie nie ma ludowładztwa, sądziłem, że nie będzie ciekawe.

– A ja bym bardzo chciał ten... ten... parlament zobaczyć.

Maciuś nie zrozumiał, o czym król mówił, i pomyślał znów:

„To dziwne: co robili królowie sto, dwieście i tysiąc lat temu – tyle mnie uczyli, a nie uczą jakoś, co robią królowie i jacy są teraz. Gdybym ich znał dawniej, może nie doszłoby wcale do wojny."

---

[12] *parlament* – sejm, grupa posłów i senatorów wybieranych przez obywateli kraju; parlament uchwala prawa.

Król znów zaczął grać na skrzypcach, a Maciuś, Helcia i Stasio słuchali.

— Dlaczego wasza królewska mość gra tak smutnie?

— Bo życie jest niewesołe, mój przyjacielu. A już chyba najsmutniejsze jest życie króla.

— Króla — zdziwił się Maciuś — a tamci tacy weseli.

— I oni są smutni, kochany Maciusiu, tylko przy gościach udają, bo taki jest zwyczaj, bo tak każe etykieta. Jakże mogą być weseli królowie, którzy przegrali dopiero co wojnę?

— Ach, to dlatego się martwi wasza królewska mość.

— Ja najmniej z nas trzech. Ja nawet jestem zadowolony.

— Zadowolony? — jeszcze bardziej zdumiał się Maciuś.

— Tak, bo nie chciałem tej wojny.

— Więc po co było wojować?

— Musiałem, nie mogłem inaczej.

„Dziwny jakiś król — pomyślał Maciuś — nie chce wojować, a wypowiada wojnę, i cieszy się, że przegrywa; zupełnie dziwny król."

— Wygrana wojna to wielkie niebezpieczeństwo — mówił król jakby do siebie. — Najłatwiej zapomnieć wtedy, po co się jest królem.

Po co być królem?

— A po co się jest królem? — naiwnie zapytał się Maciuś.

— Przecież nie po to, żeby nosić koronę, tylko żeby dać szczęście ludności swego państwa. A jak dać szczęście? Wprowadza się różne reformy.

„Oho — to ciekawe" — pomyślał Maciuś.

— A reformy — to najtrudniejsze, tak, to najtrudniejsze.

I tym razem tak smutnie zagrały skrzypce, jakby płakały, jakby się stało nieszczęście.

Długo w noc rozmyślał Maciuś. Przewracał się z boku na bok, a w uszach śpiewała mu smutna pieśń skrzypiec.

„Jego się zapytam. On mi poradzi. To musi być dobry człowiek. Jestem królem-reformatorem, a nie wiem, co to są reformy. A on mówi, że to takie trudne."

To znów myślał:

„Może on kłamie. Może oni się umówili między sobą, żeby ten właśnie trzeci dał mi do podpisania jakiś akt."

Bo nieraz już dziwiło Maciusia, dlaczego nic nie mówią z nim ani o pożyczce, ani o niczym. Przecież królowie zjeżdżają się, żeby mówić o polityce, o różnych ważnych rzeczach. A oni nic. Myślał, że nie chcą z nim mówić, bo mały. Więc dlaczego znów ten trzeci rozmawia z nim jak z dorosłym?

Maciuś polubił smutnego króla, ale mu nie ufał. Bo królowie wcześnie uczą się być nieufni.

Chcąc prędzej usnąć, zaczął Maciuś sobie nucić półgłosem najsmutniejszą piosenkę, gdy nagle usłyszał kroki w sąsiednim pokoju.

„Może mnie chcą zabić?" – przemknęło mu przez głowę, bo słyszał i o takich wypadkach, gdy królów wciągano w zasadzki, żeby ich skrytobójczo zgładzić. Może by mu to nie przyszło do głowy, gdyby długie rozmyślania i ta żałobna pieśń nie rozdrażniły go bardzo.

I Maciuś szybko nacisnął guzik elektrycznej lampy. Po czym rękę wsunął pod poduszkę, gdzie miał rewolwer.

– Nie śpisz, Maciusiu?

To był król.

– Nie mogę zasnąć.

– Więc i małym królom ciemne myśli spędzają sen z powiek? – z uśmiechem powiedział król siadając przy łóżku.

I nic nie mówił więcej, tylko patrzył.

I Maciuś przypomniał sobie, że tak patrzył na niego często jego ojciec. Maciuś nie lubił wtedy, gdy ojciec tak patrzył. A teraz było mu przyjemnie.

– Tak, tak, Maciusiu, bardzo się zdziwiłeś, kiedy ci powiedziałem, że nie chciałem z tobą wojować, a wojowałem. Bo ty myślisz jeszcze, że królowie mogą robić, co chcą.

– Wcale tak nie myślę. Wiem, że nam wiele rzeczy każe robić etykieta, a wiele – prawo.

– Ach, więc wiesz. Tak, my sami wydajemy złe prawa, a potem musimy się do nich stosować.

– A czy nie można dobrych praw wydawać?

– Można, trzeba. Młody jesteś, Maciusiu. Ucz się i wydawaj dobre, mądre prawa.

I król wziął rękę Maciusia, położył na swojej ręce, tak jakby porównywał swoją dużą z Maciusiową małą, potem pogłaskał ją jakoś bardzo czule, nachylił się – i pocałował rękę Maciusia.

Maciuś się strasznie zawstydził, a król zaczął mówić prędko i cicho:

– Słuchaj, Maciusiu. Mój dziadek dał ludowi wolność, ale nie było dobrze. Jego zamordowali, a lud dalej nie był szczęśliwy. Mój ojciec wzniósł wielki pomnik wolności. Zobaczysz go jutro: jest ładny, ale cóż z tego, kiedy dalej są wojny, są biedni, są nieszczęśliwi. Ja kazałem zbudować ten wielki gmach parlamentu. I cóż, nic. Dalej jest to samo.

Trudności bycia królem

Nagle jakby sobie coś przypomniał.

— Wiesz, Maciuś, zawsześmy źle robili, że dawaliśmy reformy doro-słym, spróbuj ty od dzieci, może ci się uda... No śpij, drogie dziecko. Przy-jechałeś, żeby się zabawić, a ja ci głowę zawracam po nocy. Dobranoc!

**Maciuś w par-
lamencie**

Kiedy nazajutrz Maciuś pragnął wrócić do tej rozmowy, król nie chciał już mówić. Za to objaśnił mu dokładnie znaczenie parlamentu. Był to naprawdę ogromny i piękny dom, w środku podobny trochę do teatru, a trochę do kościoła. Na podwyższeniu siedzieli panowie przed stołem, tak jak w jego pałacu podczas narady. Tylko tu jeszcze było strasznie dużo foteli — i tam siedzieli różni panowie, i z nich wychodzili mówcy, i wchodzili jakby na ambonę, i tak mówili jakby kazanie. A naokoło były loże i w tych lożach różni znów ministrowie. A z boku przy wielkim stole siedzieli tacy, którzy pisali do gazet. A wyżej publiczność.

Akurat kiedy weszli, przemawiał ktoś bardzo gniewnie do ministrów.

— My nie pozwolimy! — krzyczał i bił pięściami. — Jeżeli nas nie posłu-chacie, nie będziecie więcej ministrami. Nam potrzeba mądrych mini-strów.

Drugi mówił, że ministrowie są bardzo mądrzy i innych nie potrzeba.

Potem się pokłócili, zaczęli wszyscy krzyczeć. Ktoś jeden krzyknął: „Precz z rządem!", inny: „Wstydźcie się!" A kiedy Maciuś wychodził już z sali, krzyknął ktoś: „Precz z królem!"

— Dlaczego oni się pokłócili?

— Bo im źle na świecie.

— A co będzie, jak naprawdę wyrzucą ministrów?

— Wybiorą innych.

— No, a ten, co krzyknął „Precz z królem!"?

— On zawsze tak krzyczy.

— Wariat?

— Nie. Tylko nie chce króla.

— A czy mogą wyrzucić króla?

— Owszem, mogą.

— A co wtedy będzie?

— Wybiorą kogoś i inaczej go nazwą.

To było bardzo ciekawe, prawie tak, jak dwie małpki od kacyka murzyń-skiego Vey-Bina.

A tymczasem w gazetach Maciusiowej stolicy pisano przez cały miesiąc o tym, jak przyjmują Maciusia zagraniczni królowie, jak lubią go, szanują, jakie mu dali ładne prezenty. A ministrowie, korzystając z przyjaźni, chcieli pożyczyć bardzo dużo pieniędzy i mieli nadzieję, że im się to bardzo prędko uda. Więc bali się powrotu Maciusia do stolicy, bo nie chcieli, żeby im w ostatniej chwili coś popsuł. Dobrze, że się nie obrazili zagraniczni królowie za dopisek Maciusia na akcie o pożyczce; ale jak świat światem, żaden największy nawet król-reformator nie pisał na akcie urzędowym: „Tylko nie bądźcie świniami".

Więc uradzili ministrowie, żeby Maciuś jeszcze przez miesiąc siedział za granicą, niby że jest zmęczony i musi odpocząć.

Maciuś bardzo się ucieszył i prosił, że chce jechać nad morze. I pojechali: Maciuś, kapitan, Stasio, Helcia i doktor, tylko że teraz Maciuś przebrał się w cywilne ubranie, jechał zwyczajnym pociągiem i mieszkał w zwyczajnym hotelu, a nie w pałacu. I nazywano go teraz nie królem, ale księciem. I to wszystko nazywało się, że król mieszka nad morzem − *incognito*. Bo takie jest prawo, że król może tylko na zaproszenie jechać za granicę, a jak sam sobie chce być, musi udawać, że nie jest królem.

Dla Maciusia było to wszystko jedno, nawet było przyjemniej, bo mógł się bawić ze wszystkimi dziećmi i był taki jak wszyscy. Było pysznie: kąpali się w morzu, zbierali muszelki, robili z piasku warowne zamki, wały i fortece. Jeździli łódką po morzu, konno, zbierali jagody w pobliskim lesie i suszyli grzyby.

Czas tym prędzej upływał, że Maciuś rozpoczął przerwane lekcje, a że, jak wiele razy już mówiłem, chętnie się uczył i lubił swego nauczyciela, więc te trzy godziny lekcji wcale mu nie psuły humoru.

Serdecznie polubił Maciuś Stasia i Helcię. Były to dzieci bardzo dobrze wychowane, nigdy się z nim nie kłóciły albo tylko bardzo rzadko i na krótko.

Raz pokłócił się z Helcią o grzyb. Był to ogromny prawdziwiec. Maciuś powiedział, że pierwszy zobaczył, a Helcia, że ona. Maciuś byłby jej nawet odstąpił, bo jeden grzyb, dla króla szczególniej, nie ma wielkiego znaczenia. Ale po co się chwali i mówi nieprawdę?

— Jak zobaczyłem grzyb, krzyknąłem: „Ooooo — patrzcie!" — i pokazałem palcem. A ty dopiero podleciałaś.

— Ja go zerwałam.

— Bo ty byłaś bliżej, ale ja pierwszy zobaczyłem.

Helcia się rozzłościła, rzuciła grzyb i podeptała nogami.

— Nie potrzebuję tego grzyba.

Ale zaraz wiedziała, że źle zrobiła, bardzo się zawstydziła i zaczęła płakać.

„Jakie te dziewczynki są dziwne — pomyślał Maciuś — sama podeptała, a teraz płacze".

Innym razem Stasio zrobił bardzo ładną fortecę z dużą wieżą. Trudno jest z piasku zrobić wysoką wieżę, bo piasek musi być bardzo mokry, więc trzeba go kopać głęboko. Namordował się Stasio, chociaż w środek włożył kij, żeby się lepiej trzymało — i chciał, żeby fala morska uderzyła w jego fortecę. A Maciusiowi przyszło do głowy i krzyknął:

— Zdobędę twoją twierdzę!

Wskoczył na nią z całego rozpędu i zawalił. Stasio się rozgniewał, ale musiał przyznać, że królowi trudno się powstrzymać, jak widzi fortecę, więc się trochę tylko dąsał i zaraz się przeprosił.

Czasem kapitan opowiadał, jak walczył w afrykańskich pustyniach z dzikimi plemionami. To znów doktor opowiadał, jak choroba podobna jest do wroga, który napada człowieka, jak we krwi są tacy jakby żołnierze, takie małe, białe płateczki krwi, które rzucają się na zarazę i albo zwyciężą, wtedy człowiek jest zdrów, albo są pobite, wtedy człowiek umiera. Są w człowieku i gruczoły bardzo podobne do fortec. Tam jest mnóstwo korytarzy, rowów i zasadzek i jak zarazę wciągną do takiego gruczołu, ona tam zabłądzi, a wtedy te żołnierzyki krwi rzucają się i zabijają zarazę.

Zaprzyjaźnili się z rybakami, którzy ich nauczyli, jak poznać po niebie, czy będzie burza i czy będzie duża, czy taka sobie burza.

Ciekawie było słuchać i przyjemnie się bawić, ale czasem Maciuś pobiegł gdzie daleko w las albo też odłączył się, niby że idzie szukać muszelki, siadał i myślał długo, co zrobić, kiedy wróci do domu.

A może zrobić tak, jak jest u smutnego króla, który gra na skrzypcach. Może i lepiej, kiedy rządzi cały naród, a nie tylko król i ministrowie? Bo cóż? Król może być mały, a ministrowie mogą być nie bardzo mądrzy albo i nieuczciwi. Co wtedy robić? Wsadził do więzienia swoich ministrów i został sam, i nie wiedział, co robić, a tak — poszedłby do parlamentu i powiedziałby: „Wybierzcie nowych, lepszych ministrów".

Często rozmyślał Maciuś, ale chciał się kogoś poradzić. Wyszedł raz sam tylko z doktorem i tak sobie zapytał się:

— Czy wszystkie dzieci są zdrowe jak ja?

— Nie, Maciusiu. (Teraz doktor nie nazywał go królem, bo Maciuś był *incognito* nad morzem). Nie, Maciusiu, jest bardzo wiele dzieci słabych i chorych. Wiele dzieci mieszka w niezdrowych, wilgotnych i ciemnych mieszkaniach, nie wyjeżdżają na wieś, mało jedzą, często są głodne, więc chorują.

Maciuś znał już ciemne i duszne mieszkania, i znał głód. Przypomniał sobie Maciuś, jak czasem wolał spać na zimnej ziemi na dworze niż w chałupie chłopskiej. Przypomniał sobie Maciuś, jak dzieci na krzywych nogach, bardzo blade, przychodziły do obozu i prosiły o trochę zupy z żołnierskiego kotła i jak łapczywie jadły. Myślał, że tylko podczas wojny tak jest, a tymczasem słyszy, że i bez wojny dzieciom chłód i głód często dokucza.

— A czy nie można zrobić — zapytał Maciuś — żeby wszyscy mieli ładne domki z ogródkami i pożywne jedzenie?

— To bardzo trudne, myślą dawno ludzie, ale do tej pory nikt jeszcze nie wymyślił.

— A ja czy mogę wymyślić?

— Możesz, rozumie się, że możesz. Król wiele może zrobić. Na przykład ostatni król, który grał na skrzypcach, bardzo wiele zbudował szpitali, domów dla dzieci, u niego najwięcej dzieci w lecie wyjeżdża na wieś. Wydał takie prawo, że każde miasto musi zbudować domy, dokąd wysyła słabe dzieci na całe lato.

— A jak jest u mnie?

— Nie, u nas nie wydano jeszcze takiego prawa.

— No, to ja je wydam — powiedział Maciuś i tupnął nogą. — Mój doktorze kochany, dopomóż mi, bo znów pewnie ministrowie będą mówili, że trudno, że tego, tamtego im brak, a ja przecież nie wiem, czy mówią prawdę, czy tylko trajlują.

— Nie, Maciusiu, oni mają rację; to nie jest łatwe.

— No dobrze, wiem. Ja chciałem dać czekoladę na drugi dzień, oni obiecali, że dadzą za trzy tygodnie. A dali dopiero po dwóch przeszło miesiącach. Ale w końcu dali.

— No tak, czekoladę łatwiej dać.

— Ale jeżeli królowi ze skrzypcami było łatwo, dlaczego mnie ma być trudno?

— I jemu było trudno.

— No, dobrze. Więc niech będzie trudno, a ja to przecież zrobię, żeby nie wiem co.

Akurat słońce zachodziło nad morzem, takie wielkie, czerwone i piękne. Maciuś myślał, jak zrobić, żeby wszystkie dzieci w jego kraju mogły patrzeć na słońce, na morze, łódkami pływać, kąpać się i grzyby zbierać.

— No tak — powiedział jeszcze Maciuś, kiedy wracali z przechadzki — taki ten król dobry, a dlaczego jeden krzyknął: „Precz z królem!"?

— Zawsze się znajdą niezadowoleni. Nie ma na świecie ani króla, ani ministra, których by wszyscy chwalili.

Przypomniał sobie Maciuś, jak żołnierze na froncie wyśmiewali królów albo mówili na nich różne rzeczy. Gdyby Maciuś nie był na wojnie, myślałby, że go naprawdę wszyscy tak kochają, że czapki muszą rzucać do góry z radości, kiedy go widzą.

Od tej rozmowy Maciuś jeszcze pilniej się uczył i pytał się często, kiedy już wrócą do domu.

„Trzeba zacząć moje reformy — myślał. — Jestem królem i nie mogę być gorszy od innych, którzy wszystkie dzieci posyłają w lecie na wieś, do lasu".

Maciuś wrócił do stolicy akurat wtedy, kiedy już wszystko było gotowe, żeby dostać pieniądze od zagranicznych królów. Trzeba było tylko, żeby król podpisał, kiedy i jak będzie pożyczkę spłacał.

Król Maciuś podpisał i zaraz wyjechał główny kasjer państwowy z workami i skrzyniami na zagraniczne srebro i złoto.

Niecierpliwie czekał Maciuś na pieniądze, bo chciał wprowadzić swoje trzy reformy:

1. Żeby zbudować we wszystkich lasach, na górach i nad morzem dużo domów, żeby dzieci biedne mogły wyjeżdżać na całe lato na wieś.

Reformy Maciusia

2. Żeby we wszystkich szkołach były huśtawki i karuzele z muzyką.

3. Żeby w stolicy urządzić wielki ogród zoologiczny, gdzie w klatkach byłyby dzikie zwierzęta: lwy, niedźwiedzie, słonie, małpy i węże, i ptaki.

Ale spotkał Maciusia zawód. Kiedy pieniądze przyszły, okazało się, że ministrowie nic dać nie mogą na reformy Maciusia, bo z góry już było obliczone, ile który minister weźmie na swoje wydatki.

Więc tyle trzeba wydać na nowe mosty, tyle na koleje, tyle na budowę nowych szkół, tyle na zapłacenie długów wojennych.

— Gdyby wasza królewska mość wcześniej był powiedział, to byśmy więcej pożyczyli — mówili ministrowie. A myśleli sobie:

„Jak dobrze, że Maciusia na naradach nie było. Przecież tyle pieniędzy, ile potrzeba na reformy Maciusia, królowie zagraniczni nie chcieliby pożyczyć".

„Ano dobrze. Kiedy wyście mnie tak oszukali, już teraz wiem, co zrobię." — Wziął i napisał wszystko do króla, który grał na skrzypcach:

Ja chcę wprowadzić takie same reformy, jak wasza królewska mość wprowadziłeś u siebie. I potrzeba mi dużo pieniędzy. Ministrowie pożyczyli dla siebie, a teraz ja chcę pożyczyć dla siebie.

Długo czekał Maciuś i już myślał, że nie dostanie wcale odpowiedzi, aż tu raz podczas lekcji mówią, że przyszedł na audiencję poseł tego króla. Zaraz się Maciuś domyślił i prędko poszedł do sali tronowej.

Poseł prosił, żeby wszyscy wyszli, bo to jest tajemnica, którą może powiedzieć tylko królowi. Więc jak wszyscy wyszli, poseł powiedział, że można pożyczyć Maciusiowi pieniędzy, ale żeby dał konstytucję[13], żeby rządził cały naród.

— Bo jak pożyczymy tylko Maciusiowi, możemy stracić, a jak pożyczymy całemu narodowi, to zupełnie co innego. Tylko — powiedział poseł — ministrowie pewnie się nie zgodzą.

— Muszą się zgodzić — powiedział Maciuś. — Co oni sobie myślą? Jeżeli się zgodzili, żebym był królem-reformatorem — no to już.

Ale ministrowie nadspodziewanie łatwo się zgodzili. Ministrowie strasznie się bali, żeby ich Maciuś nie wsadził do więzienia, a więc tak sobie obliczyli:

„Jak trzeba będzie coś zrobić, powiemy, że tak chce cały naród, a my nie możemy poradzić. My tylko musimy to robić, co nam każe cały naród. A całego narodu już Maciuś do kozy nie wsadzi".

Zaczęły się narady. Ze wszystkich miast i ze wszystkich wsi przyjeżdżali do stolicy najmądrzejsi ludzie. I radzili, radzili całe dnie i całe noce. Bo bardzo trudno było obmyślić, żeby cały naród mówił, co chce, żeby robić.

W gazetach pisali tak dużo o tym sejmie, że nawet nie było miejsca na obrazki.

Ale Maciuś już teraz dobrze czytał, więc obrazki mniej mu były potrzebne.

Osobno znów zbierali się na narady bankierzy, którzy liczyli, ile potrzeba pieniędzy, żeby dla dzieci wybudować domy na wsi, karuzele i huśtawki.

I przyjechało dużo kupców ze wszystkich stron świata, żeby umówić się, jakie potrzebne są zwierzęta, ptaki i węże do zoologicznego ogrodu. Ich narady były najciekawsze i Maciuś na tych naradach zawsze był obecny.

— Ja mogę sprzedać cztery piękne lwy — mówi jeden.

— Ja mam najdziksze tygrysy — mówi drugi.

— Ja mam śliczne papugi — mówi trzeci.

— Najciekawsze są węże — mówi czwarty. — Ja mam najniebezpieczniejsze węże i krokodyle. Moje krokodyle są wielkie i długo żyją.

— Ja mam tresowanego słonia. On występował w cyrku, kiedy był młody. On jeździł na rowerze, tańczył i chodził po linie. Teraz jest trochę stary, więc mogę go taniej sprzedać. A dzieci będą miały wielką uciechę, bo może je wozić; a dzieci bardzo lubią jeździć na słoniu.

— O niedźwiedziach proszę nie zapominać — mówi specjalista od niedźwiedzi. — Mogę sprzedać cztery zwyczajne i dwa białe niedźwiedzie.

---

[13] *konstytucja* — zbiór najważniejszych i najbardziej ogólnych praw obowiązujących w państwie.

Ci kupcy dzikich zwierząt – wszyscy byli dzielni myśliwi, a między nimi był jeden prawdziwy Indianin i dwóch Murzynów. I dzieci z całej stolicy ciekawie im się przyglądały i cieszyły, że król tyle dla nich ciekawych zwierząt kupuje.

Aż tu raz na naradę przychodzi Murzyn taki czarny, jakiego jeszcze nie było. Tamci Murzyni byli ubrani zwyczajnie i mówili europejskimi językami; oni trochę mieszkali w Afryce, a trochę w Europie. A ten ani słowa nie mówił, żeby go można zrozumieć. Ubrany był w muszle i prawie goły, a we włosach miał tyle różnych ozdób z kości, że trudno było uwierzyć, że taki ciężar może uradzić na głowie.

W państwie Maciusia był jeden bardzo stary profesor, który znał pięćdziesiąt różnych języków. Więc posłali po niego, żeby przetłumaczył, czego chce ten strasznie czarny Murzyn. Bo ci zwyczajni Murzyni też nie mogli go zrozumieć, a może nie chcieli tłumaczyć, żeby sobie nie psuć interesu.

Bo książę murzyński – tak, to był prawdziwy książę – powiedział:

– Wielki jak drzewo baobab, potężny jak morze, szybki jak piorun i jasny jak słońce, królu Maciusiu, przywożę ci przyjaźń mojego władcy, który oby żył siedem tysięcy lat i doczekał się stu tysięcy praprawnuków. Władca mój ma w swoich lasach więcej zwierząt dzikich niż jest gwiazd na niebie i mrówek w mrowisku. Nasze lwy więcej zjadają ludzi w dzień niż cały królewski dwór w miesiąc. A dwór królewski składa się z króla, jego dwustu żon i tysiąca dzieci, oby żyły pięć tysięcy lat bez jednego roku. Świetny królu Maciusiu, nie wierz tym oszustom, którzy mają lwy bez zębów, tygrysy bez pazurów, stare słonie i farbowane ptaki. Moje małpy są mądrzejsze od nich, a miłość mego króla dla Maciusia jest większa niż ich głupota. Oni żądają od ciebie pieniędzy, mojemu królowi złoto niepotrzebne, bo w jego górach jest złota dosyć. On tylko chce, żebyś mu pozwolił przyjechać do siebie w gości na dwa tygodnie, bo jest bardzo ciekawy zwiedzić wasze kraje, a biali królowie nie chcą go przyjąć, bo mówią, że jest dziki, więc nie wypada się z nim przyjaźnić. Gdybyś, Maciusiu, pojechał do niego w gościnę, przekonałbyś się, że wszystko, co mówię, jest szczerą prawdą.

Kupcy dzikich zwierząt widzieli, że źle, więc powiedzieli:

– Czy wasza królewska mość wie, że to jest poseł z kraju ludożerców, i nie radzimy waszej królewskiej mości ani do nich jechać, ani ich tu zwozić.

Maciuś poprosił profesora, żeby się zapytał, czy naprawdę ten król jest ludożercą.

– O, jasny jak słońce, królu Maciusiu! Mówiłem, że lwy w naszych lasach więcej zjadają ludzi w jeden dzień niż cały królewski dwór w miesiąc. Jedno ci tylko powiem, o, biały jak piasek, królu Maciusiu, że ani ciebie, ani nikogo z twoich poddanych mój król by nie jadł. Mój król jest gościnny i wolałby pozjadać wszystkich dwieście swoich żon i tysiąc dzieci, oby żyły pięć tysięcy lat bez jednego roku, niż odgryźć jeden bodaj palec z twojej ręki.

A kupcy dzikich zwierząt zaraz wyjechali źli, że nie zrobili dobrego interesu.

Prezes ministrów wrócił do domu taki zły, że żona bała się nawet zapytać, co się stało. Prezes jadł obiad i nic nie mówił, a dzieci siedziały cichutko, żeby nie oberwać. Prezes ministrów przed obiadem wypijał kieliszek wódki, a podczas obiadu pił tylko wino. A dziś wino odepchnął i wypił pięć kieliszków wódki.

— Mój mężu — zaczęła żona nieśmiało, żeby go więcej nie rozgniewać — widzę, że znów miałeś zmartwienie w pałacu. Zmarnujesz zdrowie z tym wszystkim.

— To coś niesłychanego! — wybuchnął wreszcie prezes ministrów. — Ty wiesz, co robi Maciuś?

Ministrowa głęboko westchnęła.

— Ty wiesz, co robi Maciuś? Maciuś jedzie w gości do króla lu-do-żerców. Rozumiesz? Do najdzikszych Murzynów z całej Afryki. Tam jeszcze żaden z białych królów nie był. Rozumiesz? Jego tam zjedzą. Z pewnością go zjedzą. Jestem w rozpaczy.

— Mój mężu, czy nie ma sposobu, żeby mu odradzić?

— Owszem, jak chcesz, to odradzaj, bo ja drugi raz w kozie siedzieć nie myślę. Uparty jest i lekkomyślny.

— No dobrze, ale co by było, gdyby, nie daj Boże, jego zjedli?

— Ach, kobieto, zrozumże, mamy teraz robić tak, żeby rządził cały naród — i król musi podpisać papier — to się nazywa manifest — i musi być uroczyste otwarcie pierwszego sejmu. Kto podpisze manifest, kto otworzy sejm, jak Maciuś będzie zjedzony, w brzuchu tego dzikusa? Za rok już mogą go zjeść, ale teraz on jest potrzebny koniecznie.

Ministrom szło jeszcze o jedną rzecz: samego puścić Maciusia w tak niebezpieczną drogę nie wypadało, a jechać nikt nie chciał.

A Maciuś nie na żarty szykował się w drogę.

Rozeszła się po całym mieście wiadomość, że król jedzie do kraju ludożerców. Dorośli kiwali głowami, a dzieci strasznie mu zazdrościły.

— Mości królu — powiedział doktor — być zjedzonym jest bardzo niezdrowo. Prawdopodobnie zechcą waszą królewską mość upiec na rożnie, a że białko ścina się od gorąca, więc wasza królewska mość...

— Ukochany doktorze — powiedział Maciuś — już miałem być zabity, rozstrzelany i powieszony, i jakoś mi się udało. Może ten dziki książę mówi prawdę — może oni są gościnni i nie ugotują mnie. Już postanowiłem tak, obiecałem, a królowie muszą słowa dotrzymywać.

Próbował i kapitan odwieść od tego zamiaru Maciusia.

Tam jest gorąco, trzeba jechać dwa tygodnie na wielbłądach. Tam są różne choroby i Maciuś może umrzeć. Zresztą tym dzikusom nie można bardzo wierzyć, bo oni są wiarołomni.

— Ja ich znam, bo z nimi walczyłem, biali właśnie dlatego ich zabijają, żeby nie byli tacy dzicy i zdradzieccy.

Maciuś kiwał głową, że to wszystko prawda, a mimo to szykował się do drogi.

Musi być w stolicy ogród zoologiczny. Musi przywieźć dużo lwów, tygrysów, słoni i różnych małp. Jak się jest królem, trzeba spełniać swe obowiązki.

A książę afrykański prosił, żeby się Maciuś śpieszył. Bo książę nie mógł żyć bez ludzkiego mięsa dłużej niż tydzień. On przywiózł sobie w wielkiej tajemnicy beczkę solonych Murzynów i po trochu ich zjadał, ale już mu się zapas zaczął wyczerpywać, więc chciał prędzej jechać.

Ułożono wreszcie, kto ma pojechać: więc stary profesor, który znał pięćdziesiąt języków, kapitan, ale bez dzieci, bo ich matka się bała, a w ostatniej chwili przyłączył się Felek i doktor.

Doktor nie znał afrykańskich chorób, więc kupił grubą książkę o tych chorobach i do walizki włożył wszystkie lekarstwa, które były potrzebne. W ostatniej już chwili przyjechał jeden angielski marynarz i francuski podróżnik, żeby ich Maciuś wziął ze sobą.

Bagażu wzięli mało, bo ciepłe ubranie było im niepotrzebne, a przy tym na wielbłądach nie można wozić za dużo kufrów.

Ano, wsiedli do pociągu i jadą. Jadą, jadą, jadą, jadą, aż dojechali do morza. Przesiedli się na okręt i płyną. Na morzu zaskoczyła ich wielka burza, dostali morskiej choroby — i po raz pierwszy doktor stosował swoje lekarstwa.

Doktor był bardzo zły na tę podróż.

— Po co ja jestem królewskim doktorem? — biadał przed kapitanem okrętu. — Żebym był zwyczajnym doktorem, to siedziałbym sobie w wygodnym gabinecie i chodził do szpitala, a tak muszę się tłuc po świecie. Zresztą być zjedzonym w moim wieku to jest bardzo nieprzyjemna rzecz.

Za to kapitan był coraz weselszy. Przypomniał sobie, kiedy to uciekł z domu rodziców, zapisał się do Legii Cudzoziemskiej i walczył z Murzynami. Młody był wtedy i wesoły chłopak.

Najbardziej cieszył się Felek.

— Jakeś jechał do białych królów, to mnie nie zabrałeś, tylko kapitańskich lalusiów. A jak jedziesz do ludożerców, tamci cię opuścili, a Felek jedzie.

— Mój Felku — tłumaczył się zawstydzony Maciuś — nie byłeś zaproszony, a etykieta każe, żeby na zaproszenie brać tylko tych, kogo chcą. A Stasio i Helcia chcieli ze mną jechać, tylko im mama nie pozwoliła.

— Ja się nie gniewam — powiedział Felek.

Zajechali do portu, wysiedli z okrętu i jeszcze dwa dni jechali koleją. Tu już były palmy, różne drzewa daktylowe i figowe, rosły piękne banany i Maciuś ciągle wydawał okrzyki zachwytu. A murzyński książę tylko się

**Maciuś
w podróży do
króla
Bum-Druma**

uśmiechał, aż mu zęby białe tak błyszczały, że strach ogarniał.

— To jeszcze nie las afrykański, później zobaczycie, co znaczy las prawdziwy.

Ale zamiast lasu zobaczyli pustynię.

Nic, tylko piasek i piasek. Jak w morzu woda, tak tu piasek. W ostatniej wsi był jeszcze mały oddział żołnierzy i parę sklepów białych ludzi. Powiedzieli im, że są podróżnikami i jadą do kraju ludożerców.

— Ano, chcecie, to je, jedźcie. Było dużo takich, którzy jechali, ale nie pamiętamy, żeby kto wracał.

— A może nam się uda — powiedział Maciuś.

— Próbujcie, ale żebyście nie mieli do mnie pretensji, że was nie uprzedzałem, nie ostrzegałem. To bardzo dzicy ludzie, do których wy jedziecie.

Murzyński książę kupił trzy wielbłądy i pojechał, żeby wszystko przygotować, a ich zostawił i kazał czekać, aż wróci.

— Słuchajcie — powiedział oficer białego garnizonu. — Wy mnie nie oszukujcie, bo ja jestem cwaniak. Wy nie jesteście zwyczajni podróżnicy, jedzie z wami jakichś dwóch małych chłopaków, jakiś staruszek. I ten dzikus, który z wami przyjechał, to musi być jakaś bardzo ważna osoba. On ma w nosie taką muszlę, jaką wolno nosić tylko, jeżeli ktoś jest z królewskiej rodziny.

Ano, widzą, że nie ma co, więc powiedzieli wszystko.

Ten oficer słyszał już o Maciusiu, bo przychodziła poczta raz na parę miesięcy i przywoziła gazety.

— Tak, to co innego. Może wam się uda, bo przyznać muszę, że oni są bardzo gościnni, i mówię z góry, że albo wcale nie wrócicie, albo dostaniecie strasznie dużo prezentów, bo oni mają tyle złota i brylantów, że sami nie wiedzą, co z tym robić, i za każde głupstwo — jakieś trochę prochu albo lusterko, albo fajkę — dają parę garści złota.

Humory podróżników się poprawiły. Stary profesor leżał cały dzień na piasku, na słońcu, bo doktor powiedział, że to jest bardzo zdrowe na nogi, a jego bolały nogi. Wieczorem chodził do murzyńskich szałasów i tam rozmawiał i zapisywał nowe wyrazy, których jeszcze nauka nie znała.

Felek tak się objadł owocami, że aż doktor musiał mu ze swojej apteczki dać łyżkę rycyny. A Anglik z Francuzem brali Maciusia od czasu do czasu na polowanie. Maciuś nauczył się jeździć na wielbłądach. I było bardzo przyjemnie.

Aż tu raz w nocy wpada do ich namiotu przestraszony Murzyn-służący i krzyczy, że jest zdrada, że ich napadają.

— O ja nieszczęśliwy, poszedłem w służbę do białych! Moi mi tego nie darują, oni mnie zamordują. Oj, ja nieszczęśliwy, co ja teraz pocznę?

Zerwali się wszyscy ze swoich składanych, polowych łóżek, chwytają za broń, co kto miał — i patrzą.

Noc ciemna. Nic nie widać. Tylko tam z daleka z pustyni zbliża się jakaś gromada, słychać jakiś hałas. Dziwno, że z garnizonu białych nikt nie strzela ani nie widać żadnego zamieszania.

Naczelnik garnizonu znał dobrze obyczaje dzikich plemion i od razu zrozumiał, że to nie jest napad, tylko nie wiedział co, więc posłał jednego gońca, żeby się dowiedzieć.

To szła karawana[14] po króla Maciusia.

Na przodzie królewski wielbłąd, ogromny, z piękną budką na grzbiecie. Sto wielbłądów równie pięknie odzianych. I pełno pieszych Murzynów-żołnierzy, którzy mieli stanowić przyboczną straż karawany.

Co by to było, gdyby oficer garnizonu nie był tak doświadczony! Mógł zacząć strzelać i byłoby okropnie nieprzyjemnie. Maciuś serdecznie mu podziękował, że tak mądrze zarządził, dał mu order i zaraz na drugi dzień raniutko ruszyli w drogę.

Podróż była bardzo ciężka. Strasznie było gorąco. **Trudna droga przez pustynię** Murzyni byli przyzwyczajeni do upałów, ale biali wcale nie mogli oddychać.

Maciuś siedział w swojej budce. Dwóch czarnych Murzynów wachlowało go wielkimi wachlarzami ze strusich piór. Karawana szła powoli, a przewodnik niespokojnie rozglądał się wokoło, czy aby nie idzie tak zwana trąba powietrzna. Bo wtedy jest straszny wiatr, który sypie gorący piasek na podróżnych. A były wypadki, że piach zasypał całą karawanę i wszyscy zginęli.

---

[14] *karawana* — grupa ludzi podróżujących przez pustynię, wiodąca ze sobą zwierzęta (konie, wielbłądy), które niosą różne towary.

Nikt nie rozmawiał przez cały dzień, a dopiero wieczorem, jak było chłodno, trochę lepiej się czuli. Doktor dawał Maciusiowi jakieś chłodzące proszki, ale to niewiele pomagało. Maciuś był zahartowany przez wojnę i niejedną przeżył ciężką chwilę, a ta gorąca podróż była najcięższa ze wszystkiego, co w życiu przeżył. Głowa go często bolała, wargi mu popękały, język taki się zrobił suchy, że był jak drewno. Opalił się i zeschł, oczy od białego piasku zaczerwieniły się i piekły, a na skórze pokazały się czerwone, swędzące krostki. Spał Maciuś źle, w nocy męczyły go straszne sny: to mu się zdawało, że go ludożercy zjadają, to − że go palą na stosie. Ach, jaka przyjemna jest woda w porównaniu z piaskiem, jak przyjemnie płynąć okrętem! Ale co robić, wracać już nie można, bo by się z niego śmieli.

Dwa razy zatrzymywali się na oazach[15]. Co to było za szczęście patrzeć znów na zielone drzewa i pić chłodną wodę, a nie paskudną, ciepłą i śmierdzącą wodę ze skórzanych worków.

Na pierwszej oazie zatrzymali się dwa dni, a na drugiej musieli całych pięć dni przesiedzieć, bo i wielbłądy tak były zmęczone, że nie mogły iść dalej.

− Jeszcze tylko cztery wschody i cztery zachody słońca spędzimy w pustyni i będziemy w domu − cieszył się książę ludożerców.

Przez tych pięć dni dobrze wypoczęli. I przed wyjazdem Murzyni już tak się wzmocnili, że rozpalili ogniska i tańczyli strasznie dziki wojenny taniec.

Ostatnie cztery dni podróży już nie były takie ciężkie, bo pustynia się kończyła, więc piasek nie był tak gorący, nawet tu i ówdzie rosło już trochę krzaków i spotykało się nawet ludzi.

Maciuś chciał się zapoznać z tymi ludźmi, ale mu nie pozwolili, bo to byli rozbójnicy pustyni. Nie zaczepiali ich, bo karawana była duża. Ale chętnie napadali, jak mniej ludzi jechało.

Nareszcie!

Już widać z daleka las, już wionął wilgotny chłód. Podróż się skończyła, ale nie wiadomo, co ich teraz czeka. Uniknęli śmierci w gorących piaskach, może teraz zginą z rąk dzikich Murzynów.

Początek był doskonały. Król ludożerców wyjechał na spotkanie z całym dworem. Na przodzie szła muzyka, ale to była taka straszna orkiestra, aż uszy mało nie popękały. Zamiast trąb mieli jakieś rogi, piszczałki,

---

15 *oaza* − obszar wśród pustyni, gdzie dzięki obecności wody źródlanej rozwija się roślinność i możliwe jest życie.

zamiast bębnów — jakieś kotły. Hałas był okropny. A przy tym tak wrzeszczeli, że po ciszy pustyni można było zwariować.

Przyjęcie zaczęło się od nabożeństwa. Postawili kloc z drewna, gdzie wyrzeźbione były jakieś straszne twarze zwierząt. Kapłan miał na twarzy też straszną maskę. Znów ryczeli coś, a tłumacz powiedział, że to wszystko znaczy, że król ludożerców oddaje Maciusia pod opiekę swoich bogów.

Kiedy Maciuś po nabożeństwie zeszedł ze swego słonia, król i wszyscy jego synowie zaczęli fikać kozły w powietrzu i podskakiwać — i to trwało z pół godziny, a potem król miał przemowę do Maciusia.

— Biały przyjacielu, jaśniejszy od słońca, dziękuję ci, że przyjechałeś. Jestem najszczęśliwszy z ludzi na świecie, że mogę ciebie oglądać. Proszę cię i błagam, daj znak ręką, że się zgadzasz, a oto ten wielki miecz pogrążę w swoje serce — i dostąpię najwyższego honoru, by być zjedzonym przez swojego drogiego gościa.

To mówiąc przyłożył ostrze długiej dzidy do piersi i czekał.

Maciuś powiedział przez tłumacza, że w żaden sposób się nie zgadza, że chce z nim się przyjaźnić, rozmawiać i bawić, ale nie chce go zjadać.

Wtedy król, jego sto żon i wszystkie czarne dzieci zaczęli głośno płakać, zaczęli chodzić na czworakach i fikać żałobne koziołki do tyłu — na znak, że nimi gardzi biały przyjaciel, że ich nie kocha, jak należy, skoro ich jeść nie chce, a może nie ufa, że są smaczni i godni zjedzenia.

Maciusiowi strasznie się chciało śmiać z tych dziwnych zwyczajów, ale udał poważnego i nic nie mówił.

Opowiadać wszystko, co widział Maciuś i co robił na dworze króla ludożerców, nie ma potrzeby, bo opisał to uczony profesor w grubej książce pt.: *Czterdzieści dziewięć dni w dzikim kraju ludożerców na dworze króla Bum-Drum. Napisał uczestnik wyprawy i tłumacz króla Maciusia Reformatora.*

Biedny król Bum-Drum starał się z całych sił, żeby urozmaicić i uprzyjemnić pobyt Maciusia na swoim dworze, ale jego zabawy i przyjemności takie były dzikie, że Maciuś tylko z ciekawością patrzył, a czasem i nieprzyjemnie mu było.

Wielu zabaw Maciuś wcale nie chciał.

Miał na przykład Bum-Drum starą fuzję, którą z wielką pompą wyjęto ze skarbca i dano, żeby Maciuś strzelił z niej do celu: do najstarszej córki Bum-Druma. Maciuś nie chciał, Bum-Drum się obraził.

Znów zaczęli fikać żałobne koziołki. A co najgorsze, obraził się ludożerski kapłan.

— On udaje naszego przyjaciela, a nie chce się z nami bratać — powiedział. — Już ja wiem, co zrobię.

I wieczorem do muszli, z której Maciuś pił wino, nalał po kryjomu trucizny.

To była taka trucizna, że kto wypił, ten zaraz wszystko widział czerwone, potem niebieskie, potem zielone, a potem czarne. I umierał.

Siedzi Maciuś w najlepsze w namiocie królewskim na złotym krześle przy złotym stole, ale mówi:

— Co to jest, że wszystko zrobiło się czerwone? I ci ludożercy czerwoni, i wszystko czerwone.

Jak to usłyszał doktor, zaraz skoczył i zaczął machać zrozpaczony rękami, bo wiedział z książek o takiej truciźnie i napisane było, że na wszystkie choroby afrykańskie są lekarstwa, a na tę nie ma. I doktor nie miał lekarstwa w swojej apteczce na tę truciznę.

A Maciuś nic nie wie — taki wesół — i mówi:

— O, teraz wszystko zrobiło się niebieskie, jak ładnie wszystko wygląda.

— Profesorze — krzyknął doktor — przetłumacz pan tym dzikusom, że Maciusia otruli!

Profesor prędko powiedział. Król ludożerców złapał się za głowę, fiknął żałobnego koziołka i wybiegł jak strzała.

— Masz, pij, biały przyjacielu! — krzyknął podając Maciusiowi jakiś strasznie gorzki i kwaśny płyn w misce z kości słoniowej.

— Fe, nie chcę — krzyknął Maciuś — och, jak mi zielono przed oczami! I złoty stół — zielony, i doktor zielony.

Bum-Drum chwycił Maciusia wpół, położył go na stole, włożył mu między zęby strzałę z kości słoniowej i przemocą wlał do ust gorzki trunek.

Maciuś wyrywał się, pluł, ale połknął i był uratowany.

Wprawdzie zaczęły mu latać przed oczami już czarne kółka, które się prędko kręciły. Ale tych czarnych kółek było tylko sześć, a reszta wszystko było jeszcze zielone. I Maciuś nie umarł, tylko trzy dni spał.

Starszy kapłan ludożerców bardzo się zawstydził, że tak zrobił, że chciał otruć Maciusia. Ale Maciuś mu przebaczył. I w nagrodę kapłan obiecał pokazać najciekawsze sztuki magiczne, które wolno mu pokazywać tylko trzy razy w życiu.

Wszyscy usiedli przed namiotem, rozłożono tygrysie skóry i ten czarnoksiężnik zaczął. Było dużo takich sztuk, których Maciuś nie rozumiał. Niektóre mu wytłumaczono.

Na przykład wyjął z pudełka jakieś małe zwierzątko i położył je na ręce. To zwierzątko — takie jakby mały wąż — owinęło się koło palca, wysunęło języczek, taki jak nitka — wydało dziwny syk i uczepiwszy się pyszczkiem palca — do góry stanęło ogonem. Kapłan oderwał je i pokazał na palcu kroplę krwi. Maciuś widział, że to uważają dzicy za największą sztukę, chociaż były przecież inne ważniejsze. Dopiero mu wytłumaczono, że to jest najstraszniejsze stworzenie, gorsze od lamparta i hieny, bo jego ukłucie w sekundę sprowadza śmierć.

A kapłan wchodził w ogień — i ogień buchał mu ustami i nosem — i nie żalił się.

Potem czterdzieści dziewięć ogromnych wężów tańczyło, kiedy grał na piszczałce. Potem zaczął dmuchać na ogromną palmę, która miała ze sto lat — i ta palma zaczęła się powoli zginać — zginać, aż się złamała. Potem przeprowadził w powietrzu laseczką linię między dwoma drzewami — i przeszedł po niej w powietrzu jak po desce. Potem rzucił w powietrzu kulę z kości słoniowej, a jak spadała, podstawił głowę — i kula wpadła mu do głowy i znikła, a znaku żadnego nie było. Potem zaczął się kręcić w kółko strasznie prędko i długo, a jak stanął, wszyscy widzieli, że ma dwie głowy i dwie twarze, i jedną się śmiał, a drugą płakał. Potem wziął małego chłopca, obciął mu mieczem głowę — włożył do pudła — zatańczył koło pudła dziki taniec, a kiedy kopnął je nogą, ktoś w pudle zaczął grać na piszczałce; otworzyli pudło, a tam leżał sobie ten chłopiec jakby nigdy nic — i wyszedł, i zaczął się gimnastykować. To samo zrobił z ptakiem; puścił go wysoko i strzelił z łuku; ptak spadł, przeszyty strzałą, a potem ptak wyrwał tę strzałę dziobem, podfrunął i podał mu ją, i długo jeszcze fruwał.

I Maciuś myślał, że warto być trochę otrutym, żeby tyle sztuk zobaczyć. Maciuś zwiedzał kraj swego dzikiego przyjaciela. Często odbywał podróże na wielbłądzie i na słoniu. Widział wiele wsi murzyńskich, które mieściły się w ogromnych i pięknych lasach. Domów murowanych wcale tu nie było, tylko szałasy. Wszędzie było w szałasach bardzo brudno, zwierzęta i ludzie mieszkali razem. Wielu Murzynów było chorych, a tak łatwo można ich było wyleczyć. Doktor dawał lekarstwa i oni bardzo mu byli wdzięczni. W lasach często widywali Murzynów rozszarpanych przez dzikie zwierzęta albo zmarłych od ukąszeń jadowitych wężów.

Maciusiowi bardzo żal było biednych ludzi, którzy tacy byli dla niego dobrzy.

Dlaczego nie zbudują sobie kolei, nie założą elektrycznego światła, dlaczego nie mają kinematografów, dlaczego nie zbudują sobie wygodnych domów, dlaczego nie kupią strzelb, żeby się bronić od strasznych zwierząt? Przecież mają tyle złota i brylantów, że dzieci bawią się nimi jak szkiełkami.

Biedni Murzyni tak się męczą, bo im biali bracia nie chcą pomóc i boją się ich. I Maciusiowi przyszło na myśl, że jak wróci do domu, zaraz napisze do gazet, że kto nie może znaleźć roboty, żeby pojechał pracować do Murzynów, żeby im budować domy murowane i koleje.

Tak Maciuś myślał, żeby pomóc ludożercom, ale myślał i o tym, żeby na swoje reformy we własnym państwie zdobyć pieniądze.

Właśnie zwiedzali wielką kopalnię złota − i Maciuś prosił króla Bum-Drum, żeby mu trochę pożyczył. Bum-Drum zaczął się strasznie śmiać: jemu złoto niepotrzebne wcale − i może Maciusiowi dać tyle, ile tylko jego wielbłądy będą mogły uradzić.

− Ja swojemu przyjacielowi mam pożyczyć? Nie, biały przyjaciel może wszystko brać, co mu się tylko podoba. Bum-Drum kocha małego białego przyjaciela i chce mu służyć do końca życia.

Kiedy już Maciuś szykował się do podróży, król ludożerców urządził wielkie święto przyjaźni. To było tak.

Raz na rok zbierali się wszyscy Murzyni w stolicy i wybierano tych, którzy mają być w ciągu tego roku zjedzeni przez dwór królewski. Ci, których wybierano, strasznie się cieszyli, a ci, których król nie wybierał, byli bardzo zmartwieni. Wybrani na zjedzenie tańczyli dziki taniec radości, a nie wybrani chodzili na czworakach; to też był taniec taki żałobny i też śpiewali, ale smutny śpiew, tak że niby płaczą.

A potem król zadrapał ostrą muszlą swój palec, to samo zrobił Maciuś i król ludożerców zlizał kroplę krwi z serdecznego palca Maciusia i to samo musiał zrobić Maciuś. Maciusiowi nieprzyjemna była ta ceremonia, ale nauczony smutnym doświadczeniem, kiedy mało go nie otruli – nie wzbraniał się i zrobił wszystko, co od niego żądali. Bo po tej wymianie krwi były jeszcze inne ceremonie: wrzucono Maciusia do sadzawki, gdzie było dużo wężów i krokodyli, i król Bum-Drum wskoczył do

Maciuś – braterska przyjaźń z królem Bum-Drumem

sadzawki i wydobył Maciusia. Potem nasmarowano Maciusia jakimś tłuszczem i musiał wskoczyć do płonącego ogniska. Ale zaraz za nim skoczył Bum-Drum i tak szybko go wyciągnął z ognia, że mu się tylko trochę włosy osmaliły, ale się nie poparzył wcale. Potem Maciuś musiał skoczyć na ziemię z bardzo wysokiej palmy, a Bum-Drum go chwycił tak zręcznie, że Maciuś wcale się nie uderzył.

Profesor wytłumaczył Maciusiowi, po co były te hece: zlizanie krwi znaczyło, że gdyby Maciuś był na pustyni i gdyby nie było wody, to przyjaciel dałby mu własną krew do picia, byle Maciuś nie umarł z pragnienia; że w wodzie, choćby największe krokodyle tam były, czy w ogniu, czy w powietrzu, gdzie tylko groziłoby Maciusiowi niebezpieczeństwo, brat jego Bum-Drum z narażeniem własnego życia rzuci mu się na ratunek.

– My, biali – mówił profesor – wszystko piszemy na papierze, a oni pisać nie umieją, więc w ten sposób zawierają umowy.

Maciusiowi żal było opuszczać swoich przyjaciół, chciał bardzo przekonać zagranicznych królów, że ludożercy są dzicy co prawda, ale dobrzy ludzie, żeby wszyscy królowie się z nimi zaprzyjaźnili i żeby im pomogli. Ale żeby to zrobić, trzeba było zaprowadzić jedną reformę: żeby oni przestali być ludożercami.

– Bracie Bum-Drum – powiedział Maciuś, kiedy ostatniego wieczora rozmawiali – ja cię bardzo proszę, przestań być ludożercą.

Maciuś tak długo tłumaczył, że nieładnie jest zjadać ludzi, że zagraniczni królowie nigdy im tego nie darują, że zjadają ludzi, że koniecznie musi zaprowadzić taką reformę, żeby tego nie robić, to przyjedzie tu dużo białych, zaprowadzą porządek i będzie Murzynom przyjemniej żyć w ich pięknym kraju.

Bum-Drum smutnie słuchał Maciusia i odpowiedział, że już raz jeden król chciał tak zrobić, ale go za to otruli, że to jest bardzo trudna reforma, ale on jeszcze pomyśli.

Wyszedł Maciuś trochę do lasu po tej rozmowie. Księżyc pięknie świecił. Tak było ładnie i cicho. Ale słyszy Maciuś jakiś szelest. Co to może być? Może jaki wąż się zbliża albo tygrys? Idzie dalej, znów jakiś szmer: ktoś idzie za nim. Wyjął Maciuś rewolwer i czeka.

A to szła mała Murzynka, córka króla ludożerców, wesoła Klu-Klu. Poznał ją Maciuś, bo księżyc jasno świecił, ale dziwi się, czego ona chce.

— Czego chcesz, Klu-Klu? — pyta się Maciuś po murzyńsku, bo się już trochę nauczył.

— Klu-Klu kiki rec — Klu-Klu kin brun.

Jeszcze coś długo mówiła, ale Maciuś nic nie rozumiał. Spamiętał tylko: „Kiki, rec, brum, buz, kin".

Klu-Klu – uczucia do Maciusia

I widział, że Klu-Klu była bardzo smutna i płacze; żal się zrobiło Maciusiowi małej Klu-Klu: pewnie ma jakieś zmartwienie. Więc dał jej swój zegarek, lusterko i ładną flaszeczkę, ale Klu-Klu nie przestała płakać.

Co to być może?

Dopiero jak wrócił, spytał się profesora, a ten wytłumaczył, że Klu-Klu bardzo kocha Maciusia i chce razem z nim jechać.

Maciuś prosił profesora, żeby wytłumaczył Klu-Klu, że nie może jechać sama, że pewnie tatusia jej, króla Bum-Druma, poproszą do Europy i wtedy będzie mogła z ojcem przyjechać.

I już nie myślał Maciuś więcej o małej Klu-Klu, tym bardziej że przed wyjazdem bardzo dużo było do roboty. Na pięćset wielbłądów ładowano skrzynie ze złotem i drogimi kamieniami, różne owoce smaczne, napoje, różne afrykańskie przysmaki, wina i cygara na prezent dla ministrów. Umówił się, że za trzy miesiące przyśle klatki na dzikie zwierzęta do zoologicznego ogrodu, uprzedził, że może przyśle aeroplanem różne rzeczy, więc żeby się nie przestraszyli, jeżeli przyfrunie biały człowiek na wielkim ptaku z żelaza.

Rano wsiedli i pojechali. Droga była ciężka, ale wszyscy byli zahartowani, więc pustynia ich już bardzo nie zmęczyła.

Tymczasem ministrowie Maciusia opracowali całą konstytucję i czekają. Czekają, czekają, a Maciuś nie wraca i nie wraca. Gdzie się podział, nie wiadomo. Okrętem dojechał do Afryki, koleją jechał aż do ostatniej osady murzyńskiej koło pustyni. Mieszkali w namiotach i oficer białego garnizonu rozmawiał z nimi. Potem przyjechały wielbłądy od króla ludożerców, ale dalej nikt nic nie wiedział.

Aż tu przychodzi telegram, że król Maciuś żyje, że już wsiadł na okręt i wraca do domu.

— Jak się Maciusiowi wszystko udaje — mówili z zazdrością zagraniczni królowie.

— Szczęśliwy ten Maciuś — mówili ministrowie i ciężko wzdychali, bo myśleli, że jeśli im było trudno poradzić sobie z Maciusiem, kiedy wrócił z wojny, to o ile trudniej będzie teraz, kiedy wraca z kraju ludożerców.

— Jak wrócił z wojny, to nas do kozy wsadził, a teraz kto wie czego się tam nauczył: jeszcze nas pozjada.

Maciuś wracał bardzo wesoły, że mu się podróż tak udała. Opalił się na słońcu, urósł, miał doskonały apetyt i nie wiedząc, co mówili między sobą ministrowie, postanowił sobie zażartować. Jak zebrali się na królewską naradę, król Maciuś pyta się:

— Czy koleje już naprawione?

— Naprawione — mówili ministrowie.

— To dobrze, bo inaczej byłbym pana kazał ugotować w krokodylowym sosie. A nowych fabryk dużo zbudowano?

— Dużo — mówi minister przemysłu.

— To dobrze, bo jak nie, tobym zrobił z pana nadziewaną bananami pieczeń.

Ministrowie takie mieli przestraszone miny, że Maciuś wybuchnął śmiechem.

— Panowie — mówi Maciuś — nie bójcie się mnie wcale. Nie tylko ja sam nie zrobiłem się ludożercą, ale mojego przyjaciela Bum-Druma uda mi się, mam nadzieję, przekonać, żeby rzucił ten swój dziki zwyczaj zjadania ludzi.

I dopiero Maciuś zaczął opowiadać swoje przygody, które ministrowie z pewnością uważaliby za żart, gdyby nie to, że wraz z Maciusiem przyjechał cały pociąg złota, srebra i drogich kamieni, a już zupełnie się ministrowie rozchmurzyli, kiedy Maciuś rozdał im podarki króla Bum-Druma: doskonałe cygara i smaczne afrykańskie wina.

Odczytano prędko manifest[16], gdzie Maciuś powoływał do rządzenia cały naród. W gazetach będzie zawsze napisane, co ministrowie i król chcą zrobić, potem każdy może napisać albo powiedzieć na sejmie, czy mu się to podoba, czy nie. I cały naród wreszcie powie, czy chce, żeby tak ministrowie zrobili, czy nie.

Reformy Maciusia

— No dobrze — mówił Maciuś — a teraz proszę zapisać, co ja chcę zrobić dla dzieci. Teraz mam już pieniądze i mogę zająć się dziećmi. Więc każde dziecko dostaje na lato dwie piłki, a na zimę łyżwy. Każde dziecko co dzień po szkole dostaje jeden cukierek i jedno ciastko słodkie z cukrem. Dziewczynki będą co rok dostawały lalki, a chłopcy scyzoryki. Huśtawki i karuzele powinny być we wszystkich szkołach. Prócz tego w sklepach do każdej książki, do każdego kajetu mają być dodawane ładne kolorowe obrazki. To jest dopiero początek, bo ja myślę jeszcze wiele innych reform wprowadzić. Więc proszę obliczyć, ile to będzie kosztowało i ile czasu potrzeba, żeby wszystko zrobić. A za tydzień proszę mi dać odpowiedź.

Można sobie wyobrazić, jaka radość zapanowała w szkołach, jak się o wszystkim dowiedziały dzieci. Już to, co Maciuś dawał, było dużo, a pisze, że to dopiero początek i będzie więcej różnych rzeczy.

Kto umiał pisać, pisał do króla Maciusia list, że prosi jeszcze o to i o to. Całe worki listów przychodziły od dzieci do królewskiej kancelarii. Sekretarz listy otwierał, czytał i wyrzucał. Tak się zawsze robiło na królewskich dworach. Ale Maciuś o tym nie wiedział. Dopiero raz widzi, że lokaj niesie kosz z papierami do królewskiego śmietnika.

„Może tam jest jaka rzadka marka" — pomyślał Maciuś, bo zbierał marki, miał nawet cały album.

— Co to za papiery i koperty? — pyta się Maciuś.

— A bo ja wiem? — mówi lokaj.

Patrzy Maciuś, a to są wszystkie listy do niego. Zaraz kazał te listy zanieść do swojego pokoju i wezwał sekretarza.

— Co to za papiery, panie sekretarzu? — pyta się Maciuś.

— To są listy nieważne — do waszej królewskiej mości.

---

[16] *manifest* — orędzie, uroczysta odezwa władzy do narodu.

— A pan każe je wyrzucać?

— Tak się zawsze robiło.

— To źle się robiło! — krzyknął porywczo Maciuś. — Jeżeli list jest do mnie pisany, ja jeden tylko mogę wiedzieć, czy ten list jest ważny, czy nie. Proszę moich listów wcale nie czytać, tylko odsyłać do mnie. A ja będę wiedział, co z nimi robić.

— Wasza królewska mość, do królów przychodzi bardzo dużo różnych listów, a jakby się dowiedzieli, że je królowie czytają, toby się nagromadziły takie kupy, że nie można by sobie poradzić. I tak dziesięciu urzędników nic innego nie robi, tylko czyta listy i wybiera te, które są ważne.

— A jakie listy są ważne? — pyta się Maciuś.

— Ważne są listy od zagranicznych królów, od różnych fabrykantów, od różnych wielkich pisarzy.

— A nieważne jakie?

— Do waszej królewskiej mości najwięcej piszą dzieciaki. Co komu przyjdzie do głowy, siada i pisze. A niektóre tak gryzmolą, że nawet przeczytać trudno.

— No dobrze: jak wam trudno czytać listy dzieciaków, to ja będę czytał, a tych urzędników może pan wziąć do innej roboty. Ja też jestem dzieciak, jeśli pan chce wiedzieć, a wygrałem wojnę z trzema dorosłymi królami i odbyłem podróż, na którą się nikt nie mógł odważyć.

Królewski sekretarz nic nie odpowiedział, tylko się nisko ukłonił i wyszedł. A Maciuś zabrał się do czytania.

Król Maciuś miał taką naturę, że jak się wziął do czego, to robił z zapałem. Godzina upływa za godziną, a Maciuś czyta i czyta.

Już kilka razy zaglądał mistrz ceremonii przez dziurkę od klucza do królewskiego gabinetu, co tam Maciuś robi, że nie przychodzi na obiad. Ale widzi króla pochylonego nad papierami, więc boi się wejść.

Rychło się Maciuś przekonał, że nie da rady. Niektóre listy były napisane bardzo niewyraźnie. Te Maciuś prędko zaczął odrzucać. Ale były bardzo ładnie napisane i bardzo ciekawe listy. Jakiś chłopiec napisał do Maciusia list — co zrobi, jak dostanie łyżwy. Drugi opisuje, co mu się śniło. Trzeci pisze, jakie ma ładne gołębie i króliki i chce dwa gołębie i jednego królika podarować królowi Maciusiowi, ale nie wie jak. Jedna dziewczynka napisała wierszyk o królu Maciusiu i przesyła mu ten wierszyk z ładnym rysunkiem. Druga dziewczynka opisuje swoją lalkę, która bardzo się ucieszyła, że niedługo będzie miała siostrzyczkę. Dużo listów było z rysunkami. Jeden chłopiec przysłał Maciusiowi w prezencie cały album pod tytułem:

Król Maciuś w kraju ludożerców, rysunki nie były bardzo podobne, ale ładne i Maciuś z przyjemnością je obejrzał.

Ale najwięcej listów było z prośbami. Jeden prosi o kuca, drugi o rower, trzeci o aparat fotograficzny, czwarty pyta się, czy zamiast piłki — nie mógłby dostać prawdziwego futbolu. Dziewczynka jedna pisze, że jej mama jest chora, a są biedni i nie mogą kupić lekarstwa. To znów jakiś uczeń nie ma butów i nie może chodzić do szkoły; on nawet przysyła swoją cenzurę, że dobrze się uczy, tylko nie ma butów.

„Może zamiast lalek i piłek lepiej by było buty wydawać dzieciom" — pomyślał Maciuś, bo na wojnie nauczył się szanować buty.

Siedzi tak Maciuś i czyta, ale poczuł, że jest strasznie głodny. Więc zadzwonił i kazał sobie przynieść kolację do gabinetu, bo nie ma czasu, bo ma pilną robotę.

I siedział tak Maciuś nad tymi listami aż do późnej nocy. Znów mistrz ceremonii zaglądał przez dziurkę, dlaczego król spać nie idzie. I jemu, i wszystkim lokajom bardzo spać się chciało, a nie mogli się położyć przed królem.

Listy z prośbami odkładał Maciuś osobno na kupkę.

„Przecież nie można zostawić bez lekarstwa matki tej dziewczynki. Nie można butów nie dać pilnemu uczniowi."

Już oczy bolą Maciusia od czytania. Już odrzuca bez czytania wszystkie listy niewyraźnie napisane. Ale i to jest przecież niesłuszne. Niedawno Maciuś też pisał bardzo niewyraźnie, a podpisywał ważne papiery. Jakieś dziecko może mieć do niego ważny interes i pisze tak, jak umie, a nie jest winne, że jeszcze nie umie dobrze pisać.

„Ci urzędnicy — pomyślał Maciuś — mogą mi przepisywać na czysto niewyraźnie pisane listy."

Ale kiedy przeszło parę godzin, a na stole leżało może dwieście albo więcej listów, Maciuś zrozumiał, że nie da rady.

„Chyba jutro skończę" — pomyślał Maciuś i smutny bardzo udał się do królewskiej sypialni.

Czuł Maciuś, że jest źle. Jeżeli co dzień tyle listów będzie musiał czytać, to już na nic więcej nie będzie miał czasu. A rzucać do śmietnika listy — to przecież straszne świństwo. To są ważne listy i ciekawe listy. Tylko dlaczego jest ich tak dużo?

Na drugi dzień Maciuś wstał bardzo wcześnie, wypił tylko szklankę mleka i udał się do swego gabinetu. Lekcji nie miał i czytał listy do samego obiadu. Był tak zmęczony jak po ciężkim marszu wojennym albo po podróży na pustynię. I kiedy głodny bardzo myślał o obiedzie – wszedł do gabinetu sekretarz stanu, a za nim czterech ludzi.

– Dzisiejsza korespondencja do waszej królewskiej mości – powiedział sekretarz.

Maciusiowi się zdawało, że sekretarz stanu się uśmiechnął. I to go tak rozgniewało, że tupnął nogą i krzyknął:

– Co to jest, do stu ludożerców i krokodyli, czy pan chce, żebym oślepł zupełnie? Przecież takiego worka listów żaden król nie może przeczytać. Jak pan śmie żartować z króla? Ja pana do więzienia wsadzę.

Ale im więcej Maciuś krzyczał, tym więcej rozumiał, że nie ma słuszności, tylko nie wypadało mu się przyznać.

– Siedzą tam u pana urzędnicy-darmozjady i nic nie robią. Oni tylko umieją listy rzucać do śmietnika albo dawać mnie do czytania.

Na szczęście wszedł akurat prezes ministrów, kazał zabrać worek z listami, sekretarzowi kazał zaczekać w sąsiednim pokoju, że on się z królem sam rozmówi w sprawie królewskiej korespondencji.

Maciuś zupełnie się uspokoił, kiedy widział, jak czterech lokai zabiera nieszczęsny worek, ale dalej udawał zagniewanego.

– Panie prezesie ministrów, nie mogę na to pozwolić, żeby listy do mnie, nie czytane, szły do śmietnika. Dlaczego nie mam wiedzieć, czego potrzeba dzieciom mojego państwa? Dlaczego chłopiec ma z braku butów nie chodzić do szkoły? To jest niesprawiedliwe i bardzo się dziwię, że minister sprawiedliwości na takie rzeczy pozwala. Prawda, że mój przyjaciel Bum-Drum chodzi też bez butów, ale u nich jest gorący klimat i oni są jeszcze dzicy.

Długo trwała narada króla Maciusia z prezesem ministrów. Wezwano i sekretarza, który od dwudziestu lat przeglądał pisane do króla-ojca i nawet do króla-dziadka jeszcze listy – i duże miał doświadczenie.

— Wasza królewska mość, za życia króla-dziadka przychodziło dziennie sto listów. To były dobre czasy. W całym państwie umiało wtedy pisać tylko sto tysięcy mieszkańców. Od czasu jak król Paweł Rozumny zbudował szkoły, umiało już pisać dwa miliony mieszkańców. I wtedy zaczęło przychodzić dziennie od sześciuset do tysiąca listów. Wtedy sam już nie mogłem nadążyć i wziąłem pięciu urzędników. A od czasu jak miłościwie nam panujący król Maciuś podarował córce kapitana straży ogniowej lalkę, zaczęły pisać listy dzieci. Przychodzi dziennie pięć tysięcy do dziesięciu tysięcy listów. Najwięcej listów przychodzi w poniedziałki, bo w niedzielę dzieci nie mają szkoły, więc mają dużo czasu, a że króla lubią, więc do niego piszą. Właśnie chciałem prosić, żeby wziąć jeszcze pięciu urzędników, bo ci, co są, rady sobie dać nie mogą, ale...

— Wiem, wiem — powiedział Maciuś. — Ale co za pożytek z czytania, kiedy potem te listy idą do śmietnika?

— Listy muszą być czytane, bo jest książka, do której każdy list jest pod numerem wpisany — i jeżeli można go przeczytać, zapisuje się, kto i o czym pisze.

Maciuś chciał się przekonać, czy sekretarz mówi prawdę, i zapytał:

— A czy między wczorajszymi listami, które lokaj niósł do śmietnika, była prośba o buty?

— Nie pamiętam, ale zobaczymy.

Dwaj urzędnicy wnieśli ogromną księgę i tam rzeczywiście pod numerem 47 000 000 000 zapisane było imię, nazwisko, adres tego chłopca i w linii: treść listu zapisane było: prośba o buty do szkoły.

— Jestem urzędnikiem od lat dwudziestu i w mojej kancelarii zawsze był porządek.

Maciuś był sprawiedliwy. Podał sekretarzowi rękę i powiedział:

— Serdecznie panu dziękuję.

Więc wymyślili taki sposób:

Listy czytane będą, tak jak dotychczas, przez urzędników. Ciekawsze listy wybierane będą dla Maciusia, ale żeby tych listów nie było więcej jak sto. I listy z prośbami czytane będą osobno i dwóch urzędników będzie sprawdzało, czy tam napisano prawdę.

— Ten chłopiec pisze, że mu potrzebne buty. A może kłamie. Jak mu król pośle buty, on je może sprzeda i kupi sobie różne głupstwa.

Maciuś musiał przyznać, że to słuszna uwaga. Pamiętał, jak na wojnie w ich oddziale był jeden żołnierz, który sprzedawał buty i kupował wódkę, a potem znów przychodził po buty, że mu się podarły.

To wielka szkoda, że ludziom nie można wierzyć; ale co robić?

— Można jeszcze i tak zrobić, że jak urzędnicy sprawdzą, że to prawda, królewska kancelaria pośle po dziecko i ono przyjdzie na audiencję i wasza królewska mość sam będzie dawał, o co ono prosiło.

„Owszem, to dobra myśl — pomyślał Maciuś. — Ja chcę na audiencji przyjmować nie tylko zagranicznych posłów i ministrów, ale i dzieci."

Więc dobrze. Teraz już Maciuś wiedział, co ma, jako król dzieci, robić. Rano będzie miał lekcje do dwunastej. O dwunastej królewskie śniadanie. Potem godzina audiencji dla posłów i ministrów; potem do obiadu czytanie listów. Po obiedzie audiencja dla dzieci, potem posiedzenie z ministrami aż do kolacji. A potem spać.

Kiedy już plan dnia został ułożony, Maciusiowi się smutno zrobiło. Przecież ani godzinki nie miał na zabawę. Ano trudno. Jest królem, chociaż mały jeszcze, a król musi dbać nie o siebie, a o wszystkich.

Może później trochę, jak już wszystkim da to, co im potrzebne, będzie miał Maciuś i dla siebie jakąś godzinę dziennie.

„Zresztą podróżowałem. Byłem na tylu zabawach, byłem miesiąc nad morzem, byłem w kraju ludożerców, teraz mogę się już nie bawić, ale wziąć się do pracy królewskiej."

Jak postanowiono, tak i zrobiono.

Rano uczył się Maciuś, potem czytano mu listy. Czytał urzędnik bardzo prędko, a że siedzieć na miejscu tak długo było Maciusiowi trudno, więc słuchał chodząc po gabinecie z założonymi w tył rękami. Doktor poradził, że jak jest ciepło i ładna pogoda, żeby czytanie listów odbywało się w królewskim ogrodzie. I tak naprawdę było przyjemniej.

Audiencje były bardzo liczne. Przychodzili zagraniczni posłowie pytać się, kiedy król Maciuś zbierze pierwszy parlament, bo chcą przyjechać i zobaczyć, jak naród zacznie rządzić. Albo przychodzili ministrowie z fabrykantami, którzy mieli zbudować huśtawki i karuzele w całym państwie, żeby zapytać się, jak król chce, żeby to było zrobione. To znów przyjeżdżali z całego świata różni dzicy ludzie, że ich królowie chcą żyć w przyjaźni z królem Maciusiem.

Jeżeli król Maciuś przyjaźni się z Bum-Drumem, królem ludożerców, to pewnie i nimi nie pogardzi, bo chociaż dzicy, ale już przestali zjadać ludzi.

— U nas już od trzydziestu lat nie zjadają ludzi — mówi jeden.

— U nas ostatniego człowieka zjedzono czterdzieści lat temu. I to nawet był wyjątkowy wypadek. Bo to był wielki leniuch, przy tym hultaj, więc i tak żadnego pożytku z niego nie było. A że był tłusty, więc kiedy miał już w sądzie piątą sprawę, że nic nie chce robić, wszyscy jednogłośnie postanowili, żeby go zjeść.

Król Maciuś był już teraz ostrożniejszy, sam nic nie obiecywał, kazał wszystko zapisywać, co oni mówili, i mówił, żeby przyszli po odpowiedź za tydzień, bo musi się poradzić z ministrem spraw zagranicznych, że w ogóle to wszystko zobaczy się dopiero na posiedzeniu ministrów.

Audiencja dla dzieci była bardzo przyjemna. Wpuszczano po kolei do sali tronowej chłopców i dziewczynki i Maciuś dawał im, o co go w listach prosili. Każde dziecko miało swój numer i paczka, która była przygotowana, miała taki sam numer. Bo nikogo nie wpuszczano na audiencję, dopóki urzędnik nie sprawdził, że to, o co prosi, naprawdę mu jest potrzebne, i dopóki na rozkaz Maciusia nie kupiono tego w sklepie. Więc był porządek i każdy wychodził zadowolony.

Jeden dostał ciepłe palto, drugi książki, które mu były potrzebne do nauki, a nie miał za co kupić; dziewczynki często prosiły o grzebienie i szczoteczki do zębów. Kto ładnie rysował, dostawał farby. Jeden chłopiec bardzo prosił o skrzypce, bo dawno już grał na organkach, ale mu się znudziło. Nawet zagrał Maciusiowi na organkach i bardzo się ucieszył, gdy otrzymał nowe skrzypce w ładnym pudełku.

Czasem ktoś na audiencji prosił o coś nowego, o czym nie pisał w liście, i to bardzo Maciusia gniewało.

Jedna dziewczynka, której Maciuś dał nową sukienkę na wesele cioci, poprosiła o lalkę do samego nieba.

— Jesteś głupia — powiedział Maciuś — a jak będziesz za wiele chciała, to ci sukienki także nie dam.

W ogóle Maciuś był już teraz doświadczonym królem i omamić go nie było tak łatwo jak dawniej.

Raz podczas audiencji poobiedniej usłyszał Maciuś jakiś niezwykły hałas w poczekalni. Z początku nie zdziwił się bardzo, bo dzieci, kiedy się już przyzwyczaiły, nie tak bardzo cicho siedziały czekając na audiencję. Ale ten hałas był inny: tak, jakby się ktoś kłócił. Maciuś posłał lokaja, żeby się dowiedział, co to jest. Lokaj wrócił z odpowiedzią, że jakiś dorosły uparł się i koniecznie chce wejść do króla. Zaciekawiło to Maciusia i kazał go wpuścić.

Wszedł jakiś młody pan z teką pod pachą i długimi włosami i nawet nie złożywszy ukłonu, zaczął głośno mówić:

— Wasza królewska mość, jestem dziennikarzem, to znaczy, że piszę gazety. Już od miesiąca staram się dostać na audiencję, a oni mnie nie wpuszczają. Ciągle mówią: „Jutro, jutro", a potem mówią, że król jest zmęczony, i znów każą przyjść jutro. Aż dziś udałem, że jestem ojcem jednego dziecka; myślałem, że może prędzej się dostanę. Ale mnie poznali i znów nie chcieli wpuścić. A ja mam bardzo ważną sprawę, a nawet parę spraw i jestem pewien, że wasza królewska mość zechce mnie wysłuchać.

— Dobrze — powiedział Maciuś — niech pan zaczeka, aż załatwię dzieci, bo to są ich godziny, a potem rozmówię się z panem.

— A czy wasza królewska mość pozwoli mi zostać w sali tronowej? Będę spokojnie stał i nie będę przeszkadzał. A jutro napiszę do gazet, jak odbywa się audiencja u króla, bo to będzie bardzo ciekawe dla tych, którzy czytają gazety.

Maciuś kazał dać dziennikarzowi krzesło i on przez cały czas coś zapisywał do swego kajetu.

— No, proszę mówić — powiedział Maciuś, kiedy już ostatni chłopiec wyszedł z sali tronowej.

— Królu — zaczął dziennikarz — nie będę wiele czasu zajmował. Powiem krótko.

Ale pomimo tej zapowiedzi dziennikarz mówił bardzo długo i ciekawie. Maciuś słuchał uważnie, wreszcie przerwał:

— Widzę, że istotnie sprawa jest ważna. Więc, proszę, niech pan zje ze mną kolację, a potem pójdziemy do gabinetu i pan dokończy.

Do godziny jedenastej wieczorem mówił dziennikarz, a Maciuś chodził z założonymi w tył rękami po gabinecie i uważnie słuchał. Maciuś po raz pierwszy widział takiego człowieka, który pisze gazety i — musiał przyznać, że jest to mądry człowiek i chociaż dorosły, zupełnie niepodobny do żadnego ministra.

— Czy pan pisze, czy rysuje także?

— Nie, w każdej redakcji gazety jest ktoś, który pisze, a inni znowu rysują. Gdyby wasza królewska mość chciał jutro odwiedzić naszą gazetę, bylibyśmy bardzo szczęśliwi.

Maciuś dawno już nie wyjeżdżał z pałacu, więc chętnie skorzystał z zaproszenia i zaraz nazajutrz pojechał samochodem do tej gazety.

Maciuś w redakcji gazety Był to duży dom, przystrojony na przyjęcie Maciusia flagami, dywanami i kwiatami. Na parterze były ogromne maszyny, które drukowały gazety. Wyżej był kantor, skąd gazetę wysyłali na pocztę i sprzedawali. Osobno był jakby sklep, gdzie przyjmowano ogłoszenia i zapłatę. Jeszcze wyżej była redakcja, gdzie przy stołach siedzieli panowie, którzy pisali to, co zaraz na dole drukowali. Tu przynoszą telegramy z całego świata, tu telefon dzwoni, tu biegają zasmoleni chłopcy i niosą zapisany papier do drukarni, tu piszą, tu rysują, tam maszyna dudni. Zupełnie jak na wojnie podczas ataku.

Na srebrnej tacy podano Maciusiowi świeżą gazetę, gdzie była fotografia Maciusia, jak podczas audiencji przyjmuje dzieci — i wszystko było wydrukowane, co dzieci mówiły do Maciusia i co Maciuś im odpowiadał.

Maciuś całe dwie godziny spędził w gazecie i bardzo mu się to podobało, że tu tak wszystko prędko idzie. Już teraz wcale się nie dziwił, że w gazecie napisane jest wszystko, co gdzie się stało, jakie były pożary, jakie kradzieże, kogo przejechali i co robią królowie i ministrowie na całym świecie.

Miał rację dziennikarz, że gazety wszystko wiedzą. Jak prędko pisali w gazetach, co robił Maciuś, kiedy pojechał w gości do zagranicznych królów, jak o wojnie wszystko prędko pisali i jak od razu wiedzieli, że Maciuś wraca z kraju ludożerców.

— A dlaczego nie wiedzieliście wtedy, że ja uciekłem na front, a tu została tylko porcelanowa lalka?

— O, myśmy doskonale wiedzieli, tylko my piszemy nie wszystko. W gazetach tylko to się pisze, co potrzebne, a inne rzeczy my wiemy tylko dla siebie. Cały naród nie może wiedzieć tego, co niepotrzebne, i za granicą o wielu rzeczach nie powinni wiedzieć.

Maciuś znów wieczorem długo rozmawiał z dziennikarzem. Więc tak:

Wszystko, co robi Maciuś — to nie są reformy. Maciuś nie jest reformatorem, ale może nim zostać. Maciuś chce zrobić tak, żeby rządził cały
naród. Ale dzieci to także jest naród. Więc trzeba zrobić dwa sejmy: w jednym będą rządzili dorośli, a w drugim — dzieci. Niech dzieci wybiorą także
swoich posłów i niech powiedzą, czy wolą czekoladę, lalki i scyzoryki, czy
co innego. Może będą wolały cukierki, a może buty, a może zechcą dostawać pieniądze i każdy sobie kupi, co mu się podoba. Dzieci powinny mieć
tak samo gazetę jak dorośli, żeby tak samo co dzień wychodziła. I do tej
gazety powinny pisać, co chcą, żeby król zrobił dla nich, a nie — żeby król
robił to, co mu przyjdzie do głowy, bo król nie może przecież wiedzieć, co
kto chce, nie może wszystkiego wiedzieć, a gazeta wie wszystko. Na przykład wtedy nie wszystkie dzieci dostały czekoladę, bo na wsi urzędnicy
sami czekoladę zjedli, a dzieciom nic nie dali. I dzieci nawet nie wiedziały, że im się czekolada należy, bo nie mają swojej gazety.

To było dla Maciusia takie zrozumiałe, że zdawało mu się, że on już to
sam dawno wymyślił i wiedział. A kiedy teraz przez cztery wieczory nara-
dzał się z dziennikarzem, wszystko sobie ułożył w głowie i na radzie ministrów zabrał głos w tej sprawie.

— Panowie ministrowie — zaczął Maciuś i napił się
wody, bo chciał długo mówić. — Postanowiliśmy, żeby
rządził cały naród, żeby cały naród mógł powiedzieć,
czego mu potrzeba. Ale zapomnieliście, panowie, że

**Maciuś —
postanowienie
utworzenia
parlamentu**

naród — to nie tylko dorośli, ale i dzieci. Mamy kilka milionów dzieci —
więc i one powinny rządzić. Niech będą dwa parlamenty: jeden dla dorosłych — i tam będą posłowie dorosłych i ministrowie dorosłych, a drugi
będzie sejm dzieci — i tam dzieci będą posłami i ministrami. Jestem
królem i dorosłych, i dzieci, ale jeżeli dorośli uważają, że jestem dla nich
za mały, niech sobie wybiorą dorosłego króla, a ja zostanę królem dzieci.

Maciuś cztery razy pił wodę i bardzo długo mówił, a ministrowie zrozumieli, że to nie żarty, że teraz nie o czekoladę idzie albo o łyżwy czy huśtawki, tylko o bardzo ważną reformę.

— Ja wiem, że to jest trudne — zakończył Maciuś. — Wszystkie reformy
są trudne. Ale trzeba zacząć. Jeżeli mnie się nie uda zrobić tak, jak trzeba,
moje reformy dokończy mój syn albo mój wnuk.

Ministrowie pochylili głowy. Tak długo i tak mądrze nigdy jeszcze
Maciuś nie mówił. To prawda — dzieci też są narodem, więc i one mają
prawo rządzić. Ale jak to zrobić? Czy potrafią, czy nie są za głupie?

Powiedzieć, że dzieci są głupie, ministrowie nie mogli, bo Maciuś był
dzieckiem. Trudno: trzeba będzie spróbować. Gazetę dla dzieci można

założyć: Maciuś przywiózł dużo złota, więc pieniądze są. Ale kto będzie pisał do tej gazety?

— Już ja mam dziennikarza.

— A kto będzie ministrem?

— Ministrem będzie Felek.

Felek zostaje ministrem

Maciusiowi bardzo na tym zależało, żeby przekonać Felka, że jest nadal jego przyjacielem. Bo Felek drażnił się z nim często i mówił:

— Łaska pańska na pstrym koniu jedzie. Na wojnie pod kulami dobry był Felek. A na bale i do teatru, i nad morze do zbierania muszelek to lepszy był Stasio i Helcia. Ale do kraju ludożerców znów Felek pojechał, bo tam niebezpiecznie, więc mamusia nie pozwoliła jechać Stasiowi i Helci. Ano, cóż: jestem synem zwyczajnego plutonowego, a nie pana kapitana. Może znów przyjdzie jakieś niebezpieczeństwo i znów się Felek okaże potrzebny.

Bardzo jest nieprzyjemne, jeżeli kogoś oskarżają, że jest dumny, albo jeszcze gorzej — że jest niewdzięczny. I teraz właśnie nadarzyła się sposobność, żeby przekonać Felka, że się mylił, że Maciuś pamięta o nim nie tylko w biedzie. Przy tym Felek ciągle biegał z dziećmi, pełno go było na wszystkich ulicach, więc z pewnością dobrze wie, czego dzieciom potrzeba.

Biedny Maciuś. Tak bardzo chciał być prawdziwym królem, tak bardzo chciał już sam rządzić, tak bardzo chciał rozumieć wszystko. Jego życzenie się spełniło. Ale nie wiedział Maciuś, ile pracy, ile kłopotów i zmartwień spadnie na jego głowę.

Wewnątrz kraju wszystko szło dobrze. Zaczęto budować w lasach domy dla dzieci, więc budowniczowie, murarze, cieśle, zduni, blacharze, ślusarze i szklarze

Zmiany w kraju Maciusia

mieli robotę i byli zadowoleni, bo dużo zarabiali. Pracowały cegielnie, tartaki, huty szklane, budowano specjalną fabrykę łyżew, przybyły cztery wielkie fabryki cukierków i czekolady. Robiono specjalne klatki dla dzikich zwierząt i wagony do ich przewożenia koleją; trudny był i bardzo kosztowny wagon dla słoni i wielbłądów, specjalny wagon trzeba było obmyślić dla żyrafy, która ma strasznie długą szyję. Za miastem ogrodnicy urządzali ogród zoologiczny. Budowano dwa wielkie domy, gdzie mieli zbierać się posłowie z całego kraju na narady, jak rządzić, jakie wydawać prawa i przepisy.

Jeden gmach sejmu przeznaczony był dla posłów dorosłych, a jeden dla dzieci. W parlamencie dziecinnym wszystko było urządzone tak samo, tylko klamki były u drzwi niżej, żeby nawet mali posłowie mogli sami drzwi otwierać, krzesła były niskie, żeby im nogi nie dyndały w powietrzu, i okna niżej, żeby mogli sobie wyglądać na ulicę, jak posiedzenie nie będzie bardzo ciekawe. Zadowoleni byli rzemieślnicy, że mają robotę, zadowoleni byli fabrykanci, że mają zarobki, zadowolone były dzieci, że król o nich myśli. Dzieci czytały swoją gazetę, gdzie każdy pisał, co chce, i te, które nie umiały czytać, teraz uczyły się na gwałt czytać i pisać, bo chciały wiedzieć, co będzie, i chciały do swojej gazety pisać, co im się podoba.

Więc rodzice i nauczyciele byli zadowoleni, że dzieci są takie pilne. I bójek teraz było w szkołach mniej, bo każdy chciał, żeby go lubili, żeby go wybrali na posła.

Teraz Maciusia kochało nie tylko wojsko, a prawie wszyscy. I podziwiali, że taki mały król tak prędko się nauczył i tak dobrze rządzi.

Ale naród nie wiedział, jakie kłopoty ma Maciuś. A najgorsze było to, że zagraniczni królowie coraz więcej zaczęli zazdrościć Maciusiowi.

– Co on sobie myśli? – mówili. – My już dawno rządzimy, a Maciuś chce być od razu najpierwszy? Wielka sztuka być dobrodziejem za cudze pieniądze. Bum-Drum dał mu złoto, a Maciuś się rozporządza. Czy wypada, żeby biały król przyjaźnił się z ludożercami?

Wszystko to wiedział Maciuś od swoich szpiegów i minister spraw zagranicznych ostrzegał, że może być wojna. Maciuś bardzo nie chciał teraz wojny. Nie chciał się odrywać od roboty. Co by to było? Rzemieślnicy znów musieliby iść do okopów i domy byłyby nie skończone. A Maciuś chciał, żeby już w tym roku w lecie dzieci wyjechały na wieś, a w jesieni żeby się zebrały oba sejmy dla dorosłych i dla dzieci.

– Więc co robić, żeby nie było wojny? – pytał się Maciuś chodząc wielkimi krokami po gabinecie, założywszy ręce do tyłu.

– Trzeba, żeby zagraniczni królowie pokłócili się między sobą i żeby najsilniejsi zaprzyjaźnili się z Maciusiem.

– Ach, to byłoby doskonale. Ja myślę, że trzeci smutny król, który gra na skrzypcach, mógłby się z nami zaprzyjaźnić. On mi wtedy mówił, że nie chciał ze mną wojować wcale, jego najmniej pobiłem, bo był w rezerwie, i on sam mi radził, żebym zrobił reformę dla dzieci.

– To bardzo ważne, co mi wasza królewska mość mówi – powiedział minister spraw zagranicznych. – Tak, on może się z nami zaprzyjaźnić, ale ci dwaj to zostaną zawsze naszymi wrogami.

– Dlaczego? – zapytał Maciuś.

– Ten pierwszy gniewa się, że u nas lud będzie rządził.

– A co to jego obchodzi?

– Bardzo go obchodzi: bo jak jego naród się dowie, to także zechce rządzić, nie będzie chciał być najgorszy, nie pozwoli mu się rozporządzać i będzie u niego rewolucja.

– No, a drugi?

– Drugi? Hm, z nim można się porozumieć, on się najbardziej o to gniewa, że dzicy królowie teraz więcej nas lubią niż jego. Dawniej czarni i żółci królowie jemu przysyłali prezenty, a teraz – nam. Można się z nim umówić, żeby sobie zatrzymał żółtych królów, a my będziemy się przyjaźnić z czarnymi.

– Ano, dobrze, trzeba spróbować, bo ja nie chcę wojny – powiedział stanowczo Maciuś.

Tegoż wieczora zasiadł król Maciuś do napisania listu do smutnego króla, który grał na skrzypcach.

Donieśli mi moi szpiegowie, że zagraniczni królowie zazdroszczą, że mi Bum-Drum przysyła złoto, i że pewnie znów napadną na mnie. Więc proszę, żeby Wasza Królewska Mość został moim przyjacielem i żeby się z nimi pogniewał.

Dużo pisał Maciuś o swoich reformach, prosił o radę, co dalej robić. Pisał o tym, ile ma pracy, jak trudno być królem. I prosił, żeby smutny król się nie martwił, jak ktoś w parlamencie krzyknie: „Precz z królami!", bo taki jeden może być o coś zły, że król nie zrobił tego, co on chciał, ale za to inni są zadowoleni.

Była późna noc, kiedy Maciuś odłożył pióro. Potem wyszedł Maciuś na balkon królewskiego zamku i patrzył na swoją stolicę. Na ulicach paliły się latarnie, ale w oknach domów było ciemno, bo już wszyscy spali.

I Maciuś pomyślał:

„Wszystkie dzieci śpią spokojnie, a ja jeden czuwam i muszę w nocy pisać listy, żeby wojny nie było, żeby spokojnie kończyć domy na wsi, żeby dzieci mogły na lato wyjechać. Każde dziecko myśli tylko o swoich zajęciach szkolnych i o swoich zabawkach, a ja nawet nie mam czasu się uczyć ani bawić, bo muszę myśleć o wszystkich dzieciach mojego państwa."

Wszedł Maciuś do pokoju, gdzie były jego zabawki. Leżały spokojnie, zakurzone i dawno nie ruszane.

— Mój pajacyku — powiedział Maciuś do swojego pajaca — pewnie się gniewasz, że się z tobą tak dawno nie bawiłem. Co robić? Ty jesteś drewniany pajacyk i jak ciebie nie złamać, leżysz sobie i nic ci nie potrzeba. A ja muszę myśleć o prawdziwych ludziach, ludziach, którym bardzo dużo potrzeba.

Położył się Maciuś, zgasił elektryczne światło i już miał zasnąć, a tu sobie nagle przypomniał, że nie napisał jeszcze listu do drugiego zagranicznego króla o tym, żeby on brał prezenty od żółtych królów Azji, a Maciusiowi zostawił jego czarnych afrykańskich przyjaciół.

Co tu robić? Trzeba, żeby dwa listy razem były wysłane. Odkładać nie można, bo co będzie, jak wypowiedzą wojnę, zanim te listy dostaną?

Więc wstał Maciuś, chociaż ze zmęczenia bolała go głowa i pisał do samego rana długi list do drugiego zagranicznego króla.

I tak po nie przespanej nocy znów cały dzień pracował. I ten dzień bardzo był dla Maciusia ciężki.

Bo przyszedł telegram z morskiego miasta, że król Bum-Drum przysłał cały okręt dzikich zwierząt i złota, ale że zagraniczny król nie pozwala, żeby przez jego państwo przejeżdżało to wszystko.

Przyszli ambasadorowie zagranicznych królów, powiedzieli, że nie chcą, żeby wozić prezenty ludożerców przez ich państwa, że raz pozwolili, to nie znaczy, że muszą się Maciusia słuchać, że Maciuś sobie za dużo pozwala, że Maciuś ich raz zwyciężył, to jeszcze nic nie znaczy, bo oni kupili teraz nowe armaty i wcale się Maciusia nie boją.

W ogóle mówili tak, jakby chcieli się kłócić, i jeden nawet tupnął nogą, aż mistrz ceremonii musiał mu zwrócić uwagę, że etykieta nie pozwala tupać, jak się rozmawia z królem.

Maciuś naprzód zaczerwienił się ze złości, bo płynęła w nim krew Henryka Porywczego, i kiedy powiedzieli, że się Maciusia nie boją, już chciał krzyknąć:

„I ja się was nie boję także! Zresztą możemy spróbować i zobaczymy.”

Ale po chwili Maciuś zbladł i tak zaczął mówić, jakby nie rozumiał, o co im chodzi:

Maciuś – spokój, odpowiedzialność

— Panowie ambasadorowie, niepotrzebnie się gniewacie. Ja wcale nie chcę, żeby się wasi królowie bali. Właśnie dziś w nocy napisałem listy, że chcę się z waszymi królami przyjaźnić. Proszę oddać te listy. Tu są tylko dwa listy, ale zaraz napiszę i do trzeciego. Jeżeli prezentów Bum-Druma nie chcecie za darmo przewieźć przez wasz kraj, ja chętnie zapłacę. Nie wiedziałem, że to waszym królom sprawi przykrość.

Ambasadorowie nie wiedzieli, co Maciuś napisał do ich królów, bo koperty były zalepione i zalakowane królewską pieczęcią, więc już nic nie mówili, tylko pomruczeli coś pod nosem i poszli sobie.

A Maciuś miał naradę z dziennikarzem, drugą naradę z Felkiem, potem z ministrami. A jeszcze audiencja, a jeszcze podpisanie papierów. A jeszcze przegląd wojsk. Bo to była akurat rocznica bitwy, którą wojsko królewskie wygrało za czasów Witolda Zwycięscy.

Wieczorem Maciuś był taki zmęczony i blady, że doktor bardzo się zmartwił.

— Trzeba szanować zdrowie — powiedział doktor — wasza królewska mość dużo pracuje, mało je i mało śpi. Wasza królewska mość rośnie i może zachorować na suchoty, i będzie pluł krwią.

— Ja już wczoraj plułem krwią — powiedział Maciuś.

Doktor jeszcze bardziej się przestraszył, zbadał Maciusia, ale wyjaśniło się, że to nie suchoty, tylko Maciusiowi wypadł ząb i dlatego Maciuś pluł krwią.

— Gdzie jest ten ząb? — zapytał się mistrz ceremonii.

— Wyrzuciłem go do kosza z papierami.

Mistrz ceremonii nic nie powiedział, ale pomyślał sobie:

„Ładne nastały czasy. Królewskie zęby wyrzuca się do śmietnika".

Bo w etykiecie dworskiej było powiedziane, że królewskie zęby powinny być oprawiane w złoto i zbierane do skrzynki wysadzanej brylantami, a skrzynka przechowywana w skarbcu.

Trzeba koniecznie urządzić zjazd królów. Po pierwsze, Maciuś był u nich z wizytą, więc teraz powinien ich do siebie poprosić. Po drugie, trzeba uroczyście w obecności wszystkich królów otworzyć pierwsze posiedzenie parlamentu. Dalej, trzeba pokazać im nowy ogród zoologiczny. I co najważniejsze, trzeba rozmówić się, czy oni chcą żyć w przyjaźni, czy nie.

Wysyłano list za listem, telegram za telegramem, ministrowie wyjeżdżali i przyjeżdżali. Sprawa była ważna: albo przyjaźń z królami i spokojna praca, żeby wszystko było dobrze i żeby wszystkim było dobrze, żeby było dużo pracy i za pracę dobra zapłata, żeby wszystko było tanie i dobre, albo — nowa wojna.

Toteż posiedzenia odbywały się i w dzień, i w nocy. To samo było w pałacu Maciusia, to samo u zagranicznych królów.

Przychodzi ambasador i mówi:

— Mój król chce żyć w zgodzie z Maciusiem.

— A dlaczego wasz król szykuje nowe wojska i buduje nowe fortece? Jeżeli ktoś nie chce wojny prowadzić to nie buduje nowych fortec.

— Mój król — mówi ambasador — przegrał jedną wojnę, więc się teraz musi pilnować, ale to wcale nie znaczy, że chce napaść na Maciusia.

Ale szpiegowie donosili, że ten pierwszy król najwięcej się odgraża. Właściwie nawet nie sam król chciał wojować, bo był stary i zmęczony, ale jego najstarszy syn, następca tronu, koniecznie chciał wojny z Maciusiem. Szpiegowie Maciusia podsłuchali nawet jedną rozmowę starego króla z synem.

— Ojciec jest stary już i niedołężny — mówił syn. — Najlepiej będzie, jeżeli ojciec odda mi tron, to ja sobie już z Maciusiem poradzę.

— A co tobie Maciuś złego zrobił? On jest bardzo przyjemny i mnie się bardzo podoba.

— Podoba się, podoba, a on napisał list do smutnego króla, żeby od nas odszedł i żeby się z nim przyjaźnił. On chce oddać drugiemu królowi wszystkich żółtych królów, a sobie zatrzymać Bum-Druma i czarnych afrykańskich królów. A kogo my wtedy będziemy mieli, kto nam będzie przysyłał złoto i prezenty? A jak zostaniemy sami, a oni się zaprzyjaźnią z Maciusiem, to we trzech napadną na nas. Musimy zbudować dwie nowe fortece i mieć więcej wojska.

Syn starego króla wiedział wszystko, bo miał znowu swoich szpiegów, którzy mu donosili. Stary król musiał się zgodzić, żeby było więcej wojska i żeby zbudować jeszcze jedną fortecę. Bo się bał, że jak będzie wojna i znów przegra, to syn powie:

„A nie mówiłem ojcu, że tak będzie? Trzeba było oddać mi tron i koronę, toby tego nie było".

I tak trwało przez całą jesień i zimę, że nie wiadomo było, kto z kim się będzie przyjaźnił.

Dopiero jak Maciuś wysłał listy, że zaprasza wszystkich do siebie w gości, musieli powiedzieć prawdę, czy chcą przyjechać, czy nie.

Odpowiedź na zaproszenie przyszła taka:

Owszem, przyjedziemy chętnie, ale stawiamy za warunek, że Maciuś nie zaprosi Bum-Druma. My jesteśmy biali królowie i nie chcemy zasiadać przy jednym stole z ludożercami. Nasze dobre wychowanie i nasz honor królewski nie pozwalają na to, żeby się bratać z dzikusami.

Biednego Maciusia bardzo obraziła taka odpowiedź, bo znaczyła, że Maciuś jest źle wychowany i niehonorowy. Minister spraw zagranicznych radził, żeby udawać, że tego nie zauważyli i nie zrozumieli, ale Maciuś za nic się nie chciał zgodzić.

— Nie chcę udawać, że nie rozumiem. Nie, to nie. Oni obrazili nie tylko mnie, ale i mojego przyjaciela, który mi przysiągł wierność w niebezpieczeństwie, który gotów jest oddać za mnie życie w wodzie, w ogniu i w powietrzu, który na dowód, jak bardzo mnie kocha, chciał być przeze mnie zjedzony. To trudno, on był dziki, bardzo dziki, ale chce się poprawić. On jest moim prawdziwym przyjacielem, on mi ufa, ani on u mnie, ani ja u niego szpiegów nie mamy. A biali królowie są fałszywi i zazdrośni. I ja im to wszystko napiszę.

Maciuś – wierność w przyjaźni

Przestraszył się nie na żarty minister spraw zagranicznych.

— Wasza królewska mość nie chce wojny, a taka odpowiedź — to na pewno wojna. Można im napisać, ale inaczej.

Znów całą noc nie spał Maciuś, ale razem z ministrami układali odpowiedź.

Więc tak:

Król Maciuś właśnie dlatego zaprzyjaźnił się z Bum-Drumem, żeby Bum-Drum przestał być ludożercą. Bum-Drum obiecał Maciusiowi, że więcej już ludzi jeść nie będzie. Jeżeli Bum-Drum nie dotrzymał słowa, to dlatego tylko, że boi się, żeby go kapłani nie otruli, bo kapłani murzyńscy nie chcą, żeby ich naród przestał być dziki. Zresztą Maciuś gotów jest sprawdzić, czy Bum-Drum przestał być ludożercą, czy nie, i da białym królom odpowiedź.

Na zakończenie w liście Maciuś pisał:

I zapewniam Wasze Królewskie Mości, że i mnie drogi jest honor mój i mego czarnego przyjaciela i tego honoru gotów jestem bronić za cenę krwi swojej i życia.

To znaczyło, żeby się zagraniczni królowie strzegli, bo Maciuś obrażać się nie pozwoli i choć nie chce, gotów jest zacząć nową wojnę.

Zagraniczni królowie napisali:

Dobrze, jeżeli Bum-Drum przestał być już ludożercą, może do Maciusia razem z nimi przyjechać.

Zagraniczni królowie, a właściwie tylko ten pierwszy, chcieli odwlec sprawę, bo jego nowe fortece jeszcze nie były gotowe. Oni tak myśleli:

„Jak Maciuś napisze, że Bum-Drum już nie jest ludożercą, to my napiszemy, że czarni królowie kłamią, że są wiarołomni, że wierzyć im nie można, więc nie mogą do Maciusia przyjechać".

A nie spodziewali się, że Maciuś im nowego figla spłata!

— Jadę aeroplanem do króla Bum-Druma, żeby się przekonać, czy on już nie je ludzkiego mięsa.

Na próżno ministrowie odradzali Maciusiowi tak niebezpieczną podróż. Wiatr może strącić aeroplan, pilot może zabłądzić, może zabraknie benzyny, coś może się zepsuć w motorze.

Nawet fabrykant, który miał ten aeroplan zrobić i na pewno dużo miał zarobić, odradzał Maciusiowi:

— Ja nie mogę zapewnić, że aeroplan przez pięć dni w powietrzu nie będzie miał żadnego uszkodzenia. Aeroplany fruwają zwykle w chłodnych krajach; my nie wiemy jeszcze, czy od gorąca coś się nie zepsuje. Zresztą jakaś śrubka może się złamać, a na pustyni nie ma mechanika, który by mógł uszkodzony aeroplan naprawić.

Zresztą aeroplan nie będzie mógł uradzić więcej prócz pilota i Maciusia. A jak się Maciuś porozumie z Bum-Drumem bez profesora, który zna pięćdziesiąt języków.

Maciuś kiwał głową że tak, że rozumie, że to bardzo trudna, bardzo niebezpieczna podróż, że istotnie może zginąć w piaskach pustyni, że bez profesora bardzo trudno będzie się z Bum-Drumem porozumieć; ale mimo wszystko postanowił, że pojedzie — i pojedzie.

I bardzo prosi fabrykanta, żeby nie żałował pieniędzy, tylko wezwał najlepszych majstrów, sprowadził najlepsze narzędzia i materiały, i zrobił jak najprędzej i jak najlepszy aeroplan.

Fabrykant odłożył na bok wszystkie inne roboty, najlepsi mechanicy pracowali na trzy zmiany dzień i noc. Główny inżynier fabryki tak wszystko obliczał, że aż zwariował i potem musiał się dwa miesiące leczyć w szpitalu. A Maciuś codziennie przyjeżdżał do fabryki królewskim samochodem i po parę godzin siedział i oglądał dokładnie każdą rurkę i każdą śrubkę.

Jakie wiadomość ta uczyniła wrażenie w kraju i za granicą łatwo sobie wyobrazić. W gazetach o niczym innym prawie nie pisano, tylko o królewskiej podróży. Maciusia nazywali „Królem Powietrza", „Królem Pustyni", „Maciusiem Wielkim", „Maciusiem Szalonym".

— No, teraz już będzie koniec — mówili zazdrośni.

— Dwa razy Maciusiowi sztuka się udała, ale teraz już mu się nie uda.

Długo szukał Maciuś kierownika-pilota. Zgłosiło się dwóch: jeden już trochę stary, bez nóg i o jednym oku i drugi — Felek.

Ten pilot bez nóg był właśnie starszym mechanikiem, który składał aeroplan. On fruwał już wtedy, kiedy aeroplany nie były bardzo dobre i często spadały. On siedem razy spadał, cztery razy tylko się mocno potłukł, ale nic, raz stracił oko, raz zmiażdżyło mu nogi, a raz złamało dwa żebra i tak wstrząsnęło mózg, że przez rok leżał w szpitalu i stracił mowę. I teraz mówił nie bardzo wyraźnie. Ostatni wypadek zniechęcił go do fruwania, ale że kochał strasznie aeroplany, więc wstąpił do fabryki, żeby choć je robić i patrzeć, kiedy już latać nie może.

Ale z królem Maciusiem pojedzie: ręce ma mocne, a jedno dobre oko za dwoje oczu wystarczy.

Łatwo zrozumiał Felek, że nie może się porównać z tak doświadczonym pilotem, a ustąpił tym chętniej, że jak wszyscy myślał, że w tę podróż można się wybrać, ale nie można wrócić.

A szalony Maciuś ze swym beznogim towarzyszem poleciał.

Siedzi sobie oficer białego garnizonu u telegrafisty, pali fajkę i gawędzi o tym i owym.

— Ot, psie życie, siedzieć tu ciągle w tej murzyńskiej wiosce na brzegu pustyni — i świata bożego nie widzieć. Od czasu jak był tu król Maciuś i teraz ciągle przysyłają przez naszą wieś klatki z dzikimi zwierzętami i worki ze złotem od króla Bum-Druma, jeszcze się bardziej przykrzy. Takie zwierzęta będą sobie mieszkały w Maciusinej stolicy, w pięknym mieście, wśród białych ludzi, a ja — człowiek, mam do śmierci siedzieć na tym pustkowiu. Dawniej to choć Murzyni się buntowali, więc się wojowało z nimi, a jak się zaprzyjaźnili z królem Maciusiem, siedzą cicho, nie napadają na nas i licho wie, po co my tu jesteśmy. Jeszcze rok albo dwa, to i strzelać się zapomni wreszcie.

Telegrafista chciał coś powiedzieć, a tu nagle telegraf zadzwonił:

— Oho, depesza jakaś.

Aparat stukał, a na białym pasku papieru zaczęły się pokazywać litery.

— Oho, ho, ciekawa nowina.

— A co takiego?

— Nie wiem jeszcze. Zaraz:

Król Maciuś jutro o godzinie szesnastej przyjedzie koleją, żeby aeroplanem przefrunąć pustynię do króla Bum-Druma. Aeroplan też przyjedzie koleją. Więc jak będą wyjmowali aeroplan, niech złamią jakieś kółko, żeby król Maciuś nie mógł fruwać. To jest tajemnica.

— Rozumiem — powiedział kapitan — pewnie naszym królom nie podoba się przyjaźń Maciusia z Bum-Drumem. To jest bardzo nieprzyjemny rozkaz. Sami nie chcieli się przyjaźnić z ludożercami, a Maciusiowi przeszkadzają. To jest wielkie świństwo. Ale trudno: jestem oficerem i muszę rozkaz wykonać.

Zaraz oficer zawołał zaufanego żołnierza i kazał mu się przebrać za tragarza kolejowego.

— Na kolei tragarzami są Murzyni, więc jak Maciuś zobaczy jednego białego, to go na pewno wynajmie, żeby pilnował dzikusów, żeby czego nie zepsuli. Więc masz wykręcić jedno kółko, żeby zepsuć aeroplan.

— Rozkaz — powiedział żołnierz, przebrał się za tragarza i poszedł na stację.

Przyjechał Maciuś. Obstąpili go Murzyni. Maciuś pokazuje na migi, że trzeba wyjąć tę maszynę, tylko ostrożnie, żeby czego nie zepsuć. Boi się Maciuś, że go nie zrozumieją. A tu nagle zjawia się biały człowiek. Ucieszył się bardzo Maciuś.

— Dobrze panu zapłacę — mówi Maciuś — tylko niech im pan wszystko wytłumaczy i pilnuje.

Tymczasem przybiega kapitan, niby że dopiero w tej chwili dowiedział się o przyjeździe Maciusia.

— Co? Aeroplanem? Ho, ho, to dopiero piękna podróż. Jak to — już jutro? Niech król zatrzyma się parę dni u nas. Odpocznie. No, chodźcie, panowie, do nas na śniadanie.

Maciuś chętnie się zgodził, ale lotnik w żaden sposób nie chciał iść.

— Już ja wolę tu swoim jednym okiem popilnować, żeby mi czego nie zmajstrowali.

— Już ja będę pilnował — mówi ten przebrany za tragarza żołnierz.

Ale beznogi lotnik uparł się. Nie i nie. Dopóki aeroplanu nie zdejmą z wagonu i nie zestawią razem, on się na krok nie ruszy.

Ano, co robić, kiedy taki uparty. Wyjmują Murzyni osobno skrzydła, osobno pakę z motorem, osobno śmigę i zaraz wszystko pod kierunkiem pilota przyśrubowują. Ten przebrany tragarz próbuje to tak, to tak gdzieś go się pozbyć, ale mu się nie udaje. Więc poczęstował go usypiającym cygarem. Jak ten parę razy zaciągnął się, tak i usnął.

— Niech sobie śpi biały człowiek. On jest bardzo zmęczony podróżą, a i wy jesteście spracowani — powiedział biały tragarz do Murzynów — macie tu pieniądze, idźcie napić się wódki.

Murzyni poszli sobie. Lotnik spał, a on tymczasem odśrubował najważniejsze kółko, bez którego aeroplan nie może fruwać, pod palmą figową zakopał to kółko głęboko w piasku.

Obudził się po godzinie lotnik, zawstydził się trochę, że zasnął podczas roboty — i dokończył składania aeroplanu, który Murzyni potoczyli na kółkach aż do obozu.

— No i co? — pyta się oficer żołnierza cichutko.

— Wszystko w porządku — odpowiedział żołnierz. — Odkręcone kółko zakopałem pod palmą, czy przynieść?

— Nie, nie trzeba, niech sobie tam leży.

Jeszcze słońce nie wzeszło, kiedy Maciuś zaczął się szykować do drogi. Wziął zapas wody na cztery dni, tylko trochę jedzenia i dwa rewolwery. Benzynę nalali do motoru i wzięli oliwę, żeby oliwić motor. I nic więcej. Bo trzeba było, żeby aeroplan był lekki.

— No, możemy lecieć.

Ale co to? Motor nie działa. Co to może być? Przecież sam go pakował, sam go zestawiał.

— Nie ma kółka! — krzyknął nagle. — Kto mógł odkręcić kółko?

— Jakie kółko? — pyta się oficer.

— Tu, tu było kółko. Bez tego kółka nie można lecieć.

— A nie wziął pan zapasowego kółka?

— Cóż to ja wariat, czy co? Wziąłem to, co się w drodze może złamać albo zepsuć, ale kółko ani zepsuć, ani złamać się nie mogło.

— Może je zapomniano przykręcić.

— A już! Sam je przykręciłem jeszcze w fabryce. Widziałem je wczoraj, kiedy wyjmowano motor ze skrzyni. To musiał ktoś naumyślnie odkręcić.

— Jeżeli to było błyszczące kółko — mówi oficer — mogli Murzyni zabrać, bo oni bardzo lubią błyszczące rzeczy.

Maciuś, który srodze zmartwiony niepowodzeniem stał milcząc koło aeroplanu, dostrzegł nagle koło skrzydła aparatu coś świecącego w piasku.

— A co się tam świeci? Zobaczcie no, moi panowie.

Jakież było zdziwienie wszystkich, gdy tym przedmiotem błyszczącym okazało się właśnie zagubione kółko.

— Co za diabelski jakiś kraj! — krzyknął pilot. — Same dziwne rzeczy się tu dzieją! Jak żyję, nie zasypiałem przy pracy, a wczoraj pierwszy raz w życiu zasnąłem. Różne rzeczy mi się psuły i łamały w moich aeroplanach, ale nigdy jeszcze nie odkręciło się to kółko właśnie, które najmocniej jest zawsze przyśrubowane. A skąd ono się tu akurat wzięło?

— No, śpieszmy się — powiedział Maciuś — bo i tak już straciliśmy godzinę.

Nie mniej był zdziwiony oficer, a najwięcej żołnierz, który teraz już w zwykłym ubraniu stał niedaleko.

„To jest figiel tych czarnych diabłów, Murzynów" — pomyślał. I tak było.

Kiedy Murzyni poszli do szynku, zaczęli rozmawiać o tej dziwnej maszynie, którą ładowali z pociągu.

— Zupełnie jak ptak. Podobno biały król ma na nim pofrunąć do ludożercy Bum-Druma.

— Czego ci biali nie wymyślą — kiwali ze zdumieniem głowami.

— A dla mnie — powiedział jeden stary Murzyn — dziwniejszy od martwego ptaka jest ten żywy biały tragarz. Trzydzieści lat pracuję u białych, a nie pamiętam, żeby kiedy biały się ulitował, że czarny robotnik jest zmęczony, i żeby przed ukończeniem pracy dawał pieniądze.

— I skąd on się tu wziął? Czy przyjechał razem z nimi?

— Ja wam daję słowo, że to jest jeden z tutejszych, przebrany za tragarza. Jak na białego, za dobrze mówi naszym językiem.

— A czy nie zauważyliście, że ten bez nóg mechanik zasnął, kiedy mu biały tragarz dał cygaro? To z pewnością było usypiające cygaro.

— W tym coś jest — zgodzili się na jedno.

Po skończonej pracy biały tragarz poszedł sobie, a oni usiedli niedaleko palmy, pod którą zakopane było kółko. I nagle jeden młody Murzyn zawołał:

— Oho, tam jest świeżo poruszony piasek! Tam coś zakopano. Pamiętam doskonale, że przed robotą piasek pod palmą nie był ruszony.

Zaczęli kopać, znaleźli kółko i zaraz się domyślili wszystkiego.

Co robić? Biali chcą zrobić Maciusiowi grandę, a Murzyni kochają Maciusia. Mało to oni zarabiają teraz pieniędzy od czasu, jak zdejmują z wielbłądów Bum-Druma ciężkie klatki, skrzynie i worki, i ładują do wagonów — tego ogniem ziejącego smoka, którego biali nazywają koleją?

Co robić? Jeżeli pójdą do Maciusia i oddadzą kółko, oficer białego garnizonu może ich surowo ukarać. Rada w radę, postanowili w nocy zakraść się do obozu i kółko podrzucić.

Tak też zrobili. I dzięki pomocy poczciwych Murzynów mógł Maciuś, z trzygodzinnym wprawdzie opóźnieniem, puścić się w drogę.

Zabłądzili!

Kto sam nie przeżył, ten nie zrozumie wcale, ile grozy mieści się w tym słowie. Jeśli zabłądziłeś w lesie, masz chociaż drzewa wokoło, możesz trafić na chatkę leśniczego, masz w lesie jagody, strumyk — możesz się wody napić, zasnąć pod drzewem. Jeżeli zabłądzi okręt, są ludzie na okręcie — mogą rozweselić, pocieszyć — jest zapas jedzenia, wyspy jakieś się widzi. Ale tak we dwóch zabłądzić w powietrzu nad pustynią — to chyba najstraszniejsze, co może spotkać człowieka. Ani zapytać się, ani zobaczyć, ani bodaj zasnąć, tylko żeby się orzeźwić trochę.

Siedzisz na tym strasznym ptaku i wiesz, że pędzi jak strzała, ale nie wiesz dokąd, i wiesz, że pędzi dopóty, dopóki ma benzynę i oliwę, i padnie martwy, kiedy zapas się wyczerpie. A wraz ze śmiercią wielkiego olbrzyma — żadnej nadziei, jeno śmierć w gorącym piasku pustyni.

Dwa dni temu przefrunęli nad pierwszą oazą, wczoraj przefrunęli nad drugą oazą, a dziś o godzinie siódmej rano mieli przefrunąć nad trzecią oazą — i o czwartej po południu byliby w kraju Bum-Druma. Godziny obliczone były przez dwudziestu profesorów uczonych. Dokładnie obliczone były, zgodnie z siłą wiatru. Kierunek mieli jeden, bo w powietrzu nie mieli potrzeby omijać żadnych przeszkód.

Więc co się stało?

O siódmej rano mieli przefrunąć nad ostatnią, trzecią oazą, a tymczasem jest już czterdzieści minut po siódmej, a pod nimi piasek i piasek.

— Jak długo możemy się jeszcze utrzymać w powietrzu?

— Jeszcze najwyżej sześć godzin. Benzyny może by starczyło na dłużej, ale oliwy ta bestia tyle wypija, że rady sobie dać nie można. Gorąco jest, to jej się chce pić — nie dziwota.

Rozumieli tę potrzebę napoju, bo i oni mieli niewielki zapas wody.

— Niech wasza królewska mość pije — mówi pilot — mnie mniej wody potrzeba, bo nogi moje zostały w kraju i już im woda niepotrzebna. Oj, trudno mi będzie po śmierci na czworakach wracać do domu, żeby swoje nogi odszukać.

Żartował niby, ale Maciuś wiedział, że odważny lotnik łzy ma w oczach.

— Czterdzieści pięć minut po siódmej.

— Pięćdziesiąt minut po siódmej.

— Ósma godzina.

A oazy nie widać.

Gdyby jakaś burza albo co, nie żal by było ginąć. Ale tak wszystko szło dobrze. O dziesięć sekund za wcześnie minęli pierwszą oazę, o cztery sekundy za późno minęli drugą oazę. Fruną z tą samą szybkością — no, niechby o pięć minut się spóźnili. Ale — cała godzina.

Już prawie u celu, już dziś miała się zakończyć ta ostatnia niebezpieczna podróż Maciusia. Wszystko zależało od tej podróży. No i co?

— Może zmienić kierunek? — radzi Maciuś.

— Kierunek łatwo zmienić. Mój aeroplanik posłuszny jest na skinienie. Jak on ślicznie idzie! To nie jego wina, co się stało. Nie martw się, mój drogi ptaszku. Zmienić kierunek — ale dlaczego — i na jaki? Ja myślę, że fruNąć dalej. Może to znów jakiś diabelski figiel, tak jak z tym kółkiem. Bo w jaki sposób ono zginęło i dlaczego się zaraz znalazło? Znów chce pić motor, masz, durniu, kieliszek oliwy, ale pamiętaj, że pijaństwo zawsze sprowadza nieszczęście, a ciebie specjalnie marny los czeka.

— Oaza! — krzyknął nagle Maciuś, który nie odrywał oczu od lunety.

— Tym lepiej — powiedział pilot, tak samo spokojny teraz w szczęściu, jak przed chwilą spokojny był w nieszczęściu.

— Jak oaza, to oaza. Spóźnienie o godzinę i pięć minut. To nic strasznego. Mamy zapas na trzy godziny więcej, niż potrzeba, bo wiatr nam nie przeszkadza. Ano, napijemy się teraz razem. — Lotnik nalał kubek wody dla siebie, stuknął nim o oliwiarkę.

— Zdrowie twoje, braciszku.

I naoliwiwszy maszynę obficie, sam wypił cały kubek wody.

— Niech wasza królewska mość pozwoli mi na chwilę lunetę, niech i ja przez moje jedno oko spojrzę na to dziwo. He, he, ładne drzewka ma Bum-Drum. A czy wasza królewska mość jest pewien, że Bum-Drum przestał być ludożercą? Być zjedzonym — to jeszcze nie najgorsze, jeżeli się wie, że cię przynajmniej pochwalą, żeś smaczny. Ale ja z pewnością jestem twardy i łykowaty, przy tym bez nóg ważę mniej i rosół na połamanych żebrach nie byłby wcale pożywny.

Maciuś wydziwić się nie mógł, jak ten milczący człowiek, który prawie nic nie mówił przez całą drogę koleją, nagle zrobił się rozmowny i wesoły.

— A czy wasza królewska mość jest pewien, że to ta sama oaza, bo może znów najedziemy na przeklęte piaski, to może już tu lepiej lądować.

Tak bardzo znów Maciuś nie był pewien, bo z góry wszystko wygląda inaczej, ale lądować nie można, bo na pewno spotkaliby zbójców pustyni albo wpadliby w szpony dzikich zwierząt.

— Może zniżymy lot, żeby się blisko przyjrzeć.

— Ano, dobrze — powiedział Maciuś.

Frunęli bardzo wysoko, żeby nie było tak gorąco, bo chcieli oszczędzać oliwę. Ale teraz nie mieli potrzeby się obawiać, kiedy zaledwie kilka godzin drogi dzieliło ich od końca podróży.

Aeroplan warknął, szarpnął — i zaczął się opuszczać.

— A to co? — zdziwił się Maciuś.

I natychmiast krzyknął:

— W górę, czym prędzej w górę!

— Jakiś dziesiątek strzał utkwił w skrzydłach aeroplanu.

— Nie jesteś ranny? — zapytał Maciuś niespokojnie pilota.

— Ani trochę. Ładnie nas przyjmują... te czarne mordy — dodał.

Jeszcze parę strzał świsnęło koło aeroplanu i znów wznieśli się wysoko.

— Teraz jestem pewien, że to ta sama oaza. Zbójcy pustyni nie zapuszczają się zbyt daleko, bo nic by tam nie mieli do roboty. Oni kręcą się w bliskości lasów Bum-Druma i obozują w najbliższej oazie.

— Więc wasza królewska mość jest pewien, że aeroplanem wracać nie będziemy, tylko na wielbłądach?

— Rozumie się, że Bum-Drum odeśle nas tak, jak pierwszym razem. Zresztą w kraju Bum-Druma można chyba dostać oliwy, ale benzyny na pewno nie ma.

— Jeżeli tak — powiedział pilot — można zaryzykować. Porządny maszynista kolei, jak jest spóźniony, dogania, żeby przybyć w porę. I ja tak zrobię: puszczę z całych sił aparat, żeby wylądować tak jak napisane w rozkładzie jazdy. Może to już ostatnie fruwanie w moim życiu, więc niech sobie użyję.

I puścił motor z taką szybkością, że w minutę mieli już oazę i zbójców daleko za sobą.

— A strzały nie szkodzą? — zapytał Maciuś.

— Ani trochę: niech sobie dyndają.

Fruną, fruną, fruną, fruną. Motor dobrze oliwiony działa jak potrzeba — znów jak tamtym razem zaczynają się pokazywać po trochu: to krzaki, to niskie drzewka.

— Ho, ho, mój konik czuje już stajnię — żartuje lotnik.

Wypili resztę wody, dojedli zapasy, żeby nie lądować o głodzie. Bo nie wiadomo, jak długo trwać będą uroczystości powitania, zanim ich nakarmią. A zresztą nie wypada przyjechać w gości takim wygłodzonym, żeby nie pomyśleli, że oni tu naumyślnie przyjechali tylko, żeby ich Murzyni nakarmili.

Ostrożnie zaczęli się opuszczać, zwolnili biegu, bo Maciuś już z daleka dostrzegł szary pasek lasów Bum-Druma.

— No, dobrze — mówił pilot — ale czy tam w lesie jest jaka polanka, bo na drzewa przecie nie spadniemy? Co prawda, raz lądowałem w lesie, a właściwie nie ja, ale aeroplan mnie lądował. Wtedy właśnie straciłem oko. I ja byłem wtedy jeszcze młody, i aeroplany były młode i nieposłuszne.

Akurat przed pałacem, to jest królewskim szałasem Bum-Druma, była obszerna polanka. I teraz, już zupełnie nisko kołując nad lasem, aeroplan szukał tej polanki.

— Trochę na prawo! — woła Maciuś patrząc przez lunetę. — Za daleko, proszę się cofnąć.

Aeroplan zatoczył w powietrzu koło — znów było niedobrze.

— W lewo, mniejsze koło, dobrze.

— O, widzę, widzę, tak, to polanka, ale co to?

— W górę! — krzyknął Maciuś przerażony.

Znów wznieśli się wyżej, a do uszu ich dobiegał z dołu taki krzyk, jakby cały las wrzeszczał. Cała polanka przed królewskim namiotem pełna była ludzi. Głowa koło głowy.

— Coś się musiało stać. Albo Bum-Drum umarł, albo jest jakieś święto.

— No dobrze, ale nie możemy przecież na łby im wjeżdżać.

— Ano, trzeba wznosić się i opadać, aż zrozumieją, że muszą się rozejść, bo inaczej ich porozbijamy.

Siedem razy podnosili się w górę i zniżali, aż dzikusy zrozumieli, że ten wielki ptak chce usiąść na polance, więc nie bez trudu cofnęli się między drzewa i aeroplan spokojnie wylądował.

Ledwo Maciuś stanął na ziemi, gdy podbiegło do niego jakieś kudłate zwierzątko i z całej siły pochwyciło go za szyję.

Kiedy Maciuś postał chwilę i już przestało mu się kręcić w głowie i migać przed oczami — rozpoznał tuż koło twarzy kędzierzawą głowę murzyńskiego dziecka; a gdy dziecko podniosło głowę i spojrzało mu w oczy, Maciuś poznał od razu córkę królewską, miłą Klu-Klu.

**Maciuś
– ponowna
wizyta w kraju
Bum-Druma**

Maciuś nic nie rozumiał, co się dzieje. A stało się wszystko tak prędko, że Maciusiowi chwilami zdawało się, że śni albo jest w iluzjonie.

Więc naprzód zobaczył Maciuś Bum-Druma związanego afrykańskimi sznurami. Bum-Drum leżał na stosie, a wokoło stali czarni kapłani. Wszyscy kapłani byli straszni, ale jeden był najstraszniejszy: miał dwa skrzydła, dwie głowy, cztery ręce i dwie nogi. Tak był przebrany. A w jednej ręce trzymał jakąś deskę, na której coś było narysowane czy napisane krwią ludzką; w drugiej ręce trzymał zapaloną pochodnię. I Maciuś domyślił się, że mają Bum-Druma spalić. A obok stało związanych sznurem jego sto żon i każda w ręce trzymała zatrutą strzałę, ostrzem skierowaną w serce. Dzieci Bum-Druma strasznie płakały, chodziły na czworakach albo fikały żałobne koziołki. Jedna tylko mała Klu-Klu ciągnęła za rękę Maciusia w stronę ojca i coś mówiła, ale co, Maciuś nie wiedział. Maciuś na wszelki wypadek wyjął rewolwer i strzelił w powietrze. W tej samej chwili usłyszał Maciuś za sobą krzyk. To lotnik krzyknął, zatrzepotał rękami w powietrzu, podskoczył w górę swoim beznogim korpusem, zsiniał i padł martwy na ziemię.

Wtedy wszyscy dzicy zaczęli tak wrzeszczeć, że Maciuś myślał, że oszaleli. A kapłan z dwiema głowami rozciął sznury Bum-Druma — zaczął tańczyć jakiś najdzikszy taniec, potem wszedł na stos, na którym przed chwilą leżał Bum-Drum — i dotknął drzewa zapaloną pochodnią. Drzewo widocznie było przesycone jakimś łatwopalnym płynem, bo od razu buchnął płomień tak silny, że Maciuś z Klu-Klu ledwo zdążyli odskoczyć w bok, bo też się mogli spalić.

Aeroplan leżał niedaleko stosu, więc zajęło się od ognia jedno skrzydło, rozległ się huk, wybuchła benzyna w motorze. Maciusia porwały na ręce żony Bum-Druma, posadziły go na złotym tronie i potem Bum-Drum i wszyscy mniejsi królowie i książęta kładli głowy na stopnie tronu i prawą nogą Maciusia trzy razy uderzali się w szyję, mówiąc przy tym jakieś wyrazy, których Maciuś zupełnie nie rozumiał.

Ciało zmarłego pilota owinęli w płachty przesycone tak wonnymi olejkami, że Maciusiowi, który po odbytej ceremonii ukląkł, aby zmówić za niego modlitwę, aż zakręciło się w głowie.

„Co to wszystko ma znaczyć?" — pytał siebie Maciuś.

Stało się coś nadzwyczajnego, to jasne, ale co? Wygląda tak, jakby Maciuś uratował życie Bum-Drumowi i jego stu żonom. Niby jest tak, że Maciusiowi nie grozi żadne niebezpieczeństwo. Ale czy można być pewnym czegoś w kraju tych dziwnych ludzi?

Skąd zebrała się taka straszna masa Murzynów? Co oni będą robili? Bo tymczasem rozpalili w lesie parę tysięcy ognisk i tańczyli, grali, śpiewali. Każda muzyka co innego grała, każde plemię co innego śpiewało.

Że nie byli tu tylko poddani Bum-Druma, poznał Maciuś po ich strojach. Jedni musieli być z lasów, bo przybrani w zieleń i pióra ptaków, drudzy nosili na plecach pancerze wielkich morskich żółwi, inni przystrojeni w skóry małp, jeszcze inni zupełnie nadzy, tylko w nosach i w uszach mieli ozdoby.

Nie bał się Maciuś, bo już nieraz patrzył odważnie śmierci w oczy, ale sam jeden daleko od domu, wśród tysięcy dzikusów, sam jedniusieńki... Nie, tego było za wiele nawet dla mężnego serca Maciusia. A gdy przypomniał sobie jeszcze poczciwego towarzysza, który w tak tajemniczy sposób zginął, taka go opanowała żałość, że wybuchnął głośnym płaczem.

Maciuś zajmował osobny szałas ze skór lwich i tygrysich i myślał, że może się swobodnie wypłakać, że go nikt nie usłyszy. Ale się omylił. Mała Klu-Klu czuwała, mała Klu-Klu nie odstępowała Maciusia ani na krok. I teraz znów zobaczył ją przy świetle ogromnego brylantu. I Klu-Klu płakała, położyła swą małą czarną rączkę na jego czole i zalewała się rzewnymi łzami.

O, jak żałował Maciuś, że nie znał języka ludożerców. Klu-Klu wszystko by mu powiedziała. Mówiła coś do niego, mówiła bardzo powoli i parę razy powtarzała ten sam wyraz. Myślała, że tak może Maciuś zrozumie. Pokazywała coś na migi. Ale z tego wszystkiego dwóch rzeczy domyślił się Maciuś: że Klu-Klu jest jego najwierniejszą przyjaciółką na świecie i że Maciusiowi żadne nie grozi niebezpieczeństwo — ani teraz, ani w przyszłości.

Mimo zmęczenia Maciuś całą noc nie spał.

Nad ranem dopiero uspokoiły się trochę krzyki i Maciuś zasnął. Ale znów go obudzili, znów posadzili na tronie i każda grupa Murzynów składała prezenty. Maciuś uśmiechał się, dziękował, ale rozumiał, że na całym świecie nie ma tylu wielbłądów, żeby to wszystko przewieźć przez pustynię. Zresztą zagraniczni królowie przed samym wyjazdem Maciusia oświadczyli, że tylko klatki z dzikimi zwierzętami przepuszczać będą przez swoje państwa, ale nic więcej, choćby im Maciuś nie wiedzieć ile chciał zapłacić.

„Ach, co za szkoda — myślał Maciuś — że moje państwo nie ma własnego portu i własnych okrętów."

A jeśli mam prawdę powiedzieć — pomyślał też Maciuś, że gdyby wybuchła nowa wojna i Maciuś znów ją wygrał, to zagraniczny król musiałby dać mu jeden port na morzu, żeby Maciuś nie potrzebował ich łaski.

Chętnie zostałby Maciuś jakiś tydzień, żeby wypocząć, ale nie mógł; a co będzie, jeśli bez niego wybuchnie wojna? Jak sobie poradzi później z czytaniem listów? Przecież miał co dzień czytać sto listów i stu dzieciom dawać podczas audiencji wszystko, co im potrzebne.

— Trzeba wracać — mówi Maciuś do Bum-Druma, pokazując na wielbłąda, macha ręką na północ.

Bum-Drum zrozumiał.

Potem Maciuś pokazał, że chce zabrać do domu ciało dzielnego pilota.

Bum-Drum zrozumiał.

Kiedy odwinięto nasycone pachnidłami szmaty, Maciuś zobaczył swego towarzysza zmarłego: był teraz zupełnie biały i twardy jak marmur. Włożono go do hebanowej skrzyni i pokazano Maciusiowi na migi, że może go zabrać.

Do drugiej skrzyni złożono szczątki spalonego aeroplanu. Maciuś pokazał, że tego może nie brać. Zdziwiło go bardzo, że Bum-Drum strasznie się ucieszył, jak gdyby spalony aeroplan był czymś nadzwyczajnie ważnym.

No dobrze, ale najważniejszego Maciuś nie wiedział: czy Bum-Drum jest jeszcze ludożercą, czy nie? Nie było innego sposobu, tylko wziąć Bum-Druma ze sobą.

I Maciuś wziął Bum-Druma. I znaną już drogą ruszyła królewska karawana przez pustynię.

I dopiero w swoim gabinecie, w swojej stolicy zrozumiał Maciuś te wszystkie dziwne rzeczy, których był świadkiem w kraju ludożerców. Profesor, który znał pięćdziesiąt języków, tak wytłumaczył Maciusiowi.

Kiedy jeden z przodków Bum-Druma chciał przestać być ludożercą i go otruli — najstarszy kapłan dzikich ogłosił takie stare podanie:

Bum-Drum przestaje być ludożercą

Przyjdzie czas, kiedy ludożercy się zmienią. Będzie tak: Nad wieczorem pokaże się razu pewnego ogromny ptak, który będzie miał żelazne serce, a w jego prawym skrzydle wisieć będzie dziesięć zatrutych strzał. Ten ptak siedem razy okrąży polankę królewskiej stolicy i spadnie. Ten ptak będzie miał ogromne skrzydła, cztery ręce, dwie głowy, troje oczu i dwie nogi. Jedna głowa i dwie ręce tego ptaka zatrują się jedną z dziesięciu strzał i umrą. Dwa razy rozlegnie się piorun. Wtedy najstarszy kapłan będzie spalony, pęknie żelazne serce wielkiego ptaka. I zostanie się z ptaka tylko kawał marmuru, garść popiołu — i biały człowiek, który się stanie królem wszystkich czarnych królów. I wtedy Murzyni przestaną być ludożercami i zaczną się uczyć od białych ich różnych sztuk i mądrości. A dopóki ten ptak się nie pokaże, nic zmieniać nie wolno. A każdy król, który zechce coś wcześniej zmienić, musi zginąć od ognia albo od trucizny. Bum-Drum wybrał ogień. I akurat wtedy, kiedy miało się odbyć uroczyste spalenie Bum-Druma i otrucie jego stu żon — zjawił się aeroplan z dwoma podróżnymi. Maciuś dał dwa pioruny, a lotnik — to jest dwie ręce i jedno oko ptaka — zginął, zakłuwszy się przez nieostrożność jedną z dziesięciu strzał zbójców pustyni. Najstarszy kapłan dobrowolnie się spalił, wielki ptak spłonął, a Maciuś został królem nie tylko wszystkich ludożerców, ale wszystkich czarnych królów. Tylko że od tej pory ludożercy już nigdy ludzi jeść nie będą, chcą się uczyć czytać i pisać, nie będą do nosa kładli muszli i kości i ubierać się będą tak jak wszyscy ludzie.

— To doskonale! — zawołał Maciuś. — Niech Bum-Drum przyśle tu ze stu Murzynów, nasi krawcy nauczą ich szyć ubrania, nasi szewcy nauczą ich robić buty, nasi murarze nauczą ich budować domy. Poślemy im gramofony, żeby się nauczyli ładnych melodii, najprzód poślemy trąby, bębny i flety, potem skrzypce i fortepiany. Nauczymy ich naszych tańców i poślemy im szczotki do zębów i mydło.

— Jak się przyzwyczają, może przestaną być tacy czarni. Choć, prawdę powiedziawszy, nie szkodzi wcale, że oni inaczej wyglądają.

— Wiem, co zrobię — krzyknął nagle Maciuś — urządzę w stolicy Bum-Druma telegraf bez drutu! Wtedy będzie łatwo załatwiać z nimi wszystkie interesy, bo jeździć ciągle tak daleko jest trudno.

I Maciuś wezwał królewskich rzemieślników i kazał zrobić dla Bum-Druma dwadzieścia ubrań, dwadzieścia palt i par butów i dwadzieścia kapeluszy. Fryzjer ostrzygł mu włosy. A Bum-Drum na wszystko pozwalał. Było mu tylko trochę nieprzyjemnie, kiedy zjadł pudełko pasty do czyszczenia butów i kawałek pachnącego mydła, które mu dano do mycia. Od tej pory czterech lokajów pilnowało Bum-Druma, żeby przez pomyłkę znów jakiegoś głupstwa nie zrobił.

Zaraz na drugi dzień po przyjeździe Maciusia prezes ministrów zwołał naradę, ale Maciuś prosił, żeby odłożyć. Akurat spadł śliczny, biały, wilgotny śnieg, w parku królewskim zebrało się ze dwudziestu chłopaków; był między nimi i Felek, i Stasio, i bawili się tak dobrze, że Maciusiowi aż się serce rwało do zabawy.

— Panie prezesie ministrów — powiedział Maciuś — ja wczoraj dopiero wróciłem z ciężkiej i niebezpiecznej podróży. Załatwiłem wszystko dobrze. Więc chociaż jestem królem, czy nie mogę choć jeden dzień trochę odpocząć? Przecież jestem małym chłopcem i lubię się bawić. Jeżeli nie ma nic bardzo ważnego i można jeden dzień zaczekać, to wolę, żeby jutro była narada, a dziś będę się cały dzień bawić z chłopcami. Tak ładny śnieg pewnie już ostatni w tym roku.

Prezesowi ministrów żal się zrobiło Maciusia, bo chociaż Maciuś nie prosił go o pozwolenie, tylko pytał się, czy można, ale tak wyszło, że Maciuś bardzo go prosi o pozwolenie na tę zabawę.

— Ach, jeden dzień można zaczekać — powiedział premier.

I Maciuś aż podskoczył z radości. Włożył krótkie futerko, żeby mu nie przeszkadzało — i po chwili już lepił kule śniegowe i rzucał się z chłopakami. Z początku w Maciusia nie rzucali kulami, nie wiedzieli czy wolno. Ale Maciuś zauważył, że w niego nie celują, więc krzyknął:

— Wymawiam! Słuchajcie, to nie zabawa, że ja w was rzucam, a wy nie. Tak to nie sztuka. Już wy się nie bójcie, potrafię się obronić. Kule przecież to nie zatrute strzały.

Więc dobrze. Teraz podzielili się na dwie partie. Ci napadają, tamci się bronią. Hałas taki, aż lokaje wybiegli zobaczyć, co się dzieje. Ale zauważyli króla, więc tylko się zdziwili, nic nie powiedzieli i odeszli.

Nikt nie poznałby króla, gdyby go nie znał. Tak samo był cały zaśnieżony, bo się parę razy przewrócił, i niejedną kulę dostał w plecy, w głowę i w ucho. Bronił się zajadle.

— Słuchajcie! — krzyknął nagle. — Umówmy się tak, że kto zostanie uderzony kulą, ten będzie się liczył, że zabity, i już w bitwie udziału brać nie może. Wtedy będziemy wiedzieli przynajmniej, kto wygrał.

To nie było dobrze, bo za prędko wszyscy byli zabici. Więc wymówili, że kto trzy razy dostanie kulą, będzie zabity. Co prawda, niektórzy oszukiwali i nawet trzy razy uderzeni — dalej się bili. Ale już było lepiej. Mniej było hałasu, lepiej lepili kule i uważniej celowali. Potem zmienili tak, że zabity był, kto się przewrócił.

Śliczna, prześliczna była zabawa.

Potem ulepili ze śniegu ogromnego bałwana, dali mu do trzymania miotłę, zrobili mu oczy z węgla i nos z marchwi. Raz wraz wbiegał Maciuś do królewskiej kuchni.

— Panie kucharzu, proszę o dwa węgielki.

— Panie kucharzu, proszę o marchew na nos dla bałwana ze śniegu.

Kucharz był zły, bo za Maciusiem wpadali wszyscy chłopcy, a że w kuchni było gorąco, więc śnieg topniał i brudziła się podłoga.

— Dwadzieścia osiem lat jestem królewskim kucharzem, ale takiego chlewa w mojej kuchni jeszcze nie pamiętam — mruczał kucharz i gniewnie poganiał kuchcików, żeby wycierali podłogę.

„Szkoda, że w kraju Bum-Druma nie ma śniegu — pomyślał Maciuś. — Nauczyłbym dzieci murzyńskie lepić bałwany".

Kiedy już bałwan był gotów, Felek zaproponował jazdę sankami. Były cztery małe saneczki dla dzieci królewskich i cztery kuce. Zaprzężono kuce.

— Sami będziemy powozili — powiedział Maciuś do stajennych. — Będziemy się ścigać naokoło parku: kto pierwszy pięć razy objedzie cały park.

— Dobrze — zgodzili się chłopcy.

I już Maciuś siadał do sanek, gdy nagle zobaczył prezesa ministrów, który szedł szybko w ich stronę.

— Pewnie po mnie — posmutniał i westchnął Maciuś.

I tak było naprawdę.

— Przepraszam, stokrotnie przepraszam waszą królewską mość. Jest mi niezmiernie przykro, że muszę przerwać zabawę waszej królewskiej mości.

— No, trudno. Bawcie się beze mnie — powiedział Maciuś do chłopców. — Więc co się takiego stało?

— Przyjechał nasz najważniejszy szpieg zagraniczny — szeptem powiedział minister. — Ten szpieg przywiózł takie nowiny, których nie mógł pisać, bo się bał, że jego list może wpaść w czyjeś ręce. Musimy się zaraz naradzić, bo on za trzy godziny jedzie za granicę.

Akurat pierwsze sanki przewróciły się, bo kuc dawno już nie był zaprzęgany i zły taki, zamiast naprzód, w bok skoczył. Ze smutkiem spojrzał Maciuś, jak chłopcy śmiejąc się podnosili się ze śniegu i ustawiać zaczęli sanki.

Ale co robić? Poszedł.

Ciekaw był Maciuś zobaczyć prawdziwego szpiega, bo do tej pory tylko słyszał o nich.

Maciuś myślał, że wprowadzą jakiegoś chłopaka bosego albo dziada z workiem na plecach, a tymczasem zobaczył bardzo eleganckiego pana, że w pierwszej chwili nawet myślał, że to minister rolnictwa, którego mniej znał, bo minister gospodarował na wsi i rzadko przyjeżdżał na posiedzenia.

— Jestem szefem szpiegów u pierwszego króla zagranicznego — powiedział elegancki pan. — Przyjechałem uprzedzić waszą królewską mość, że syn tego króla skończył wczoraj budowę fortecy. Ale to jeszcze nie najgorsze. On w wielkiej tajemnicy zbudował w lesie przed rokiem wielką fabrykę pocisków i jest zupełnie gotów do wojny. On ma sześć razy więcej prochu niż my.

— A to łotr — krzyknął Maciuś. — Ja w lasach budowałem domy dla dzieci, żeby mogły na lato wyjechać na wieś, a on robił w lesie kule i armaty, żeby napaść na moje państwo i zniszczyć, co ja zbuduję.

— Zaraz, to jeszcze nie wszystko — ciągnął dalej szef szpiegów swoim miłym, cichym głosem. — On chciał zrobić jeszcze coś gorszego. Wiedząc, że wasza królewska mość wyśle do zagranicznych królów zaproszenie na uroczystość otwarcia sejmu, przekupił naszego sekretarza i ten zamiast zaproszenia miał wysłać sfałszowane wypowiedzenie wojny.

— Ach, to łotr! Ja od razu wtedy widziałem, kiedy byłem u nich w gościach, że on mnie nie cierpi.

— Jeszcze nie skończyłem. O, on jest bardzo mądry, ten syn starego króla. Gdyby sekretarzowi nie udało się tu zamienić listów, były przygotowane takie same dwa papiery ze sfałszowanym podpisem Maciusia-króla na dworach smutnego króla i przyjaciela żółtych królów. A teraz wasza królewska mość pozwoli mi stanąć w jego obronie.

— A jakże pan może bronić takiego wiarołomnego zbója!

— To trudno: on dba o swój kraj tak, jak my dbamy o nasz kraj. My chcemy być pierwsi i oni chcą. Gniewać się nie ma potrzeby, trzeba tylko pilnować się i wszystkiemu w porę zaradzić.

— Więc co ja mam robić?

— Wasza królewska mość podpisze zaraz zaproszenie do zagranicznych królów i ja te listy w tajemnicy zabiorę. Jutro po posiedzeniu będziecie radzili, jak i kiedy zaprosić zagranicznych królów, niby że listy jeszcze nie wysłane. Sekretarzowi trzeba pozwolić zmienić te listy i dopiero w ostatniej chwili je otworzyć — i wtedy go aresztować.

— No, dobrze, ale co będzie z fortecą i tą fabryką armat?

— Ach, głupstwo — uśmiechnął się szef szpiegów. — Fortecę i fabrykę wysadzi się w powietrze. Właśnie przyjechałem w tej sprawie do waszej królewskiej mości, żeby otrzymać pozwolenie.

Maciuś zbladł.

— Jakże to? Przecież nie ma wojny. Co innego podczas wojny wysadzać w powietrze nieprzyjacielskie prochownie, ale tak: niby zapraszać z wizytą do siebie, niby nic nie wiedzieć, co on robi, i wyrządzać mu taką szkodę.

— Ja rozumiem — mówił dalej szef szpiegów. — Wasza królewska mość myśli, że to jest nieszlachetne, nieładne. Jeżeli wasza królewska mość nie pozwoli, ja tego nie zrobię. Ale nie będzie dobrze: on ma sześć razy więcej prochu niż my.

Maciuś chodził po gabinecie strasznie zdenerwowany.

— A jakże pan to zrobi? — zapytał się Maciuś.

— Pomocnik głównego inżyniera tej fabryki jest przez nas przekupiony. On wie dokładnie, gdzie co jest. Tam jest jeden nieduży budynek na skład desek. O tym nikt nie będzie wiedział. Tam leży dużo wiórów, wióry się zapalą, wybuchnie pożar.

— No, to go zgaszą.

— Nie zgaszą pożaru — uśmiechnął się szef szpiegów i przymrużył oczy. — Bo tak się dziwnie stanie, że akurat pęknie główna rura wodociągowa i w całej fabryce nie będzie ani kropli wody. Wasza królewska mość będzie spokojny.

— A robotnicy czy zginą? — zapytał znów Maciuś.

— Pożary zwykle wybuchają w nocy, więc dużo robotników nie zginie. A w razie wojny zginęłoby ludzi sto, tysiąc razy więcej.

— Wiem, wiem — powiedział Maciuś.

— Wasza królewska mość, musimy tak zrobić — wtrącił nieśmiało prezes ministrów.

— Ja wiem, że musimy — z gniewem powiedział Maciuś. — Więc po co mnie pytacie się, czy pozwalam?

— Nam nie wolno inaczej.

— Musimy, nie wolno. Więc proszę fabrykę spalić, ale fortecy tymczasem nie ruszać.

Maciuś szybko podpisał zaproszenia na otwarcie parlamentu do trzech zagranicznych królów i poszedł do swego pokoju.

Usiadł Maciuś przy oknie i patrzył jak Stasio, Felek i wszyscy chłopcy wesoło wozili się sankami. Oparł ciężko głowę na rękach i pomyślał:

„Teraz rozumiem, dlaczego smutny król tak smutnie gra na skrzypcach. I rozumiem, dlaczego on wtedy nie chciał, a musiał ze mną prowadzić wojnę."

Kiedy miało się odbyć ostatnie posiedzenie, na którym podpisane już zaproszenia będą włożone do kopert i zapieczętowane królewską pieczęcią — Maciuś niecierpliwie czekał na sekretarza stanu, żeby widzieć, jak on będzie kładł do kopert sfałszowane wypowiedzenie wojny zamiast zaproszenia do stolicy Maciusia na otwarcie parlamentów. Zdziwiło go bardzo, że sekretarz nie przyszedł, tylko jego pomocnik.

— Więc domy będą gotowe? — zapytał się Maciuś.

— Z pewnością będą gotowe.

— Doskonale.

Więc zrobi się tak. Uroczystości trwać będą tydzień. Pierwszego dnia — nabożeństwo, przegląd wojsk, obiad galowy i wielkie przedstawienie w teatrze.

Drugiego dnia — otwarcie sejmu dorosłych. Trzeciego dnia — otwarcie sejmu dla dzieci. Czwartego dnia — otwarcie ogrodu zoologicznego. Piątego dnia — wielki pochód dzieci, które wyjeżdżają na wieś na całe lato do domów, które dla nich w lasach swoich zbudował Maciuś.

Szóstego dnia — wielki bal pożegnalny dla zagranicznych królów. A siódmego dnia — wyjazd wszystkich gości.

Maciuś dodał jeszcze do programu czwartego dnia odsłonięcie pomnika dzielnego pilota, który zginął w ostatniej jego podróży — i wielką zabawę dla czarnych królów. Na wszystkich zabawach będą obecni posłowie obu sejmów i Felek-minister siedzieć będzie po lewej stronie Maciusia, a prezes ministrów po prawej. To znaczy, że minister dorosłych i minister dzieci są zupełnie równi wobec króla i do Felka wszyscy tak samo zwracać się będą: „Panie ministrze".

Kiedy już wszystko uradzono, Maciuś podpisał zaproszenia do zagranicznych królów: do białych — na białym papierze, do żółtych — na żółtym i do czarnych na czarnym papierze.

Do białych królów zaproszenia napisane były czarnym atramentem, do żółtych — czerwonym, a do czarnych królów zaproszenia napisane były złotym atramentem. Zaproszenia do czarnych królów miał zawieźć Bum-Drum, do żółtych królów zaproszenia miały być posłane przez ich przyjaciela — białego króla. Ale z góry umówione było, że biały król zatrzyma te zaproszenia u siebie i nie pośle. Wtedy żółci królowie obrażą się na Maciusia i będą się przyjaźnić z tamtym.

Mistrz ceremonii przyniósł skrzynkę z królewską pieczęcią. Zaproszenia po kolei wkładano do kopert i pomocnik sekretarza stanu pieczętował je czerwonym i zielonym lakiem.

Maciuś patrzył uważnie. Dawniej śmieszyła go ta cała ceremonia pieczętowania listów, uważał ją za niepotrzebną i złościł się, że trwa tak długo. A teraz już rozumiał, że to jest ważne.

Już były zapieczętowane wszystkie listy, oprócz ostatnich trzech. Ministrom znudziła się też ta ceremonia, zapalili cygara i rozmawiali sobie po cichu, chociaż regulamin zabraniał rozmawiać podczas pieczętowania listów królewską pieczęcią. Oni nie wiedzieli, co będzie. Wiedział wszystko tylko Maciuś, prezes ministrów i minister sprawiedliwości.

Potem nawet bardzo się obraził minister spraw zagranicznych, że jemu nic nie powiedzieli.

Pomocnik sekretarza stanu zbladł, ale ręce mu ani trochę nie drżały. I kiedy miał włożyć zaproszenie do białych królów, nagle zaczął kasłać. Niby że nie może znaleźć chusteczki do nosa, zaczął szukać w kieszeniach. I tak zręcznie wyjął z kieszeni razem z chustką takie same arkusze, a tamte schował, że zauważyć mogli tylko ci, którzy o wszystkim wiedzieli.

— Przepraszam waszą królewską mość — powiedział pokornie — ale w moim gabinecie jest wybita szyba i tak się zaziębiłem.

— O, nie szkodzi — powiedział Maciuś — nawet to moja wina, bo tę szybę ja wybiłem, kiedy bawiliśmy się kulami śniegowymi.

Ale on taki kontent, że mu się dobrze udało. A tu nagle minister sprawiedliwości mówi:

— Panowie ministrowie, proszę o uwagę. Odłóżcie, panowie, cygara.

Zaraz się domyślili, że coś się stało. A minister sprawiedliwości włożył na nos okulary i zwraca się do pomocnika sekretarza stanu:

— Aresztuję pana w imieniu prawa jako szpiega i zdrajcę. Zgodnie z paragrafem 174 będzie pan powieszony.

A temu oczy wyszły na wierzch jak gały, zaczął wycierać pot z czoła, ale udaje jeszcze spokojnego.

— Panie ministrze, ja nic nie wiem, ja nic nie rozumiem. Jestem chory, mam kaszel. Bo szybę wybili w moim gabinecie. Muszę iść do domu, położyć się do łóżka.

— Nie, bratku, nie uciekniesz mi. Już ciebie w więzieniu wyleczą.

Wchodzi pięciu więziennych stróżów i zakładają mu łańcuchy na ręce i nogi.

— Co się stało? — pytają zdumieni ministrowie.

— Zaraz, panowie, zobaczycie. Proszę, niech wasza królewska mość złamie pieczęcie tych listów.

Maciuś otworzył koperty i pokazał papiery fałszowane.

Tam było napisane:

Teraz, kiedy wszyscy dzicy królowie są moimi przyjaciółmi, nie dbam o was wcale. Pobiłem was raz, pobiję drugi raz. I wtedy będziecie mnie słuchali. Wypowiadam wam wojnę.

A piąty stróż więzienny wyjmuje z kieszeni pomocnika sekretarza zgniecione razem z chustką do nosa zaproszenia do białych królów.

Okutanemu w kajdany kazano podpisać protokół, że to wszystko prawda. Wezwano telefonicznie sekretarza stanu, który przestraszony zaraz przyjechał.

— Ach, to łajdak! — krzyczał. — Ja chciałem przyjść sam, a on tak mnie prosił, że chce mnie zastąpić, kupił mi bilet do cyrku, że w cyrku tak ładnie przedstawiają. I ja, głupi, mu wierzyłem.

Zaraz przyjechało pięciu generałów na sąd.

— Niech oskarżony mówi prawdę, to może mu pomóc. A jak będzie kręcił, wszystko przepadło.

— Będę mówił prawdę.

— Od jak dawna oskarżony był szpiegiem?

— Od trzech miesięcy.

— Dlaczego oskarżony został szpiegiem?

— Bo przegrałem dużo pieniędzy w karty i nie miałem czym zapłacić. A długi karciane trzeba płacić w ciągu dwudziestu czterech godzin... Więc wziąłem rządowe pieniądze.

— Ukradł pan.

— Ja myślałem, że będę mógł oddać, że się odegram.

— No i co?

— Znów grałem w karty, żeby się odegrać, i jeszcze więcej przegrałem.

— Kiedy to było?

— Jakieś pół roku temu.

— I co było potem?

— Potem ciągle się bałem, że będzie rewizja i wsadzą mnie do więzienia. Więc pojechałem do zagranicznego króla i zostałem jego szpiegiem.

— Ile on panu płacił?

— Rozmaicie: za ważne wiadomości dostawałem dużo, a za małe — mało. A za to miałem dostać bardzo dużo pieniędzy.

— Panowie generałowie-sędziowie — powiedział minister sprawiedliwości. — Człowiek ten odpowiada za trzy zbrodnie: jego pierwsza zbrodnia, że ukradł rządowe pieniądze. Druga, że jest szpiegiem, a trzecia, że chciał, żeby była wojna, w której znów zginęłoby tylu niewinnych. Żądam dla niego kary śmierci zgodnie z paragrafem 174. Oskarżony nie jest wojskowym, więc nie ma potrzeby go rozstrzelać, a wystarczy zwyczajnie powiesić. Co się tyczy sekretarza stanu, on też odpowiada za swojego pomocnika. Ja sam lubię chodzić do cyrku, ale na takie ważne posiedzenie powinien był sam przyjść, a nie przysyłać szpiega. To jest duże zaniedbanie i za to należy mu się pół roku więzienia.

Sędziowie poszli na naradę, a Maciuś podszedł do prezesa ministrów i szeptem zapytał:

— Dlaczego nasz szpieg mówił, że to ma zrobić sekretarz, a nie jego pomocnik?

— Ach, wiadomości szpiegów nie mogą być zupełnie pewne. Szpieg nie może się nadto pytać, bo to zwróciłoby uwagę, dlaczego on tak wszystko chce wiedzieć. Oni muszą być bardzo ostrożni.

— A jak on mądrze poradził, żeby się nie spieszyć z aresztowaniem, tylko czekać, aż będzie posiedzenie — dziwił się Maciuś. — Mnie cały czas korciło, żeby go aresztować.

— O nie, nie można tak robić. Najlepiej udawać, że się nic nie wie, i przyłapać na gorącym uczynku. Żeby już się nie mógł w żaden sposób wykręcić.

Mistrz ceremonii trzy razy uderzył srebrną laską o stół i generałowie weszli na salę.

— Wyrok jest taki: sekretarz stanu skazany na miesiąc aresztu, a jego pomocnik ma być powieszony.

Skazany zaczął tak głośno płakać i błagać o ratunek, że Maciusiowi żal go się zrobiło.

Zresztą przypomniał sobie Maciuś, jak sam był pod sądem wojennym i żyje dlatego tylko, że się pokłócili sędziowie, czy go mają rozstrzelać, czy powiesić.

— Waszej królewskiej mości przysługuje prawo łaski. Karę śmierci może wasza królewska mość zamienić na dożywotnie więzienie.

Maciuś napisał na wyroku:

Zamieniam na dożywotnie więzienie.

I zgadnijcie, o której poszedł spać Maciuś?

O godzinie trzeciej w nocy.

Nie zdążył jeszcze Maciuś zjeść śniadania, kiedy już przyszedł dziennikarz.

— Chciałbym pierwszy przynieść waszej królewskiej mości dzisiejszą gazetę. Myślę, że wasza królewska mość będzie zadowolony.

— A co tam jest nowego?

— Proszę przeczytać.

Na pierwszej stronie był rysunek taki: Maciuś siedzi na tronie, a tu tysiące dzieci z bukietami klęczy przed tronem. Pod rysunkiem był wiersz, który Maciusia tak sławił, że nazywał go największym królem od stworzenia świata i największym reformatorem. Nazywał go synem słońca i bratem bogów.

Maciusiowi nie podobał się ani rysunek, ani wiersz, ale nie chciał powiedzieć, bo widział, że dziennikarz taki jest dumny. Na drugiej stronicy była fotografia Felka i artykuł: „Pierwszy na świecie minister-dziecko".

I znów chwalono Felka, że taki mądry, dzielny, że jak Maciuś zwyciężył dorosłych królów, tak Felek zwycięży dorosłych ministrów.

Dorośli nie umieją rządzić — było tam napisane. — *Bo oni latać nie umieją ani im się nie chce. Bo są starzy i kości ich bolą.*

I tak na całej stronicy.

I to się nie bardzo Maciusiowi podobało, bo po co się chwalić, kiedy jeszcze nie wiadomo, jak będzie. I na starych też nieładnie tak znów napadać. Od czasu jak Maciuś naprawdę zaczął rządzić, żył z ministrami w zgodzie, chętnie słuchał ich rad i wiele się od nich nauczył.

Ale dalej w gazecie była najciekawsza wiadomość:

Pożar królewskich lasów.

— Największy las zagranicznego króla się pali — powiedział dziennikarz.

Maciuś kiwnął głową, że widzi i bardzo uważnie czytał, jak to było napisane. Ano, robotnicy, którzy las rąbali, rzucili papierosa i taki straszny pożar.

— To jednak dziwne — mówił dziennikarz — rozumiem, że w lecie suchy las może się zapalić, ale teraz, kiedy niedawno jeszcze śnieg leżał? I podobno jakiś huk był. Przecież jak las się pali, żadnych huków nie ma.

Maciuś kończył śniadanie i nic nie odpowiadał.

— Co o tym myśli wasza królewska mość? — pytał dziennikarz. — To jakiś podejrzany pożar.

Dziennikarz powiedział to jakimś cichym i bardzo przyjemnym głosem. I Maciuś, sam nie wiedząc czemu, pomyślał:

„Trzeba być ostrożnym".

A dziennikarz zapalił papierosa i zaczął znów o czym innym:

— Wczoraj podobno skazany został na miesięczny areszt sekretarz stanu? Nie dałem o tym wiadomości do naszej gazety, bo dzieci mało obchodzi, co się dzieje z dorosłymi. Gdyby w ich ministerstwie były jakieś nieporządki, to co innego. Wasza królewska mość nie wie wcale, jaki szczęśliwy był wybór Felka na ministra. Wojsko cieszy się, że syn plutonowego został ministrem. Gazeciarze znają Felka, bo Felek jeszcze przed wojną sprzedawał czasem gazety. No i wszystkie dzieci się cieszą. A za co też biedny sekretarz stanu dostał się do kozy?

— Za nieporządki w kancelarii — odpowiedział Maciuś wymijająco; bo rzecz dziwna, przyszło mu nagle na myśl, że dziennikarz jest szpiegiem.

Kiedy już sobie poszedł, Maciuś długo jeszcze o nim myślał:

„Ee, zdaje mi się. Jestem śpiący, tyle się przez tych parę dni nasłuchałem o szpiegach, że gotów jestem teraz każdego podejrzewać".

I Maciuś zapomniał o tym, bo przed wizytą królów strasznie miał dużo roboty.

Narady z mistrzem ceremonii trwały bez końca. Na gwałt odnawiano letni pałac dla czarnych królów. Osobno zbudowano nieduży pałacyk na wypadek przyjazdu jakiego żółtego króla. Biali królowie mieszkać będą w pałacu Maciusia.

Nadchodziły klatki z dzikimi zwierzętami. Spieszono się, aby ogród zoologiczny był na czas gotów.

Tu znów domy dla dzieci, tu budowa dwóch ogromnych domów na parlamenty.

Zaczęły się wybory na posłów w całym kraju. Do sejmu małego, czy dziecinnego, jak go nazywano, postanowiono wybierać posłów nie młodszych niż lat dziesięć i nie starszych niż lat piętnaście. Młodsze klasy w każdej szkole wybierały posła i starsze klasy też jednego posła. Było wiele zamieszania, bo okazało się, że szkół jest dużo i wszyscy posłowie nie

Wybory do parlamentu dziecięcego

zmieszczą się w jednej sali. Nadchodziło teraz tyle listów, że Maciuś długie godziny spędzał w swoim gabinecie. Listy były ważne, z różnymi pytaniami. Czy można wybierać dziewczynki na posłów? Rozumie się, że można. Czy można wybierać posłów, którzy jeszcze nie bardzo dobrze piszą?

Gdzie mieszkać będą posłowie, którzy przyjadą ze wsi i z różnych miast?

Czy ma być otwarta dla posłów szkoła, żeby się mogli uczyć i nie tracili roku, jak będą w stolicy na naradach?

Sekretarzowi stanu zamieniono kozę na areszt domowy, to znaczy, że siedział w domu, nie wolno mu było przez miesiąc wychodzić na spacer; tylko przyjeżdżał do Maciusia, do kancelarii, bo bez niego Maciuś nie dałby sobie rady.

Mistrz ceremonii układał porządek uroczystości: jakie mają być i gdzie ustawione triumfalne bramy dla zagranicznych królów, na jakich ulicach ma grać orkiestra, jakie sprowadzić kwiaty. Trzeba było dokupić talerzy, noży i widelców. Trzeba było kupić więcej samochodów. A jak królowie będą siedzieli w teatrze i przy obiedzie? Żeby ważni królowie mieli lepsze miejsca, żeby nie posadzić obok siebie królów, którzy się nie bardzo lubią. Sprowadzano wina, owoce, kwiaty z ciepłych krajów. Malowano domy, które były brudne. Poprawiano bruki na ulicach. Maciuś nie spał, nie jadł, tylko pracował.

— Przyszedł do waszej królewskiej mości budowniczy.

— Ogrodnik pragnie się rozmówić z waszą królewską mością.

— Przyszedł minister spraw zagranicznych.

— Przyjechał ambasador żółtego króla.

— Jakichś dwóch panów — pragną się widzieć z waszą królewską mością.

— Czegóż oni chcą? — zapytał się zniecierpliwiony już Maciuś, którego trzeci raz odwoływano od obiadu.

— Chcą pomówić o fajerwerkach.

Maciuś zły i głodny idzie do swego gabinetu, bo teraz mało przyjmował Maciuś w sali tronowej. Nie było czasu na ceremonie.

— Czego panowie chcecie? Tylko proszę mówić krótko, bo nie mam czasu.

— Słyszeliśmy, że mają przyjechać dzicy królowie, więc trzeba im pokazać coś takiego, co im się spodoba. Ogród zoologiczny ich nie zajmie, bo dość widzieli u siebie dzikich zwierząt. Na teatrze też się nie znają...

— No dobrze, dobrze — domyślił się Maciuś — więc chcecie urządzić fajerwerki?

— Tak jest.

Na wszystkich rządowych domach ustawią rakiety. W królewskim parku zbudują wysoką wieżę. Dalej: młyn i taki niby wodospad i wieczorem wszystko to się zapali. Z górnej części wieży będą szły w górę rakiety z czerwonych ogni, a spadać będą zielone i niebieskie kule, niżej kręcić się będą młynki z zielonych i czerwonych iskier. W ogniu zakwitać będą różnokolorowe kwiaty. A wodospad płynąć będzie ognistym deszczem.

— Oto rysunki. Niech wasza królewska mość zechce obejrzeć.

Rysunków, jak to będzie wyglądało, przynieśli ci pirotechnicy sto dwadzieścia. Maciuś ogląda, a obiad tymczasem stygnie.

— A ile to będzie kosztowało? — pyta się Maciuś przezornie. Bo na ostatnim posiedzeniu znów mówił minister finansów o potrzebie nowej pożyczki.

— Jakże to — dziwił się Maciuś. — Przecież mieliśmy tyle złota.

— Tak jest, ale reformy waszej królewskiej mości strasznie drogo kosztują.

I zaczęło się wyliczanie: ile kosztuje budowa domów dla dzieci, ile dwa ogromne gmachy parlamentów, ile kosztuje miesięcznie czekolada, ile lalki i łyżwy.

— Jeżeli starczy nam pieniędzy na przyjęcie zagranicznych gości, to będzie bardzo szczęśliwie.

— A może nie starczyć? — przestraszył się nie na żarty Maciuś.

— To nic strasznego. Można będzie zebrać nowe podatki. Teraz wszyscy dobrze zarabiają, to mogą część pieniędzy oddać rządowi.

— Ach — westchnął Maciuś — gdybyśmy mieli własny port i własne okręty, toby nam Bum-Drum przysłał złota, ile byśmy tylko zechcieli!

— Jest na to sposób — wtrącił się minister wojny. — Nie trzeba było żałować pieniędzy na armaty, na karabiny, na fortece, toby się i port znalazł. Tak, armaty są ważniejsze od czekolady i lalek.

Maciuś się zaczerwienił. Tak, to prawda, parę nowych fortec bardzo by się przydało. Minister wojny zawsze na posiedzeniach tłumaczył, że powinien dostać dla wojska część złota Bum-Druma. Ale Maciuś tak był zajęty innymi sprawami, że ciągle kazał mu trochę poczekać.

Z ciężkim sercem zgodził się Maciuś na fajerwerki.

— To trudno. Już później będzie się oszczędzało. A teraz trzeba przecież coś ciekawego pokazać i czarnym królom.

A kiedy późną nocą leżał Maciuś w łóżku, to myślał sobie:

„Może źle zrobiłem, że nie kazałem szpiegowi wysadzić w powietrze i fortecy. Zawsze miałby o jedną fortecę mniej. Jeżeli chce wojny, to niechby była wojna". Ale teraz Maciuś nie byłby już głupi, powiedziałby: „Zwyciężyłem ciebie, więc musisz mi dać jeden port i dziesięć okrętów".

Maciuś gości królów

Maciuś był przecież u zagranicznych królów, kiedy go poprosili w gości. Więc wiedział, jak oni robili. Było ładnie, nawet bardzo ładnie. Ale przyjęcie, które Maciuś przygotował dla swoich królewskich przyjaciół, było zupełnie nadzwyczajne. Zresztą przyznali to zgodnie wszyscy królowie. Bo dużo rzeczy było z góry przyszykowanych, a dużo niespodzianek wymyślił Maciuś już podczas pobytu królów. Co dzień co innego: to polowanie, to wycieczka, to przedstawienie w cyrku – z tresowanymi zwierzętami, to walki siłaczów.

Pierwsi przyjechali czarni królowie. Ale też było z nimi kłopotów – o rety. Żeby nie poczciwy Bum-Drum, który podjął się pilnowania porządku w przeznaczonym dla nich letnim pałacu – nie można by dać sobie z nimi wcale rady.

Najgorsze, że o byle co zaczynali się bić. Bili się strasznie dziko. Drapali, gryźli i nawet ich rozerwać nie można było. To znów objadali się przysmakami, które im gotował królewski kucharz, potem płakali, że ich brzuchy bolą, a jak doktor kazał jeden dzień nie jeść, robili awantury, łamali krzesła i tłukli szyby. To znów się bali różnych rzeczy. Król Lum-Bo tak się przestraszył, kiedy zobaczył siebie w lustrze, że trzeba mu było dać kropli, żeby się uspokoił. Król Du-Nko, zamiast zejść ze schodów, zjechał na poręczy, spadł i złamał nogę. Król Mup odgryzł lokajowi palec w złości. A ile było guzów, trudno zliczyć. Król Pu-Bu-Ro przywiózł dwadzieścia żon, które wcale nie były zaproszone. Król Dul-Ko-Cyn w wielkiej tajemnicy przywiózł kiełbasę zrobioną z czterech Murzynów. Znów awantura, kiedy mu kiełbasę odebrano. Król Bra-Put wlazł na drzewo i siedział tam pięć godzin, a jak chciano go zdjąć, pluł, kopał i gryzł. Musiano wezwać strażaków, którzy puścili na niego strumień wody taki silny, że spadł do rozstawionej sieci.

Bum-Drum bardzo się wstydził za swoich ziomków i bał się, że całą uroczystość zepsują. Bo, że się biją u siebie w pałacu – to trudno. Ale co będzie, jak im strzeli do głowy urządzić awanturę na galowym przedstawieniu albo podczas galowego obiadu?

Trzeba wymyślić dla nich: albo rózgi, albo kozę.

Maciuś długo się opierał, ale widział, że inaczej sobie Bum-Drum z nimi nie poradzi.

W jednym z pokojów królewskiego pałacu było muzeum. Tam były różne narzędzia, którymi karał swoich poddanych Henryk Porywczy. Były tam szydła do wykłuwania oczu, kleszcze do wyrywania paznokci i łamania palców, straszne piły do obcinania rąk i nóg, różne żelazne dyscypliny, rzemienie, kije i pałki. Aż włosy stawały na głowie, gdy się na to patrzyło. Nie lubił Maciuś muzeum. W głębi ogrodu wykopana była głęboka studnia, ale bez wody, dokąd wrzucano skazanych na śmierć głodową.

Bum-Drum postanowił z tego skorzystać. I w przeddzień przyjazdu białych królów zaprowadził dzikusów do studni, potem do muzeum tortur — i miał do nich długą przemowę.

Co mówił, Maciuś nie wiedział, ale musiał im bardzo zagrozić, bo sprawowali się na ulicy i na uroczystościach zupełnie przyzwoicie.

Tylko dwa razy ukarał Bum-Drum dzikich królów. Jeden dostał dziesięć batów za odgryzienie palca białemu lokajowi, a drugi siedział cały dzień w żelaznej klatce za awanturę w nocy.

A to tak było:

Zachciało mu się w nocy grać na piszczałce. Mówią, że królowie są zmęczeni i chcą spać, a on nic. Kiedy mu siłą chcieli odebrać piszczałkę, skoczył na szafę i zaczął rzucać na głowy różne wazony i figury, które stały na szafie. A co gorsze, że wyskoczył przez okno do parku i na tarasie zimowego pałacu takiego narobił wrzasku, że obudził wszystkich białych królów. Ci tacy źli, że im spać nie dadzą, dalej do Maciusia na skargę.

— Mało tego, że musimy z tymi małpami siedzieć przy jednym stole i patrzeć, jak oni łapami i bez widelców jedzą, swoje płaskie nosy wycierają palcami — i psują powietrze, że wcale jeść nie można, tak obrzydzają jedzenie, jeszcze w nocy spokoju mieć nie możemy.

Ledwo udało się Maciusiowi wytłumaczyć, że oni się poprawią, że Bum-Drum też był dziki, a w dwa miesiące nauczył się myć pachnącym mydłem, nawet używa wykałaczek.

Groziło już, że biali królowie wyjadą, i z trudem udało się przekonać ich, że mogą jeść osobno, jeśli wolą, że tylko najmniej dzicy Murzyni siedzieć będą razem.

Bo i między czarnymi królami było trzech zupełnie porządnych i wykształconych, którzy nawet nosili spodnie i kołnierzyki i umieli nakręcać gramofon.

Może biali królowie nie ustąpiliby tak łatwo, ale jedni czekali na polowanie, drudzy na walki siłaczy, a wszyscy, czarni, żółci i biali, czekali na fajerwerki.

Żółtych królów przyjechało tylko dwóch. Król Kito-Siwo był już zupełnie jak biały, nosił okulary i mówił po europejsku. A Tsiń-Dań, chociaż inny niż biali, nie był dziki, bo znał etykietę. Z nim był znów inny kłopot. Ten z każdym chciał się witać i żegnać. Niby to nic złego, ale trzeba wiedzieć, jak on się witał. Najprzód składał każdemu królowi czternaście wstępnych pokłonów, potem dwanaście zwyczajnych, dziesięć etykietalnych, osiem ceremonialnych, potem sześć uroczystych, cztery dodatkowe i dwa końcowe. Więc razem było $14 + 12 + 10 + 8 + 6 + 4 + 2$ pokłonów, co trwało czterdzieści dziewięć minut; wstępne pokłony po pół minuty, a wszystkie inne po minucie.

— Od pięciu tysięcy lat robili tak moi przodkowie, więc i ja tak będę robił.

— No dobrze, ale tak można witać się z jednym albo z dwoma królami, a nie z taką chmarą.

„Dziwnie jest na świecie — myślał Maciuś — jedni są za mało grzeczni, a drudzy znów zanadto grzeczni. I jak to wszystko razem pogodzić?"

Król Tsiń-Dań przyjechał z dwoma uczonymi, którym udało się przekonać Tsiń-Dania, że z czarnymi królami, których było najwięcej, wcale nie warto się witać. A białym można składać pokłony nie osobiście, ale przed ich obrazami. Obfotografowano więc wszystkich białych królów na dużych fotografiach i co dzień rano i wieczorem Tsiń-Dań składał im w swoim pokoju ukłony. Skończył z jednym, to stawiali lokaje fotografię drugiego i tak dalej. Tsiń-Dań nigdy nie zdążył na śniadanie, chociaż o dwie godziny wcześniej wstawał i o dwie godziny później się kładł niż inni królowie.

Co się tyczy czarnych królów — choć z tym był spokój. Jedni na powitanie dwa razy wysadzali język, inni cztery razy, inni wsadzali serdeczny palec prawej ręki w lewą dziurkę nosa, jeszcze inni uderzali się piętami w plecy, podskakując do góry trzy, a inni sześć razy.

Zdziwił się Maciuś ogromnie, gdy mu Bum-Drum powiedział, że w ubiegłym stuleciu przez lat piętnaście trwała straszna wojna między dwoma czarnymi królami, wyłącznie o to, że gdy jeden wsadzał na powitanie palec prawej ręki do lewej dziurki nosa, drugi postępował przeciwnie. Zbuntował się cały naród. Wdali się w spór kapłani i inni królowie. Jedni mówią tak, drudzy tak. Zaczęli walczyć, kto ma rację. Palili szałasy i całe wsie, zabijali kobiety i dzieci, brali do niewoli, rzucali lwom na pożarcie niewolników. Aż wybuchła zaraza i był taki głód, że dłużej nie mogli wojować i każdy został przy swoim. I teraz ci dwaj królowie nie witali się wcale i przy stole siedzieli z daleka.

Powiadam: siedzieli przy stole. I to była trudna sprawa. Napocił się poczciwy Bum-Drum, zanim zrozumieli, że krzesła służą do siedzenia, a nie do rozbijania głów...

Ale kto miał prawdziwą uciechę, to dzieci w stolicy Maciusia. Szkoły były zamknięte, bo i tak nikt na lekcje nie przychodził.

Dzicy królowie nie lubili jeździć samochodami, a chodzili pieszo po mieście. A za każdym chmara chłopaków. Miała też i policja za swoje. Po uroczystości prefekt policji skarżył się, że schudł tak, że mu siedem kilo wagi ubyło.

— Bo pomyślcie tylko. Rozleźli się, te małpy, po mieście i pilnuj tu, żeby jaki łobuz kamieniem w nich nie cisnął, żeby ich nie przejechali, no — żeby oni nie zjedli kogo, bo i o to nietrudno było.

Maciuś musiał mu dać order. W ogóle dużo różnych orderów rozdał Maciuś podczas uroczystości: czarni królowie zawieszali sobie ordery w nosach, a biali — na piersiach. I bardzo byli zadowoleni.

Jeszcze miał Maciuś jedną przykrość. Bo czarnym królom nie spodobało się polowanie. I nic dziwnego: nie mogło się podobać polowanie na zające i sarny ludziom, którzy przyzwyczaili się zabijać słonie, tygrysy i krokodyle. Może i białym królom jedno mniej, drugie więcej się podobało, ale byli dobrze wychowani i udawali, że wszystko im się podoba, bo wiedzieli, że Maciuś się stara. A dzicy królowie byli źle wychowani, a może nawet myśleli, że Maciuś z nich zażartował. Bo wszczęli taki piekielny hałas i tak groźnie zaczęli potrząsać łukami i dzidami, w które się na to nieszczęsne polowanie uzbroili, że biali królowie wsiedli do samochodów i chcieli zmykać, a Bum-Drum biegał jak szalony i machał rękami, uspokajając wzburzonych, co mu się wreszcie udało.

Polowanie odbyło się bez przygód. Biali królowie postrzelili nawet dwa dziki, jednego niedźwiedzia — i myśleli, że czarni królowie zrozumieją wreszcie, że i w Europie są niebezpieczne zwierzęta. Ten, który zabił niedźwiedzia, już do końca polowania stał razem z czarnymi, niby jak ich kolega, i na migi chwalił się, że umie strzelać, że jest bardzo ważnym myśliwym. Oglądał ich łuki i strzały, i nawet prosił, że chce nocować w letnim pałacu. A na drugi dzień przy śniadaniu opowiada, że czarni są bardzo mili, że się od nich wiele można nauczyć — i nawet kto wie, czy nie smaczniejsze jest jedzenie, jeżeli się je niesie do ust palcami, a nie ostrymi i zimnymi widelcami.

Stała się rzecz niesłychana: córka Bum-Druma, mała i dzielna Klu-Klu, przyjechała do Maciusia w klatce z małpami.

A było to tak:

Ogród zoologiczny był już zupełnie gotów. Wszystkie zwierzęta umieszczone już były w swoich klatkach. We środę miało się odbyć uroczyste otwarcie ogrodu, a w czwartek oddany będzie do zabawy dzieciom. Ale miała nadejść jeszcze jedna skrzynia z trzema tak rzadkimi małpami, jakich nie posiadał jeszcze żaden biały król w swoim zwierzyńcu.

Klu-Klu – przyjazd do Maciusia

Tę skrzynię mieli rozpakować podczas uroczystości. Otworzyli tak, żeby małpy od razu wbiegły do klatki. Wszyscy stoją i patrzą. Jak tylko odbito deskę, zaraz wyskoczyła do klatki jedna, a potem druga małpa. A trzeciej nie ma. Odsunięto trochę skrzynię od drzwiczek klatki, a tu wyskakuje mała Klu-Klu i rzuca się Bum-Drumowi do nóg, i coś mu po murzyńsku mówi.

Bum-Drum rozgniewał się strasznie i chociaż już nie taki dziki, chciał kopnąć nieposłuszną Klu-Klu, ale Maciuś wziął ją w obronę.

Klu-Klu zrobiła źle, że uciekła z domu. Klu-Klu zrobiła źle, że w nocy sama odbiła skrzynię, jedną małpę wypuściła i sama zajęła jej miejsce. Ale Klu-Klu poniosła już karę. Bo nawet dla murzyńskiego dziecka sześć tygodni jechać w skrzyni z małpami jest rzeczą bardzo nieprzyjemną. A przecież Klu-Klu nie była zwyczajnym czarnym dzieckiem, a przyzwyczajoną do wygód córką królewską. Zresztą i w skrzyni nie miała tych wygód, co małpy, bo nie mogła podchodzić do okienka skrzyni, przez które dawano im żywność, bo się obawiała, żeby jej nie odkryto w drodze i nie odesłano do domu.

— Królu Bum-Drum, przyjacielu Bum-Drum — powiedział wzruszony Maciuś — możesz być dumny ze swojej córki. Na nic podobnego nie zdobyłaby się nie tylko dziewczynka, ale żaden biały chłopak.

— Mogę ci podarować tę niesforną dziewczynę, której tak bronisz — powiedział rozzłoszczony Bum-Drum.

— Dobrze — zgodził się Maciuś — niech zostanie w moim pałacu, niech się uczy, a gdy zostanie królową, będzie taką reformatorką wśród czarnych, jak ja jestem królem-reformatorem wśród białych.

Rzecz dziwna: w godzinę po tej całej awanturze Klu-Klu zachowywała się tak, jak gdyby tu już była bardzo dawno.

A kiedy stary profesor, który znał pięćdziesiąt języków, przemówił do niej po murzyńsku i wytłumaczył, co chce z nią zrobić Maciuś — odpowiedziała od razu:

— Ja tak samo myślałam. Mój złoty, lwi, krokodylowy profesorze, tylko zaraz zacznij mnie uczyć waszego języka, bo inaczej nie mogę powiedzieć, co myślę, a mam plany bardzo ważne, a nie lubię ani czekać, ani odkładać.

Okazało się, że Klu-Klu zna już sto dwanaście europejskich wyrazów, których nauczyła się podczas pobytu Maciusia w Afryce.

— To nadzwyczajne jednak, jaka ta mała ludożerka jest zdolna — dziwił się profesor. — Nadzwyczajną ma pamięć.

Bo Klu-Klu nie tylko pamiętała wyrazy, ale i skąd się każdego wyrazu nauczyła, od kogo słyszała. Okazało się, że siedząc w klatce nauczyła się wielu wyrazów od marynarzy.

**Klu-Klu
— mądrość**

— Fe, Klu-Klu — mówił profesor — skąd ty znasz te brzydkie wyrazy? Chyba nie rozumiesz, co one znaczą.

A Klu-Klu:

— Te trzy wyrazy powiedział tragarz, kiedy brał na plecy klatkę. Te cztery wyrazy powiedział, kiedy się potknął i mało nie przewrócił. Tak mówił nasz przewoźnik, kiedy nam jeść dawał. To krzyczeli marynarze, kiedy byli pijani.

— To smutne, moja Klu-Klu, że takimi wyrazami powitali cię biali — powiedział profesor. — Musisz je prędko zapomnieć. My, biali, ładnie między sobą mówimy. Bardzo chętnie będę cię uczył, miła, dzielna, biedna Klu-Klu.

Aż do końca uroczystości Klu-Klu była na pierwszym planie. We wszystkich wystawach najwięcej było teraz fotografii Klu-Klu. Chłopcy najgłośniej krzyczeli i najwyżej rzucali na wiwat czapki, kiedy ukazała się w samochodzie Klu-Klu. A kiedy podczas otwarcia sejmu dziecięcego Klu-Klu powiedziała w europejskim języku: „W imieniu moich czarnych rodaków, dzieci murzyńskich, witam ten pierwszy na świecie parlament dziecięcy" — zerwała się taka burza oklasków i taki zapanował zachwyt, że nawet Felek, chociaż energiczny, nie mógł sobie poradzić. Aż zirytowany krzyknął do jednego z posłów, który się darł jak szalony:

— Te, słuchaj, jak nie przestaniesz, to dostaniesz w zęby!

To odezwanie się Felka wywarło złe wrażenie wśród białych królów, ale nie dali po sobie poznać.

Chętnie opisałbym szczegółowo wszystkie zabawy i uroczystości, ale zabrakłoby miejsca na opis ważniejszych rzeczy, bo przecież nie o zabawach powinno się pisać w książce o królu-reformatorze. Bo czytelnicy tej książki powinni dobrze pamiętać, że Maciuś nie ot tak zaprosił do siebie gości, a szło mu o ważne sprawy polityczne.

Tu między gośćmi był i stary król ze swoim synem — wrogiem zawziętym Maciusia. Tu był i drugi król, przyjaciel żółtych. Tu był i smutny król, z którym Maciuś już parę razy prowadził dłuższą rozmowę.

— Drogi Maciusiu — mówił smutny król — muszę przyznać, że zacząłeś bardzo odważnie, że twoje reformy są bardzo ciekawe i ważne. Do tej pory idzie ci wszystko dobrze, nawet świetnie. Ale pamiętaj: reformy okupuje się ciężką pracą, łzami i krwią. Ty zaczynasz dopiero. Nie łudź się, że tak zawsze będzie. I nie ufaj zbytnio swym siłom.

— O, wiem — odparł Maciuś — że to trudno.

I powiedział, ile pracuje, ile nocy nie spał, ile razy jadł zimny obiad.

— Najgorsze, że nie mam własnego portu — żalił się Maciuś. — I robią mi trudności z przewożeniem złota.

Zamyślił się smutny król i powiedział:

— Wiesz, Maciusiu, ja myślę, że stary król dałby ci jeden ze swoich portów.

— Ach, gdzie znowu. Syn mu na to nie pozwoli.

— A ja myślę, że pozwoli.

— Ależ on mnie nienawidzi. Zazdrości mi, podejrzewa. Obrażony jest... no, wszystko.

— Tak, to prawda, wszystko prawda. Ale mimo to on się zgodzi.

— Dlaczego? — zdumiał się Maciuś.

— Bo się ciebie boi. Na moją przyjaźń nie może liczyć — uśmiechnął się król. — Drugi król zadowolony, że ustępujesz mu żółtych królów.

— Przecież nie mogę zabierać sobie wszystkiego — odburknął Maciuś.

— No tak, rozumnie jest nie chcieć panować nad całym światem. Ale byli, są i będą tacy, którzy będą próbowali. Może i ty, Maciusiu, spróbujesz.

— Nigdy!

— Oho, ludzie się zmieniają; powodzenie psuje.

— Ale nie mnie.

W tej chwili wszedł stary król z synem.

— O czym tak mówicie, wasze królewskie moście?

— A ot, Maciuś się żali, że nie ma portu. Maciuś ma góry, lasy, miasta, pola, ale nie ma morza ani okrętów. A teraz, kiedy zaprzyjaźnił się z afrykańskimi królami, koniecznie port mu potrzebny.

— I ja tak myślę — odparł siwy król. — Ale na to może się znaleźć rada. W ostatniej wojnie Maciuś nas zwyciężył i przerwał wojnę, nie żądając od nas nagrody. To było bardzo szlachetnie z jego strony. Ale teraz na nas kolej, żeby pokazać, że potrafimy być wdzięczni. Prawda, mój synu, że bez szkody dla siebie możemy ustąpić Maciusiowi część naszego morza i jeden port?

— A za okręty Maciuś nam zapłaci — prędko dokończył syn. — Ma przecież tylu bogatych przyjaciół.

— Ależ najchętniej w świecie — ucieszył się Maciuś.

Wezwano natychmiast ministra spraw zagranicznych i sekretarza stanu, napisano odpowiedni papier, który podpisali wszyscy królowie. Mistrz ceremonii przyniósł skrzynkę i Maciuś przyłożył drżącą ręką pieczęć.

Był najwyższy czas skończyć, bo właśnie zapalili fajerwerki.

Było na co patrzeć. Całe miasto wyległo na ulicę. Park zajęty był przez posłów, wojsko i urzędników. Osobno zajmowali miejsca dziennikarze, którzy z całego świata zjechali się, aby opisywać te cuda do swych gazet. Na balkonach, oknach i na tarasie pałacu zebrali się królowie. Część dzikich królów wdrapała się na dach, żeby lepiej widzieć. Oto płonie wieża. Bengalskie ognie, rakiety, kule zielone, czerwone lecą ku niebu. Węże ogniste. Młynki, raz wraz inne kolory. A okrzyk podziwu wydarł się ze wszystkich piersi, gdy zapalono ognisty wodospad. I wszystko to wśród huku i strzałów.

— Jeszcze, jeszcze! — wołali afrykańscy królowie zdumieni i oczarowani, nazywając Maciusia „Królem Stubarwnego Nieba i Pogromcą Ognia".

Ale trzeba było wcześnie iść spać, bo na jutro rano naznaczony był odjazd.

Sto orkiestr grało na ulicach, kiedy samochody królewskie odwoziły gości na kolej. I dziesięciu królewskimi pociągami opuścili biali, czarni i żółci gościnną stolicę Maciusia.

— Odnieśliśmy wielkie dyplomatyczne zwycięstwo — rzekł prezes ministrów, zacierając ręce w powrotnej drodze.

— Co to znaczy? — zapytał Maciuś.

— Oto geniusz — powiedział prezes. — Wasza królewska mość, nie wiedząc wcale, zrobiłeś rzecz wielką. Zwy-

Maciuś – dyplomatyczne zwycięstwo

ciężać można nie tylko na wojnie: pobić i kazać sobie coś dać za to. Bez wojny dyplomatyczne zwycięstwo — to wycyganić coś potrzebnego. Mamy port, to najważniejsze.

Maciuś wstawał o godzinie szóstej rano. Inaczej nie zdążyłby wszystkiego zrobić. Zmienił teraz plan dnia tak, że codziennie dwie godziny się uczył. Przybyły mu posiedzenia sejmu, a prócz czytania listów musiał przeczytać dwie gazety: dla dorosłych i dla dzieci, żeby wiedzieć, co się w całym państwie dzieje.

Gdy więc pewnego dnia o godzinie ósmej cicho było jeszcze w królewskiej sypialni, zaniepokojono się w pałacu nie na żarty.

— Maciuś musi być chory.

— Ja myślę; dawno można się było tego spodziewać.

— Żaden z dorosłych królów nie pracuje tyle co on.

— Mizerny był ostatnio bardzo.

— I nie jadł prawie nic.

— A żadnej uwagi nie można było zrobić, bo złościł się zaraz.

— Tak, bardzo był niecierpliwy w ostatnich czasach.

— Najlepiej posłać po doktora.

Przyjechał przestraszony doktor i bez zameldowania, bez zastukania nawet, w palcie wszedł, a raczej wbiegł do królewskiej sypialni.

Maciuś przebudził się, przetarł oczy i zapytał niespokojnie:

— Co to się stało, która godzina?

Doktor, bez żadnych wstępów, zaczął mówić bardzo prędko, bo się bał, żeby mu Maciuś nie przerwał:

— Drogi, ukochany Maciusiu, dziecko moje miłe, znam ciebie od kołyski. Stary jestem. Na życiu własnym mi nie zależy. Każ mnie powiesić, rozstrzelać, wsadzić do więzienia, wszystko mi jedno. Twój ojciec, umierając, powierzył ciebie mojej opiece. Nie pozwolę ci wstać z łóżka, i basta. Kto przyjdzie ci głowę zawracać, każę go zrzucić ze wszystkich schodów. Maciuś, ty chcesz w rok zrobić to, co inni królowie robią w dwadzieścia lat. Tak nie można. Patrz, jak ty wyglądasz. Nie jak król, ale jak dziecko ostatniego żebraka. Jeżeli prefektowi policji ubyło na wadze, to on grubas i nawet zdrowo dla niego. Ale tobie, Maciuś, ubyło, a ty przecież rośniesz. O wszystkie dzieci dbasz. Jutro wyjeżdża na wieś dwadzieścia tysięcy dzieci. Dlaczego masz się zmarnować? No, spójrz tylko sam. To dla mnie taki wstyd, taki wstyd, że ja stary niedołęga.

Doktor podał Maciusiowi lustro.

— No, patrz, Maciusiu, patrz.

I stary doktor się rozpłakał.

Maciuś wziął lustro. Prawda! Biały jak papier, wargi blade, oczy podkrążone i smutne, szyja długa i chuda.

— Rozchorujesz się i umrzesz — mówił płacząc doktor — i nie dokończysz swego dzieła. Ty już jesteś chory.

Maciuś odłożył lustro i przymknął oczy. I dziwnie mu przyjemnie, że doktor ani razu nie nazwał go królem, że nie pozwala mu wstać z łóżka i każe zrzucić ze schodów wszystkich, którzy mają do niego interes.

„Jak to dobrze, że jestem chory" — pomyślał Maciuś i wyciągnął się wygodnie na łożu.

Maciuś myślał, że jest tylko zmęczony. Dlatego nie **Maciuś – przemęczenie** chciało mu się jeść, chociaż był głodny. Dlatego nie mógł zasnąć wieczorem, a w nocy miał nieprzyjemne sny. To śniło mu się, że czarni królowie rzucili się na dzieci i zjadają je. To — że wali mu się na głowę ognisty deszcz i parzy go, i pali. To — że obcięli mu dwie nogi i wyjęli jedno oko. To — że siedzi w tej studni, skazany na śmierć głodową. Często bolała go głowa, a na lekcji tak nic nie rozumiał, że mu wstyd było Stasia i Helci, a najwięcej czarnej Klu-Klu, która po trzech tygodniach nauki sama czytała już gazetę, pisała dyktando i umiała pokazać na mapie drogę od Maciusinej stolicy do państwa ojca Bum-Druma.

— A co się robi, jak król jest chory, kto wtedy rządzi? — zapytał Maciuś cichym głosem.

— W lecie i tak parlamenty mają wakacje. Pieniądze są, trzeba je tylko przywieźć. Port jest, okręty są. Domy w lasach wybudowane. Resztę zrobią urzędnicy i ministrowie. A Maciuś pojedzie sobie na dwa miesiące i odpocznie.

— Ale miałem przecież pojechać do portu, który otrzymałem. Miałem obejrzeć okręty.

— A ja nie pozwalam i Maciusia zastąpi doskonale minister handlu i prezes ministrów.

— Miałem być obecny na manewrach.

— A będzie obecny minister wojny.

— A listy dzieci?

— Będzie je czytał Felek.

Maciuś westchnął. Niełatwo zgodzić się na zastępstwo, gdy człowiek przywykł sam wszystko załatwiać. Ale istotnie Maciuś sił nie miał.

Przyniesiono Maciusiowi śniadanie do łóżka, potem mała Klu-Klu opowiadała Maciusiowi śliczne murzyńskie bajki. Potem bawił się pajacykiem, którego bardzo lubił. Potem oglądał śmieszne obrazki w książkach dla dzieci. Potem przyniesiono mu do łóżka jajecznicę z trzech jajek, szklankę gorącego mleka i bułkę ze świeżym masłem. I dopiero po tym wszystkim doktor pozwolił mu ubrać się i usiąść na balkonie na wygodnym fotelu.

Siedzi Maciuś, siedzi i o niczym nie myśli, żadnego nie ma kłopotu, o nic się nie boi. I nikt nie ma do niego żadnego interesu: ani żaden minister, ani mistrz ceremonii, ani dziennikarz, ani nikt, nikt. Siedzi Maciuś i słucha, jak ptaszki ładnie śpiewają w parku. I tak słucha i słucha, aż zasnął i długo spał, aż do samego obiadu.

— A teraz zjemy obiadek — uśmiechnął się doktor. — Po obiedzie przejedziemy się powozikiem po parku. Potem znów drzemka. Potem kąpiel i do łóżka lu-lu spać. A potem kolacja i znów spać.

Maciuś spał — spał, najchętniej spał. Rzadziej mu się teraz coś przykrego śniło. Więcej jadł. W ciągu trzech dni przybyło mu półtora kilo.

— Tak to rozumiem — cieszył się doktor. — Za tydzień, jeśli tak dalej pójdzie, będę znów nazywał Maciusia jego królewską mością. A teraz — to nie król, a chudziątko, zbiedzony sierotka, który opiekował się całym światem, a którym nie miał się kto zaopiekować, bo nie ma mamusi.

Po tygodniu podał mu doktor lustro.

— Już prawie król czy nie?

— Jeszcze nie — odpowiedział Maciuś, któremu dziwnie przyjemny był ten pieszczotliwy ton doktora, któremu dziwnie przyjemnie było, że go traktują jak dziecko i nie nazywają królewską mością.

Maciuś stał się znów żywy i wesoły, z trudem zapędzał go doktor na parę godzin do łóżka.

— A co tam piszą w gazecie?

— W gazecie piszą, że król Maciuś jest chory i tak samo, jak wszystkie dzieci w jego państwie, wyjeżdża jutro na całe lato na wieś, na wypoczynek.

— Jutro? — ucieszył się Maciuś.

— Tak, w samo południe.

— A kto jedzie?

— Ano ja, kapitan z dziećmi, no i chyba Klu-Klu, bo z kim by się tu została?

— No, rozumie się, że Klu-Klu musi pojechać z nami.

Tylko dwa papiery podpisał Maciuś przed wyjazdem: że zastępować go będzie prezes ministrów w sprawach obywateli dorosłych i Felek we wszystkich sprawach dzieci.

Dwa tygodnie nic nie robił Maciuś, tylko się bawił. Zabawy prowadziła Klu-Klu. Różne polowania, wyprawy wojenne, śliczne budowała z gałęzi szałasy i ich nauczyła. Jedne zabawy odbywały się na ziemi, a drugie na drzewach. Z początku Klu-Klu nie umiała chodzić w trzewikach.

— Co to za dziki zwyczaj — skarżyła się — żeby na nogach nosić ubranie. Potem gniewała ją sukienka.

— Dlaczego u was chłopcy inaczej się ubierają niż dziewczęta? To jest zupełnie dziki zwyczaj. Przez to dziewczynki u was są takie niezgrabne. Ani na drzewo nie można się wdrapać, ani przez płot przeskoczyć. Zawsze nieszczęsna sukienka plącze się i plącze.

— Ależ, Klu-Klu, ty chodzisz po drzewach lepiej niż nasi wiejscy chłopcy, nie mówiąc już o Maciusiu i Stasiu.

— Alboż to drzewa? — śmieje się Klu-Klu. — To są patyki, dobre dla dwuletnich dzieci, a nie takiej jak ja dorosłej dziewczyny.

Raz podziwiały dzieci, jak zręcznie przeskoczyła wiewiórka z drzewa na drzewo.

— I ja to umiem — powiedziała żywo Klu-Klu i zanim **Klu-Klu — zwinność** Maciuś, Staś i Helcia zdążyli się połapać, co ona chce zrobić, Klu-Klu zrzuciła sukienkę i sandałki, skoczyła za wiewiórką i rozpoczęła się gonitwa. Wiewiórka skacze z gałęzi na gałąź, a Klu-Klu za nią. Wiewiórka hop z drzewa na drzewo, a Klu-Klu za nią. Z pięć minut trwała gonitwa, aż wiewiórka zmęczona skoczyła na ziemię, Klu-Klu za nią. Myślały dzieci, że się zabije, ale ona tak zręcznie spadając, to chwytała się, to odpychała gałęzie, że spadła na ręce i trzyma wiewiórkę. Złapała ją za kark tak, że wiewiórka nie mogła jej nawet ugryźć.

— Czy to bardzo trujące zwierzątko, ta wasza mała małpka północy?

— Ani trochę. U nas tylko żmije są trujące.

Klu-Klu szczegółowo wypytała, jak wygląda żmija, uważnie przyjrzała się na obrazku i poszła w las. Cały dzień szukali Klu-Klu. Nie ma i nie ma. Dopiero wieczorem wróciła potargana, podrapana i głodna, ale przyniosła w szklanej bańce trzy żywe żmije.

— Jakże ty je złapałaś? — pyta się zdumiony Maciuś.

— Tak, jak się łapie wszystkie jadowite węże — odpowiedziała z prostotą.

Dzieci wiejskie bały się Klu-Klu z początku, ale potem bardzo ją szanowały i lubiły.

— Chociaż dziewucha, a najpierwsza między chłopakami. Mój Boże, jacy to muszą u nich być chłopcy!

— Akurat tacy sami, wcale nie lepsi — tłumaczyła Klu-Klu. — To tylko u białych dziewczynki noszą długie włosy i suknie, i przez to nic nie mogą robić.

Ale nie tylko w rzucaniu kamieniami i strzelaniu z łuku, zbieraniu grzybów i orzechów była Klu-Klu pierwsza. Nie mówię już o botanice, zoologii, geografii i fizyce, w których Klu-Klu była najzdolniejszą uczennicą. Wystarczało jej raz zobaczyć na obrazku jakąś roślinę albo muszelkę, żeby ją poznać zawsze na łące lub w lesie. Dowiedziała się, że jakaś roślina rośnie na błocie, hajda do wiejskich chłopaków na zwiady: gdzie tu są błota?

Klu-Klu – zdolności

— O, daleko, będzie ze dwie mile.

Daleko — może, ale nie dla Klu-Klu. Zakradnie się do kredensu, odłamie pajdę chleba i kawał sera, już jej nie ma.

I nawet jej nie szukają.

— Oho, Klu-Klu gospodarowała w kredensie. Znów jakaś wyprawa.

Wieczór, noc, nie ma Klu-Klu.

Nocowała w lesie, a rano wraca i niesie z triumfem bukiet błotnych kwiatów, a jeszcze i żaby, trytony, jaszczurki i pijawki.

Jej zielnik najbogatszy, jej kolekcja owadów, motyli i kamieni największa. W jej akwarium rodzi się najwięcej ślimaków i pływa najwięcej rybek.

A taka zawsze wesoła i w uśmiechu pokazuje swoje białe, ostre ząbki. Ale umiała być Klu-Klu poważna.

— Ach, Maciusiu, kiedy widziałam przepiękne fajerwerki i ognisty wodospad, myślałam wtedy, co by to było za szczęście, gdyby i czarne dzieci mogły patrzeć na te wasze dziwy. Mam do ciebie, Maciusiu, wielką, wielką prośbę.

— Jaką? — pyta się Maciuś.

— Żebyś sprowadził do swej stolicy sto dzieci czarnych, żeby tak jak ja mogły się uczyć, a potem wróciły do Afryki i nauczyły wszystkiego wszystkie czarne dzieci.

Maciuś nic nie odpowiedział, bo postanowił zrobić Klu-Klu niespodziankę. I tegoż wieczora napisał list do stolicy:

Kochany Felku! Kiedy wyjeżdżałem, ustawiano na dachu telegraf bez drutu. Robota miała być skończona na pierwszego sierpnia. Telegrafem bez drutu mieliśmy się porozumiewać z Bum-Drumem. Więc proszę cię, żebyś pierwszą depeszę wysłał do Bum-Druma taką, żeby przysłał 100 dzieci murzyńskich, dla których otwieram szkołę w mojej stolicy. Tylko proszę Cię, żebyś nie zapomniał.

Poślinił Maciuś kopertę, żeby ją zapieczętować, a tu otwierają się drzwi.

— Felek! Jak to dobrze, że przyjechałeś. Akurat list miałem do ciebie wysłać.

— Przyjechałem w ważnej misji urzędowo — powiedział poważnie Felek.

Wyjął złotą papierośnicę i poczęstował Maciusia cygarem.

— Niech wasza królewska mość skosztuje — prima sort, ekstrafajn, godne królewskiego nosa.

— Ja nie palę — powiedział Maciuś.

— Otóż to właśnie — rzekł Felek. — To źle. Król musi
się szanować i w tej sprawie właśnie urzędowo przyjechałem z misją ratyfikacji mego kontrprojektu. Moje
ultimatum jest takie: po pierwsze, nie jestem już Felkiem, tylko baronem Feliksem von Rauch. Mój sejm nie jest już sejmem dzieci, a Progres-parlamentem, w skróceniu Propar. Dalej, raz trzeba skończyć z tym Maciusiem. Wasza królewska mość ma już dwanaście lat, powinien się uroczyście koronować i nazwać Cezarem Mateuszem Pierwszym. Inaczej wszystkie reformy pójdą do luftu.

Felek – duma, pycha, ambicja

— Ja miałem inny projekt — bronił się Maciuś. — Chciałem, żeby doro-śli wybrali sobie króla, a ja zostałbym Maciusiem, królem dzieci.

— Koncepcja waszej królewskiej mości może być kodyfikowana w swej prymitywnej formie — powiedział Felek — nie śmiem narzucać osobie królewskiej mego moratorium; jednakże, co się tyczy mojej osoby urzędo-wej, pragnę być baronem von Rauch, ministrem Proparu.

Maciuś się zgodził.

Dalej żądał Felek własnej kancelarii, dwóch samochodów i pensji dwa razy wyższej, niż wynosi pensja prezesa ministrów.

Maciuś się zgodził.

Dalej żądał Felek tytułu hrabiego dla dziennikarza Progazu, to jest gazety dzieci, która nazywać się ma Progres[17]-gazeta, w skróceniu Progaz.

Maciuś się zgodził.

Felek miał już gotowe, w stolicy przygotowane do podpisu papiery.
Maciuś podpisał.

---

[17] *progres* — postęp, ruch postępowy (nowoczesny, reformatorski).

Strasznie przykra była dla Maciusia ta cała rozmowa i Maciuś zgodził-by się na wszystko, byle się jak najprędzej skończyła. Maciusiowi tak było teraz dobrze, tak odzwyczaił się od narad i posiedzeń, i tak nie chciał pamiętać ani o tym, co było, gdy tak ciężko pracował, ani o tym, co go czeka, gdy wakacje się skończą — że pragnął, aby Felek możliwie prędko sobie wyjechał.

Pomógł mu w tym doktor, który dowiedziawszy się o przyjeździe Felka wpadł zły do pokoju Maciusia.

— Mój Felku, prosiłem cię, żebyś królowi głowy nie zawracał.

— Panie doktorze, proszę o ton spokojniejszy i o nazywanie mnie tak, jak się istotnie nazywam.

— A jak się istotnie nazywasz? — pyta się zdziwiony doktor.

— Jestem baronem von Rauch.

— Od kiedy?

— Od chwili, kiedy jego królewska mość łaskawie udzielił mi tego tytułu tym oto oficjalnym aktem.

I Felek wskazał na leżący na stoliku papier, na którym nie wysechł jeszcze świeży podpis Maciusia.

Długa służba przy dworze nauczyła doktora karności. Zmienił więc natychmiast ton i spokojnie, ale stanowczo powiedział:

— Panie baronie von Rauch, jego królewska mość jest na urlopie zdro-wotnym, a za przebieg kuracji ja jestem odpowiedzialny. I w imię tej odpo-wiedzialności żądam, aby pan baron von Rauch natychmiast wyjechał, gdzie pieprz rośnie.

— Odpowiesz mi pan za to — zagroził Felek, zabrał papiery do teki i jak niepyszny się wyniósł.

Maciuś szczerze był wdzięczny doktorowi, tym bardziej że Klu-Klu wymyśliła nową zabawę: chwytanie koni na lasso.

Brało się sznurek długi i mocny, przywiązywało na końcu ołowianą gał-kę. Dzieci ustawiały się za drzewami, niby myśliwi. Stajenny wypuszczał dziesięć kuców z królewskiej stajni. One chwytały te kuce na lasso, a potem dosiadały je na oklep i ujeżdżały.

Klu-Klu nie umiała jeździć konno, bo w jej kraju jeździ się na wielbłą-dach i słoniach. Ale szybko się nauczyła. Tylko nie lubiła jeździć po dam-sku i nie znosiła siodła.

— Siodła dobre są dla staruszków, którzy lubią wygodę. A ja, jak jadę na koniu, to chcę siedzieć na koniu, a nie na poduszce. Poduszka dobra jest w nocy w łóżku, a nie przy zabawie.

Ależ uciechę miały dzieci wiejskie tego lata! Bo wszystkie prawie zabawy były wspólne. Ale nie tylko nauczyły się od Klu-Klu nowych zabaw, nowych bajek i piosenek, robienia łuków, szałasów, plecenia koszyków, kapeluszy, nowego sposobu odszukiwania i suszenia grzybów. Klu-Klu, która przed dwoma miesiącami mówić jeszcze nie umiała, została nauczycielką pastuszków, których uczyła czytać.

O każdej nowej literze mówiła Klu-Klu, że jest podobna do jakiegoś robaczka.

— Jakże? Znacie różne muszki, robaki, owady, zioła, znacie ich setki, a głupich trzydziestu literek nie możecie spamiętać. Możecie, tylko wam się zdaje, że to coś bardzo trudnego. Tak samo, jak kiedy się pierwszy raz pływa albo siądzie na konia, albo stanie na lodzie. Wystarczy sobie powiedzieć: to łatwe, i będzie łatwe.

I mówiły pastuszki: czytać jest łatwo. I zaczynali czytać. A ich matki aż w ręce klaskały ze zdziwienia.

— Ależ ta czarna dziewucha jest zuch — no! Nauczyciel gardło sobie cały rok zrywał, bił linią, targał za uszy i za kudły, i nic, jak głąby, a ona powiedziała tylko, że litery to muchy — i nauczyła.

— A jak ona krowę wydoiła, było na co patrzeć.

**Klu-Klu
– mądrość**

— A u mnie cielę zachorowało. Takie dziecko, a tylko spojrzała i mówi: „To cielę zdechnie za trzy dni". I bez niej wiedziałam; boż to jedno cielę mi zdechło? A ona: „Jeżeli u was rośnie — mówi — takie zioło, to mogę cielę uratować". Poszłam z nią, bo byłam ciekawa. Szuka, szuka, to powącha, to pogryzie. „Nie ma — powiada — trzeba będzie to spróbować, bo ma podobną gorycz do tamtego". Nazbierała, dosypała trochę popiołu gorącego, zmieszała wszystko tak zręcznie jak aptekarz, potem wsypała do mleka i daje. A cielę, jakby rozumiało, pije, chociaż gorzkie, niesmaczne; beczy, a pije i oblizuje się. I co powiecie? Zdrowe. No, czy nie dziw?

Kiedy skończyło się lato, i kobiety, i mężczyźni, i dzieci żałowali Maciusia — bo król, i kapitańską parkę — bo grzeczna, i doktora — bo leczył i niejednemu pomógł; ale najwięcej żałowali Klu-Klu.

— Mądre, wesołe i poczciwe dziecko, szkoda, że taka czarna.

— Choć, jak się przyzwyczaić, niebrzydka — dodawali.

Z ciężkim sercem wracał Maciuś do stolicy. A i powitanie nie było przyjemne. Już na stacji zauważył Maciuś, że coś się święci. Dworzec obstawiony był wojskiem. Mniej było flag i kwiatów. Prezes ministrów miał minę trochę zakłopotaną. Był i prefekt policji, który dawniej nie przychodził na powitanie Maciusia.

Siedli do samochodów i jadą, ale innymi ulicami.

— Dlaczego nie jedziemy ładnymi ulicami?

— A bo tam są pochody robotników.

— Robotników? — zdziwił się Maciuś, który przypomniał sobie wesoły pochód dzieci wyjeżdżających na lato do domów, które im w lasach wybudował.

— A dokąd oni wyjeżdżają?

— Oni nie wyjeżdżają, przeciwnie, dopiero niedawno wrócili. To są ci, którzy budowali domy dla dzieci. Już zbudowali te domy i teraz nie mają roboty, więc robią awantury.

I nagle zobaczył Maciuś ten pochód. Szli robotnicy z czerwonymi sztandarami i śpiewali.

— Dlaczego oni mają czerwone sztandary? Przecież narodowe sztandary nie są czerwone.

— Robotnicy mają we wszystkich państwach jednakowe sztandary: czerwone. Oni mówią, że czerwony sztandar jest wszystkich robotników całego świata.

Maciuś zamyślił się.

„A może zrobić tak, żeby dzieci z całego świata — białe, czarne i żółte — też miały jednego koloru sztandar. Jaki by wybrać kolor?" Samochód przejeżdżał akurat przez smutną, szarą, wąską ulicę. Przypomniał sobie Maciuś zielony las, łąkę zieloną na wsi — i głośno powiedział:

— Czyby nie można zrobić tak, żeby dzieci całego świata miały swój zielony sztandar?

— Można — powiedział prezes ministrów i jakoś nieprzyjemnie się skrzywił.

Smutny chodził Maciuś po swoim pałacu i smutna chodziła Klu-Klu.

— Trzeba się wziąć do pracy, trzeba się wziąć do pracy — powtarzał Maciuś, ale mu się okropnie nie chciało.

— Baron von Rauch — zameldował lokaj.

Wszedł Felek.

— Jutro pierwsze posiedzenie powakacyjne Proparu — mówił Felek — zapewne wasza królewska mość zechce im coś powiedzieć.

— A cóż ja im powiem?

— Zwykle królowie mówią, że ich cieszy, że naród wypowie swoją wolę, i życzą powodzenia w pracy.

— Dobrze, przyjadę — zgodził się Maciuś.

Posiedzenie parlamentu dziecięcego – bałagan

Ale nie jechał chętnie. Taki tam będzie pewnie krzyk, tyle dzieci, tak się wszyscy będą patrzyli na niego. Ale kiedy zobaczył Maciuś, że oto zebrały się z całego państwa, żeby radzić, jak rządzić, żeby wszystkim było dobrze i wesoło, jak poznał po ubraniu dzieci wiejskie, z którymi tak niedawno dobrze się bawił, to nowa energia napłynęła w Maciusia i — powiedział bardzo ładną mowę.

— Jesteście posłami — mówił Maciuś. — Do tej pory byłem sam. Chciałem tak rządzić, żeby wam było dobrze. Ale bardzo trudno zgadnąć jednemu, co każdemu potrzeba. Wam jest łatwiej. Jedni wiedzą, co potrzebne w miastach, inni wiedzą, co potrzebne na wsi. Młodsi wiedzą, co potrzebne malcom, inni, co potrzebne starszym dzieciom. Myślę, że kiedyś dzieci z całego świata zjadą się tak, jak niedawno zjechali się królowie — i że białe, czarne i żółte dzieci powiedzą — każdy, co potrzebne. Na przykład łyżwy niepotrzebne są czarnym dzieciom, bo u nich nie ma ślizgawki. Już robotnicy — mówił Maciuś — mają swój czerwony sztandar. Może dzieci wybiorą sobie zielony sztandar, bo dzieci lubią las, a las jest zielony...

I tak długo, długo mówił Maciuś, a posłowie słuchali. I jemu było przyjemnie.

Potem wstał dziennikarz i powiedział, że wychodzi co dzień gazeta dla dzieci, żeby mogły czytać ciekawe nowiny, i jak ktoś chce coś, może napisać. I zapytał się, czy im było dobrze na wsi.

I tu zaczął się taki hałas, że nie wiadomo było, co kto mówi. Na salę weszła policja przywołana przez Felka. Trochę się uciszyło.

Felek powiedział, że kto będzie hałasował, to go się za drzwi wyrzuci, żeby każdy mówił po kolei.

Pierwszy zaczął mówić jeden chłopak w wytartej marynarce i bez butów.

— Ja jestem posłem i chcę odpowiedzieć, że nam wcale nie było dobrze. Nie było żadnych zabaw, jedzenie było złe, a jak padał deszcz, to się z sufitów lała na łeb woda, bo dachy były dziurawe.

— I bielizny nie zmieniali! — krzyknął ktoś.

— Pomyje nam dawali na obiad!

— Jak świniom.

— Nie było żadnego porządku.

— I jeszcze nas bili.

— I zamykali za byle co w komórce.

Znów zaczął się taki krzyk, że trzeba było przerwać na dziesięć minut posiedzenie.

Wyrzucono czterech posłów, którzy najwięcej hałasowali. I dziennikarz w paru słowach wytłumaczył, że od razu trudno było wszystko zupełnie dobrze urządzić, że na przyszły rok będzie lepiej. I prosił, żeby posłowie mówili, czego chcą.

Znów hałas.

— Ja chcę trzymać gołębie! — krzyczy jeden.

— Ja psa.

— Żeby każde dziecko miało zegarek!

— I żeby dzieciom wolno było telefonować.

— I żeby nas nie całowali.

— Kiełbasę.

— Salceson.

— Żeby nam wolno było późno chodzić spać.

— Żeby każdy miał swój rower.

— Żeby każde dziecko miało swoją szafkę.

— I więcej kieszeni. Mój ojciec ma trzynaście kieszeni, a ja tylko dwie. Mnie się nic nie mieści, a jak zgubię chustkę do nosa, to krzyczą.

— Żeby każdy miał trąbę.

— I rewolwer.

— Żeby samochodami jeździć do szkoły.

— Żeby nie było wcale dziewczynek i małych dzieci.

— Chcę być czarnoksiężnikiem.

— Żeby każdy miał swoją łódkę.

— Żeby co dzień chodzić do cyrku.

— Żeby co dzień był śmigus.

— I prima aprilis. I tłusty czwartek.

— Żeby każde dziecko miało swój pokój.

— Żeby dawali pachnące mydło.

— I perfumy.

— Żeby każdemu dziecku wolno było raz na miesiąc stłuc szybę.

— I papierosy palić.

— Żeby nie było ślepej mapy.

— Ani dyktanda.

— Żeby raz przez cały dzień nie wolno było dorosłym nigdzie chodzić, tylko dzieciom.

— Żeby wszędzie królami były dzieci.

— Żeby dorośli chodzili do szkoły.

— Żeby zamiast ciągle czekoladę, dawać pomarańcze.

— I buty.

— Żeby ludzie byli aniołami.

— Żeby każde dziecko miało swój samochód.

— Okręt.

— I dom.

— I kolej.

— Żeby dzieci miały pieniądze i żeby mogły kupować.

— Żeby, jak jest gdzie małe dziecko, żeby musiała być krowa.

— I koń.

— I żeby każdy miał dziesięć morgów ziemi.

Tak trwało z godzinę, a dziennikarz tylko się uśmiechał i wszystko zapisywał. Dzieci ze wsi z początku się wstydziły, ale potem też zaczęły mówić.

Zmęczyło Maciusia to posiedzenie.

— No, dobrze, wszystko zapisali, ale co dalej robić?

— Trzeba ich wychować — powiedział dziennikarz. — Jutro napiszę do gazety sprawozdanie i wytłumaczę, co można i czego nie można zrobić.

Przechodził akurat przez korytarz chłopak, który chciał, żeby wcale nie było dziewczyn.

— Panie pośle — pyta się dziennikarz — co panu dziewczynki przeszkadzają?

— Bo na naszym podwórku jest jedna dziewczyna, to z nią rady nie można dać sobie. Sama zaczepia, a jak jej coś zrobić, żeby ją tylko ruszyć, zaraz zaczyna wrzeszczeć i leci na skargę. I ona tak ze wszystkimi. Więc myśmy uradzili, żeby z nią był koniec.

Dziennikarz zatrzymał drugiego posła.

— Dlaczego pan, panie pośle, nie chce, żeby pana całować?

— Żeby pan miał tyle ciotek co ja, toby się pan nie pytał. Wczoraj były moje imieniny. To mnie tak wyśliniły, że zwymiotowałem całą leguminę z kremem. Jak dorośli lubią się lizać, niech się sami całują, a nam niech dadzą spokój, bo my tego nienawidzimy.

Dziennikarz zapisał.

— A pan, panie pośle. Czy istotnie ojciec pana posła ma tyle kieszeni?

— No, niech pan liczy. W spodniach dwie kieszenie z boku i jedna z tyłu. W kamizelce cztery małe kieszonki i jedna w podszewce. W marynarce dwie w podszewce, dwie z boku i jedna w górze. Na wykałaczkę ojciec ma osobną kieszeń, a ja na klipę nie mam nawet kieszeni. A jeszcze mają szuflady, biurka, szafy, półki. I potem się chwalą, że nic nie gubią i że u nich jest porządek.

Dziennikarz zapisał.

Szło akurat dwóch posłów, którym musiały dokuczyć bardzo małe dzieci. Dlaczego?

— A kto musi niańczyć i kołysać?

— I każą mu ustępować, bo mały.

— I każą dobry przykład dawać. Jak taki malec co zrobi, nie na niego krzyczą, tylko na mnie: „Od ciebie się nauczył". A czy ja jemu kazałem małpować?

Dziennikarz i to zapisał.

Dziennikarz napisał w gazecie, że żaden sejm na świecie nie może zrobić, żeby ludzie byli aniołami albo czarnoksiężnikami, że nie może być co dzień tłusty czwartek i nie można co wieczór chodzić do cyrku. Muszą być i chłopcy, i dziewczynki, małe dzieci i starsze.

Napisane było ostrożnie, żeby nie obrazić posłów. Więc nie było takich słów, jak „pletli głupstwa", „bez sensu" albo „trzeba za uszy". Gazeta pisała tylko, co można, a czego nie można zrobić.

Więcej kieszeni? To można. Wyda się rozkaz krawcom, żeby szyli o parę kieszeni więcej.

No i tak dalej.

Klu-Klu po przeczytaniu gazety była wzburzona:

— Mój drogi Maciusiu, pozwól mi iść na posiedzenie. Już ja im powiem. Dlaczego nie ma dziewczynek w waszym sejmie?

— Są, ale nic nie mówią.

— To ja powiem za wszystkie. Także pomysł: że na jakimś podwórzu jest nieznośna dziewczynka, zaraz nie ma być wcale dziewczynek. A ilu chłopców jest nieznośnych? To i chłopców ma nie być? Nie rozumiem, jak biali ludzie, którzy wymyślili tyle mądrych rzeczy, mogą być jeszcze tacy głupi i dzicy.

Jedzie Klu-Klu z Maciusiem, ale tak jej serce bije, nie, żeby się bała, tylko układa sobie wszystko w głowie, co ma powiedzieć. Patrzą się wszyscy na Klu-Klu, a ona siedzi w królewskiej loży, obok Maciusia, jakby nigdy nic.

Felek otwiera posiedzenie.

Zadzwonił i powiedział:

— Posiedzenie otwarte. Porządek dzienny: O tym, żeby każde dziecko miało zegarek, punkt pierwszy. O tym, żeby dzieci nie całować, punkt drugi. O tym, żeby dzieci miały więcej kieszeni, punkt trzeci. O tym, żeby nie było dziewczynek, punkt czwarty.

W sprawie zegarków zapisało się do głosu piętnastu mówców.

Jeden poseł mówi, że dzieciom potrzebne są zegarki, bo muszą przychodzić do szkoły w porę i nie wolno się spóźniać. Starsi prędzej mogą się obejść bez zegarków, bo umieją lepiej liczyć w pamięci.

— Jeżeli spóźnia się zegar ojca i mamy, dlaczego ja mam za to cierpieć? — mówi drugi mówca. — Jak będę miał własny zegarek, będę pilnował, żeby dobrze szedł.

— Zegarek nie tylko do szkoły nam potrzebny — powiada trzeci poseł.

— Jeżeli spóźnimy się na obiad albo wieczorem, oni krzyczą na nas. A co my winni, że nie wiemy, która godzina, jeżeli nie mamy zegarków?

— A do zabawy także potrzebny zegarek — mówi czwarty poseł. — Jak się ścigamy albo próbujemy się, kto dłużej będzie stał na jednej nodze, także bez zegarka jest niewygodnie.

— A jak wynajmujemy łódkę na godzinę, to nas oszukują. Mówią, że już godzina, a to kłamstwo, a musimy płacić za godzinę.

Felek znów zadzwonił.

— Przystępujemy do głosowania. Zdaje mi się, że jednogłośnie przejdzie uchwała, że dzieciom potrzebne są zegarki.

Znalazło się jednak dziewięciu posłów, którzy nie chcieli zegarków. Zaraz dziennikarz podbiegł do nich i pytał się, dlaczego nie chcą.

— Bo zaczniemy kręcić i zepsujemy. Bo szkoda pieniędzy, bo można zgubić. Bo jak chodzić na rękach, to wypadnie i potłucze się. Bo i dorośli nie wszyscy mają zegarki, więc będą zazdrościli i będą się mścić. Bo nie są potrzebne. Bo tatuś odbierze, sprzeda i przepije pieniądze.

Felek znów zadzwonił.

— Uchwała zapadła większością wszystkich głosów przeciw dziewięciu.

Jednogłośnie przeszła uchwała, że dzieci nie chcą, żeby je każdy miał prawo całować, że nie lubią głaskania, nie chcą, żeby je sadzać na kolanach, żeby je klepać i pieścić. Dla rodziców można zrobić jakiś wyjątek, ale dla ciotek — nie. Wybrano komisję, która miała opracować dokładnie ustawę. I wtedy jeszcze raz będzie głosowanie.

W punkcie trzecim porządku dziennego uchwalono, że dziewczynki mają mieć dwie kieszenie, a chłopcy — sześć.

Klu-Klu była oburzona. Dlaczego dziewczynki mają mieć trzy razy mniej albo o cztery kieszenie mniej niż chłopcy? Ale nic nie mówi i czeka, co będzie dalej.

Felek zadzwonił: sprawa dziewczynek.

I zaczęło się:

— Dziewczynki beksy. Dziewczynki pleciuchy. Dziewczynki skarżuchy. Dziewczynki udają. Delikatne. Dziewczynki niezdary. Dziewczynki dumne. Dziewczynki się obrażają. Dziewczynki mają sekrety. Dziewczynki drapią.

A biedne dziewczynki-posłowie siedzą i tylko łzy mają w oczach. Aż tu z loży królewskiej odzywa się Klu-Klu:

— Proszę o głos.

Zrobiło się cicho.

— W moim afrykańskim kraju chłopcy i dziewczynki tak samo są zręczni, tak samo szybko biegają, drapią się na drzewa i fikają koziołki. A u was nie wiem, co się dzieje. Chłopcy kłócą się ciągle z dziewczynkami, przeszkadzają w zabawach, a sami nie chcą się z nimi bawić. Patrzę i widzę, że nie wszyscy, ale więcej chłopców jest łobuzów niż dziewczynek.

— Oho, ho — rozległy się głosy.

Felek zadzwonił, żeby nie przeszkadzać.

— Chłopcy są niedelikatni, chłopcy się biją, chłopcy mają brudne ręce i uszy, chłopcy niszczą ubrania, chłopcy oszukują i kłamią.

— Oho, ho — rozległy się głosy.

Felek zadzwonił, żeby nie przeszkadzać.

— Chłopcy wydzierają stronice z kajetów i niszczą książki. Nie chcą się uczyć. Hałasują. Szyby tłuką. Korzystają z tego, że w Europie dziewczynki są słabsze, bo noszą sukienki, mają długie włosy...

— To niech obetną sobie włosy.

— I niech włożą spodnie.

Felek dzwoni.

— ...dziewczynki są słabsze, więc chłopcy je krzywdzą. A potem jeszcze udają niewiniątka.

I nagle zerwała się burza. Jedni tupią, drudzy gwiżdżą na palcach. Krzyczą jeden przez drugiego:

— Patrzcie ją: będzie nas uczyć!

— Ty masz białe ręce!

— Do klatki z małpami!

— Królewska narzeczona!

— Żona Maciusia!

— Maciuś, Maciuś, Burek, idź na piec mruczeć!

— Kanarek. Siądź na grządce i śpiewaj!

Najwięcej darł się jeden. Skoczył na fotel poselski, czerwony taki i wrzeszczy. Felek go znał: łobuz spod ciemnej gwiazdy. Antek — złodziej kieszonkowy.

— Antek, jak Boga kocham — krzyknął Felek — wszystkie zęby ci wybiję!

— Spróbuj. Patrzcie go: minister. Baron von Rauch. Felek-kartofelek. Pamiętasz, jakeś przekupkom jabłka z koszyków kradł? Baran, baran!

Felek cisnął w Antka kałamarz i dzwonek. Posłowie podzielili się na trzy grupy. Jedni uciekali co tchu z sali posiedzeń, a dwie pozostałe grupy zaczęły się prać.

Blady jak kreda Maciuś patrzył na to wszystko.

A dziennikarz szybko notował.

— Panie baronie von Rauch, niech się pan uspokoi. Nic się złego nie stało. To się krystalizują stronnictwa — powiedział do Felka.

I Felek istotnie się uspokoił, bo posłowie zupełnie o nim zapomnieli i bili się między sobą.

Och, jak Klu-Klu korciło, żeby po gzymsie spuścić się z loży królewskiej na salę, a złapać jeden fotel poselski, a pokazać tym zuchwalcom, jak umieją się bić afrykańskie dziewczęta. Wiedziała Klu-Klu, że wszystko ona narobiła, żal jej było Maciusia, że przez nią ma takie zmartwienie. Ale nie żałowała, niech wiedzą. I cóż jej powiedzieli, że czarna? Wie o tym. Do klatki z małpami? Ano, była: niech z nich który spróbuje. Narzeczona Maciusia? Więc co takiego? Gdyby tylko Maciuś chciał się z nią ożenić! Szkoda tylko, że głupia europejska etykieta nie pozwala wziąć udziału w tej walce.

Jak oni się biją! I to chłopcy. Niezdary, niedołęgi, fujary. Biją się już dziesięć minut, a nikt nie zwyciężył. Przyskakują i odskakują jak koguty, a połowę uderzeń dostaje powietrze.

Jak Felek głupio rzucił kałamarz i dzwonek. Gdyby Klu-Klu poczęstowała Antka nie dwoma, ale jednym przedmiotem, nie stałby teraz jak triumfator na stole.

I Klu-Klu nie wytrzymała. Skoczyła, jedną ręką złapała się poręczy, potem żelaznej sztachetki, lekko stanęła na gzymsie, odbiła się — impet spadku osłabiła, chwytając się za kinkiet elektryczny, przeskoczyła przez stół dziennikarzy zagranicznych, odepchnęła jak naprzykrzone muchy pięciu napastników Antka.

— Chcesz się bić?

Zamachnął się Antek, ale pożałował. Tylko cztery uderzenia otrzymał, a właściwie jedno, bo Klu-Klu uderzyła naraz głową, nogą i dwiema rękami. I Antek leżał na podłodze z rozbitym nosem, zdrętwiałym karkiem, bezwładną ręką i trzema wybitymi zębami.

„Biedni ci biali: jakie oni mają słabe zęby" — pomyślała Klu-Klu.

Skoczyła do stołu ministra, zamoczyła chusteczkę w szklance wody i przyłożyła Antkowi do nosa.

— Nie bój się — uspokajała go — ręka nie jest złamana. U nas po takim pobiciu leży się dzień, wy delikatniejsi, to pewnie za tydzień dopiero będziesz zdrów. A za zęby bardzo cię przepraszam. O, nasze dzieci są znacznie silniejsze od białych.

Śmiertelnie obrażony wrócił Maciuś do pałacu. Nigdy, ale to nigdy noga jego w sejmie dziecięcym nie postanie.

Czarnoksiężnikami ich robić, lalki im dawać do samego nieba, głupcom takim.

Taka czarna niewdzięczność. Taka zapłata za jego pracę, jego dobre zamiary, jego podróże, w których omal nie postradał życia – jego bohaterską obronę kraju. Szkoda, że zaczął to wszystko. Dach im przeciekał, jedzenie było niedobre, zabaw nie było. A w jakim państwie dzieci mają taki ogród zoologiczny? A mało było fajerwerków, muzyki wojskowej? Gazetę dla nich wydaje. Nie warto było. Ta sama gazeta jutro obwieści całemu światu, że go kotem-Burkiem i Maciusiem-kanarkiem nazwali. Nie, nie warto było.

I Maciuś kazał powiedzieć, że ani listów dzieci czytać nie będzie, ani po obiedzie audiencji nie będzie: nie chce dawać więcej prezentów. Dosyć!

Maciuś zatelefonował do prezesa ministrów, żeby zaraz przyjechał w bardzo ważnej sprawie; chciał się poradzić, co robić.

– Proszę mnie połączyć z prywatnym mieszkaniem prezesa ministrów.

– A kto mówi?

– Król.

– Prezesa ministrów nie ma w domu – powiedział prezes ministrów nie wiedząc, że Maciuś pozna po głosie.

– A przecież pan ze mną rozmawia teraz – mówi Maciuś przez telefon.

– Ach, to wasza królewska mość, ach, przepraszam bardzo, ale nie mogę przyjść, bo jestem chory i zaraz położę się do łóżka. Dlatego mówię, że mnie nie ma w domu.

Maciuś odłożył telefon.

– Kłamie – mówi chodząc po gabinecie wzburzony. – Nie chce przyjść, bo już wie o wszystkim. Nikt mnie już teraz nie będzie szanował, śmiać się ze mnie będą.

Ale lokaj zameldował wizytę Felka i dziennikarza.

– Prosić! – rozkazał Maciuś.

– Przyszedłem zapytać się waszej królewskiej mości, jak mam napisać w gazecie o dzisiejszym posiedzeniu Proparu. Można nic o tym nie pisać, ale będą plotki. Więc może napisać, że posiedzenie było burzliwe, że baron von Rauch podał się do dymisji, to znaczy, że się obraził i nie chciał już być ministrem. Ale król się nie zgodził i baron von Rauch zostaje ministrem i król mu daje order.

— A o mnie co pan napisze?

— Ależ nic. Przecież o takich rzeczach się nie pisze, bo to nieładnie. Najtrudniejsza sprawa, co zrobić z Antkiem. Antek jest posłem, więc nie można mu dać batów. Posłowie mogą się pobić między sobą, ale rząd nie ma prawa im nic robić, bo są nietykalni. Zresztą dostał już od Klu-Klu i może się uspokoi.

Maciuś był bardzo zadowolony, że nie napiszą w gazecie, że Antek się z niego śmiał — i chętnie Antkowi przebaczył.

— Jutro posiedzenie zacznie się o dwunastej.

— To mnie wcale nie obchodzi, bo ja nie przyjdę.

— To źle — powiedział dziennikarz. — Mogą pomyśleć, że wasza królewska mość się boi.

— Więc co robić? Przecież jestem obrażony — mówi Maciuś ze łzami w oczach.

— To przyjdzie delegacja posłów przeprosić waszą królewską mość.

— Dobrze — zgodził się Maciuś.

Dziennikarz poszedł, bo musiał zaraz pisać do gazety, żeby jutro rano było już wszystko wydrukowane.

A Felek został.

— A mówiłem ci wtedy, żebyś się przestał nazywać Maciuś.

— No i co? — przerwał podrażniony Maciuś. — Ty nazwałeś się baronem von Rauch, a nazwali cię baranem. To jeszcze gorzej niż mnie. Kot to nic złego przecież.

— Dobrze. Ale ja jestem tylko ministrem, a ty jesteś królem i gorzej, żeby król był kotem-Maciusiem niż minister baranem.

Klu-Klu nie poszła na posiedzenie, a Maciuś musiał. Z początku było mu nieprzyjemnie, ale wszyscy tak cicho siedzieli i mowy były takie ciekawe, że Maciuś zapomniał wreszcie o tym, co było wczoraj.

Posłowie mówili dziś o czerwonym atramencie i żeby się z dzieci nie śmiać.

— Jak nauczyciele poprawiają kajety, zawsze czerwonym atramentem, a my musimy pisać czarnym. Jeżeli czerwony atrament jest ładniejszy, my chcemy też ładnie pisać.

— Tak — powiedziała poseł-dziewczynka — i do kajetów powinni w szkole dodawać papier na obłożenie. Bo okładka może się zabrudzić. I jakieś pieczątki, jakieś kwiatki albo coś, żeby można kajet przystroić.

Kiedy dziewczynka skończyła mówić, rozległy się oklaski. W ten sposób chłopcy chcieli pokazać, że wcale nie gniewają się na dziewczynki, a wczorajszą awanturę zrobiło tylko kilkunastu łobuzów. A jeżeli na parę setek posłów jest garstka łobuzów, to wcale znów nie tak dużo.

Bardzo długo mówiono, że dorośli śmieją się z dzieci.

— Jak się o coś zapytać, to albo krzyczą na nas i złoszczą się, albo się z nas śmieją. Tak być nie powinno. Dorośli myślą, że wszystko wiedzą, a tak wcale nie jest. Mój tatuś nie mógł wyliczyć przylądków w Australii i wszystkich rzek w Ameryce; nie wiedział, z jakiego jeziora wypływa Nil.

— Nil nie jest w Ameryce, tylko w Afryce — odezwał się z miejsca inny poseł.

— Wiem lepiej od ciebie. Tylko tak dla przykładu powiedziałem. Dorośli nie znają się na markach pocztowych, nie umieją gwizdać na palcach i dlatego mówią, że to nieładnie.

— Mój wujek umie gwizdać.

— Ale nie na palcach.

— A może i na palcach? Skąd wiesz?

— Głupi jesteś.

Może znów wynikłaby kłótnia, ale przewodniczący zadzwonił i powiedział, że nie wolno posłów nazywać głupcami, że będzie za to wykluczał z posiedzenia.

— A co znaczy wykluczać z posiedzenia?

— To jest parlamentarne wyrażenie. W szkole mówi się: wyrzucić za drzwi.

Tak posłowie powoli uczyli się, jak trzeba się sprawować na sejmie.

Pod koniec posiedzenia wszedł jeden spóźniony poseł.

— Przepraszam, że się spóźniłem — mówi — ale mama nie chciała wcale pozwolić, bo wczoraj podrapali mi nos i nabili guza.

— To jest nadużycie. Poseł jest nietykalny i nie mogą mu w domu zabronić iść na posiedzenie. Co to będzie za porządek? Jak jego wybrali na posła, musi radzić. W szkole też mogą zadrapać nos czasem, a rodzice nie zabraniają.

Tak zaczął się spór między dziećmi i dorosłymi, a to był dopiero początek.

Bo trzeba powiedzieć to, o czym ani Maciuś, ani posłowie jeszcze nie wiedzieli: że za granicą o parlamencie dziecinnym zaczęły pisać gazety. I dzieci zaczęły coraz częściej rozmawiać w szkołach i w domu. I jak im niesprawiedliwie postawili zły stopień albo się na nich gniewali, zaraz mówiły:

— Żebyśmy mieli swoich posłów, toby tego nie było.

A w małym państwie królowej Kampanelli w południowej Europie o coś się dzieci pogniewały i urządziły strajk. Ktoś się dowiedział, że dzieci chcą mieć tak jak robotnicy swój własny sztandar, że sztandar ma być zielony. Więc urządziły pochód z zielonym sztandarem.

Dorośli bardzo się gniewali:

— Nowa historia. Mało mamy kłopotu z robotnikami i ich czerwonym sztandarem, teraz się znów zacznie z dzieciakami. Tego tylko brakowało.

Maciusia bardzo wiadomość ucieszyła, a w gazecie dzieci napisany był o tym duży artykuł pod nagłówkiem:

Ruch się zaczyna.

Pisało tam, że w państwie królowej Kampanelli jest ciepły klimat i dzieci są tam bardziej gorące. Dlatego tam pierwsze zaczęły domagać się praw.

Niedługo zielony sztandar przyjęty będzie przez wszystkie dzieci całego świata. I wtedy dzieci zrozumieją, że nie powinny się bić, i będzie porządek. I wszyscy ludzie będą się kochali. I wcale nie będzie wojen. Bo jak nauczą się nie bić, jak są małe, nie będą się biły, jak urosną.

Król Maciuś — pisało w gazecie — *pierwszy powiedział, żeby dzieci miały zielony sztandar. Król Maciuś to wymyślił i teraz może zostać królem dzieci nie tylko w swoim państwie, ale na całym świecie.*

Królewna Klu-Klu jedzie do Afryki i tam wszystko wytłumaczy dzieciom murzyńskim. Będzie dobrze. Dzieci będą miały takie same prawa jak dorośli i będą obywatelami.

Dzieci będą się słuchały nie dlatego, że się boją, tylko że same chcą, żeby był porządek.

Wiele jeszcze innych rzeczy ciekawych pisali w gazecie. I Maciuś dziwił się bardzo, że smutny król mówił, że tak trudno być reformatorem, że reformatorzy najczęściej marnie kończą, a dopiero po śmierci ludzie widzą, że oni dobrze radzili — i ustawiają im pomniki.

„A mnie wszystko idzie dobrze, żadne niebezpieczeństwo mi nie grozi. Miałem i ja wprawdzie sporo zmartwień i kłopotów, ale na to musi być przygotowany każdy, kto rządzi całym narodem."

Aż tu raz przed sejmem zebrała się młodzież, to jest ci, którzy skończyli lat piętnaście. Zebrali się wszyscy, jeden wdrapał się na latarnię i krzyczy:

— O nas zupełnie zapomnieli! My także chcemy mieć posłów. Dorośli mają swój sejm, dzieci mają swój sejm, a my mamy być gorsi? My na to nie pozwolimy, żeby się takie szczeniaki rozporządzały. Jeżeli malcom dają czekoladę, nam niech dają papierosy. To niesprawiedliwe.

Akurat posłowie idą na posiedzenie, a ci ich nie puszczają.

— Ładni posłowie, którzy jeszcze tabliczki mnożenia nie umieją, a stół piszą przez „u", chociaż się mówi „stoły".

— A niektórzy wcale pisać nie umieją.

— Oni mają rządzić!

— Precz z takim rządem!

Prefekt policji zatelefonował, żeby Maciuś siedział w domu, bo jest awantura. A tymczasem puścił konną policję, która zaczęła rozpędzać tłum. Ci nie chcą się rozejść, zaczynają rzucać w policję, co kto miał: książki, śniadania. I już niektórzy zaczynają wyrywać kamienie z bruku ulicznego. Wtedy prefekt policji wszedł na balkon i krzyczy:

— Jeżeli nie pójdziecie, wezwę wojsko! A jak na wojsko kto rzuci kamieniem, to najprzód strzelą w powietrze, a jak nie pomoże, będą do was strzelać.

Nic nie pomogło, nawet się jeszcze bardziej rozzłościli; wyłamali drzwi i wtargnęli na salę posiedzeń.

— Nie ruszymy się stąd, dopóki nie dostaniemy takich samych praw jak dzieci.

Wszyscy potracili głowy, nie wiedzą, co robić. A tu nagle w królewskiej loży pokazuje się Maciuś, który nie posłuchał prefekta policji i przyjechał sam, żeby się dowiedzieć, co to za awantura.

— Chcemy mieć także sejm, chcemy mieć posłów, chcemy mieć prawa! — naprzód krzyczą, potem wrzeszczą tak, że już nawet nie wiadomo, co kto mówi.

Maciuś stoi i nic. Czeka. A ci widzą, że nic z tego nie będzie, więc sami zaczęli sykać: „Cicho, no już, no przestańcie". Wreszcie ktoś krzyknął: „Król chce mówić!" I zrobiło się cicho.

Maciuś mówił długo i mądrze. Bo im przyznał słuszność.

— Obywatele — mówi Maciuś — wam się należą prawa, tak. Ale wy już niezadługo będziecie dorośli i wejdziecie do sejmu dorosłych. Zacząłem od dzieci, bo sam jestem jeszcze mały — i lepiej wiem, czego potrzeba dzieciom. Od razu nie można zrobić wszystkiego. I tak mam dużo pracy. Jak urosnę i będę miał piętnaście lat, i już u dzieci będzie porządek, wezmę się do was.

— A my wtedy nie potrzebujemy łaski, bo będziemy już w parlamencie dorosłych.

Widzi Maciuś, że tak źle, więc inaczej mówi:

— A zresztą, dlaczego się nas czepiacie? Wy już macie wąsy i palicie papierosy, więc idźcie do tamtego parlamentu, niech was tam przyjmą.

Najstarsi, którzy naprawdę już mieli trochę wąsów, pomyśleli: „Rzeczywiście. Po co nam jakiś smarkaty sejm? My możemy być już w prawdziwym parlamencie".

A młodzi wstydzili się powiedzieć, że nie palą papierosów, więc też powiedzieli:

— Dobrze.

I poszli sobie. A jak szli do sejmu dorosłych, wojsko ich nie puściło. Stanęli z nastawionymi bagnetami i zatrzymali pochód. Ci chcą wracać, a z tyłu też wojsko. Więc rozdzielili się — i jedni weszli w jedną ulicę na prawo, a drudzy — na lewo. Potem się znów rozdzielili, a wojsko z tyłu najeżdża i goni. I tak ich rozdzielili na małe kupki i dopiero policja zaczęła ich aresztować.

Kiedy się Maciuś o tym dowiedział, bardzo się gniewał na prefekta policji, bo tak wyglądało, że król ich oszukał. Ale prefekt się tłumaczył, że nie może inaczej.

Więc Maciuś kazał rozlepić na rogach ulic ogłoszenia, żeby wybrali trzech najmądrzejszych i przyszli do niego na audiencję, to się z nimi rozmówi.

A tu wieczorem proszą króla na posiedzenie ministrów.

— Jest źle — mówi minister oświaty. — Dzieci nie chcą się uczyć. Jak im nauczyciel coś każe, to się śmieją. „A co pan nam zrobi? A nie chcemy. A pójdziemy na skargę do króla. A powiemy naszym posłom." I nauczyciele nie wiedzą, co mają robić. A starsi wcale już się nie chcą słuchać. „Te smyki będą rządzić, a my mamy kuć, nie ma głupich. Jak nie mamy swoich posłów, możemy i szkół nie mieć." Dawniej mali bili się z małymi, a teraz starsi dokuczają małym i drażnią ich: „Idź, poskarż się przed swoim posłem". I ciągną ich za uszy, i biją. Nauczyciele mówią, że jeszcze dwa tygodnie będą czekali, ale jak się nie uspokoi, nie chcą być więcej nauczycielami. Już i tak paru odeszło. Jeden założył sobie budkę z wodą sodową, a drugi założył fabrykę guzików.

— W ogóle dorośli są bardzo niezadowoleni — powiedział minister spraw wewnętrznych. — Wczoraj jeden pan w cukierni mówił, że dzieciom przewróciło się w głowach, że zdaje im się, że mogą robić, co chcą — i że tak hałasują, że można zwariować. Skaczą po kanapach, w pokoju grają w piłkę, włóczą się bez pozwolenia po ulicach i tak strasznie drą ubrania, że niedługo chodzić będą chyba tak jak Murzyni. Ten pan mówił jeszcze inne rzeczy, ale tego nie mogę powtórzyć. Kazałem go aresztować i ma sprawę o obrazę króla, czyli majestatu.

— Już wiem, co zrobię — powiedział Maciuś. — Tak zrobię: niech wszyscy, którzy się uczą, będą urzędnikami. Oni tak samo piszą, rachują, pracują i chodzą do szkoły, jak urzędnicy chodzą do biur i tam pracują. Więc za ich pracę należy się zapłata. Będziemy im płacili. Wszystko nam jedno, czy dajemy czekoladę, łyżwy i lalki, czy pieniądze. A dzieci będą wiedziały, że muszą robić, co do nich należy, bo inaczej nie dostaną pensji.

— Można spróbować — zgodzili się ministrowie.

Maciuś zupełnie zapomniał, że teraz on już nie rządzi, tylko parlament, więc kazał napisać takie ogłoszenie i rozwiesić na rogach ulic.

A tu od samego rana wpada dziennikarz taki zły i mówi:

— Jeżeli wasza królewska mość będzie wszystkie ważne wiadomości rozlepiał, po co jest gazeta?

A za nim Felek:

— Jeżeli wasza królewska mość sam wydaje nowe prawa, od czego są posłowie?

— Tak — przyznał dziennikarz. — Baron von Rauch ma rację. Król może tylko powiedzieć, że tak chce zrobić, ale dopiero posłowie powiedzą, że pozwalają tak zrobić. A może oni wymyślą coś lepszego?

Widzi Maciuś, że się pośpieszył niepotrzebnie. Co to będzie teraz?

— Niech wasza królewska mość zatelefonuje, żeby tymczasem wydawali dalej czekoladę, bo może być rewolucja. A dziś jeszcze omówimy tę sprawę na posiedzeniu.

Złe miał Maciuś przeczucia — i stało się naprawdę coś bardzo złego. Bo naprzód postanowili, żeby całą sprawę oddać na naradę komisji. Ale Maciuś się nie zgodził.

— Jak komisja ma coś zrobić, trzeba długo czekać. A nauczyciele powiedzieli, że tylko dwa tygodnie będą czekali, a jak nie, to sobie pójdą, i koniec.

Dziennikarz podszedł do Felka i coś mu mówił do ucha. Felek uśmiechał się bardzo zadowolony i kiedy Maciuś skończył, poprosił o głos.

— Panowie posłowie — powiedział Felek. — Ja chodziłem do szkoły i wiem, co się tam dzieje. W ciągu jednego roku niesprawiedliwie stałem w ławce siedemdziesiąt razy, w kącie stałem niesprawiedliwie sto pięć razy, za drzwi niesprawiedliwie byłem wyrzucony sto dwanaście razy. I myślicie, że tak było w jednej szkole? Wcale nie. Ja uczyłem się w sześciu różnych szkołach i wszędzie było tak samo. Dorośli nie chodzą do szkół, więc nie wiedzą, jak tam jest wszystko niesprawiedliwie. Ja myślę, że jeżeli nauczyciele nie chcą czekać, nie chcą dzieci uczyć, to można wydać prawo, żeby uczyli dorosłych. Jak dorośli zobaczą, jak to przyjemnie, nie będą nas zaganiać ciągle do książki, a nauczyciele zobaczą wtedy, że z dorosłymi jest gorzej, bo się nie dają — i przestaną na nas gadać.

I posypały się skargi na szkołę i na nauczycieli. Ten niesprawiedliwie został na drugi rok, tamten zrobił tylko dwa błędy i dostał zły stopień, tamten spóźnił się, bo go noga bolała, i stał w kącie, inny nie mógł nauczyć się wierszy, bo mały brat wydarł akurat tę stronicę, a nauczycielka powiedziała, że to wykręty.

Kiedy już posłowie się zmęczyli i byli głodni, Felek oddaje pod głosowanie projekt:

— Komisja obmyśli, co zrobić, żeby w szkole wszystko było sprawiedliwie, i czy płacić dzieciom za naukę jak urzędnikom. A tymczasem do szkół mają chodzić dorośli. Kto się zgadza, niech podniesie rękę. — Paru posłów chciało jeszcze coś powiedzieć, ale większa część podniosła rękę i Felek powiedział:

— Sejm prawo uchwalił.

Nie można wcale opisać, co się działo w państwie Maciusia, kiedy się ludzie dowiedzieli o postanowieniu sejmu dziecięcego.

— Co to za nowe porządki? — złościli się jedni. — Dlaczego mają rozkazywać? My mamy swój sejm i my się możemy nie zgodzić. Niech ich sejm postanawia, co mają robić dzieci, a nie mają prawa mówić, co my mamy robić.

— No dobrze, my będziemy chodzili do szkoły, a kto będzie pracował? — pytali się drudzy.

— A niech sobie dzieci robią teraz wszystko, kiedy tak rozporządziły. Zobaczą, że nie tak łatwo, jak im się zdaje.

— Zobaczymy — tłumaczyli spokojniejsi. — Może nawet dobrze się stało. Jak dzieci przekonają się, że nie umieją, że bez nas nic nie potrafią, to będą nas więcej szanowały.

I bezrobotni nawet się cieszyli:

— Ten Maciuś mądry król. Myśmy już chcieli robić rewolucję, a on tak wymyślił, że jest dobrze. Od tego kopania i noszenia cegieł bolą nas kości; a tak będziemy sobie siedzieli wygodnie na ławkach i jeszcze nauczymy się ciekawych rzeczy.

— A ile nam będą płacili?

Rządy dzieci w kraju Maciusia

Więc wyszło prawo, że za naukę płaci się tak samo, bo nauka — to także praca. I wyszło prawo, że dzieci będą wszystko robiły, a dorośli mają chodzić do szkoły.

Było strasznie dużo zamieszania, bo chłopcy najwięcej chcieli być strażakami, szoferami, a dziewczynki chciały być sklepowymi w sklepach z zabawkami i w cukierniach. A niektórzy, jak zawsze bywa, głupstwa mówili: jeden chłopak chciał być katem, a jeden chciał być Indianinem, a jeden wariatem.

— Przecież wszyscy nie mogą robić tego samego.

— To niech kto inny robi. Dlaczego ja mam robić to, czego inni nie chcą?

I w rodzinach dużo było sporów, jak dzieci oddawały rodzicom swoje książki i kajety.

— Wy zniszczyliście książki i poplamiliście kajety, a teraz będą na nas krzyczeli, że jesteśmy brudasy — mówi mama.

— Zgubiłeś ołówek, a teraz nie mam czym rysować i nauczycielka będzie się gniewała — mówi ojciec.

— Śniadanie się spóźniło, to napisz mi teraz zaświadczenie, że się przez śniadanie spóźnię do szkoły — mówi babcia.

A nauczycielki bardzo się cieszyły, że choć trochę wypoczną, bo dorośli są spokojniejsi.

— Damy dzieciom przykład, jak trzeba się uczyć — mówiły.

A byli tacy, co się śmieli z tego wszystkiego, byli weseli i cieszyli się, że jest coś nowego.

— Przecież i tak długo nie potrwa — mówili wszyscy.

Bardzo dziwnie wyglądało miasto, jak dorośli szli z książkami do szkoły, a dzieci szły do biur, do fabryk i do sklepów, żeby ich zastąpić. Niektórzy byli bardzo smutni i wstydzili się, a inni nic sobie nie robili.

— No to co? Znów jesteśmy dziećmi. A bo to źle być dzieckiem?

Przypominali dawne czasy, nawet spotykali się koledzy, którzy dawniej razem na jednej ławce siedzieli. Przypominali sobie starych nauczycieli, różne zabawy i psoty.

— Pamiętasz starego łacinnika? — pyta się kolegi inżynier fabryki.

— A pamiętasz, jakeśmy się pobili raz — o co nam wtedy poszło?

— Aa, wiem. Kupiłem scyzoryk i ty powiedziałeś, że nie jest stalowy, tylko żelazny.

— I siedzieliśmy w kozie.

Jeden doktor i jeden adwokat tak się przejęli tymi opowiadaniami, że zupełnie zapomnieli, że już nie są małymi chłopakami, i zaczęli się spychać do rynsztoka i gonić, aż przechodząca nauczycielka musiała im zwrócić uwagę, że na ulicy trzeba się zachowywać przyzwoicie, bo ludzie patrzą.

Ale niektórzy byli bardzo źli. Jedna pani bardzo gruba, właścicielka restauracji, idzie z książkami do szkoły, ale taka zła, że strach. A tu ją poznał jeden mechanik.

— Patrz, idzie ta kwoka. Pamiętasz, jak ona nas zawsze oszukuje: dolewa wody do wódki i za kawałek śledzia liczy tak jak za całego. Wiesz co, podstawimy jej nogę. Jak jesteśmy dzieci — to dzieci. No nie?

Podstawił jej nogę. Mało się nie przewróciła. Kajety jej się rozsypały.

— Łobuzy! — krzyczy gruba pani.

— Ja nienaumyślnie.

— Poczekajcie, powiem nauczycielce, że nie dajecie spokojnie przejść przez ulicę.

Za to dzieci szły bardzo spokojnie i poważnie, i o godzinie dziewiątej już wszystkie biura i wszystkie sklepy były otwarte.

A w szkołach dorośli pousiadali. Staruszkowie usiedli na ostatnich ławkach i bliżej pieca. Oni myśleli sobie, że podczas lekcji będzie można się trochę zdrzemnąć.

Ano, czytają, piszą, rachują. Wszystko dobrze. Nauczycielki egzaminują, czy dużo zapomnieli. Parę razy tylko nauczycielka się gniewała, że nie uważają. I naprawdę dosyć trudno było uważać, bo każdy myślał, co się dzieje w domu, w fabryce, w sklepie, jak tam dzieci gospodarują.

Dziewczynki chciały się pokazać, że dobrze gospodarują, żeby pierwszy obiad był taki smaczny jak nigdy. Ale było im trudno, bo nie wszystkie umiały.

— Wiesz co, może zamiast zupy dać konfitury?

Idą do sklepu kupić.

— Ach, jak drogo. W żadnym sklepie nie jest tak drogo.

— Pójdę kupić gdzie indziej.

Jedne dzieci targowały się, żeby pokazać, że tanio kupują. A te znowu, które sprzedawały, chciały się pochwalić, że dużo utargowały. Więc handel szedł aż miło.

— Proszę jeszcze dziesięć pomarańcz.

— I funt rodzynków.

— I sera szwajcarskiego. Tylko żeby się nie przypalił, bo odniosę.

— Moje sery są w najlepszym gatunku, a pomarańcze mają cienką skórkę.

— To dobrze, a ile mam zapłacić?

Sprzedający niby liczy, ale nie bardzo mu idzie.

— A ile masz pieniędzy?

— Sto.

— To za mało. Tyle różnych rzeczy więcej kosztuje.

— To ja później przyniosę.

— No dobrze.

— Ale proszę mi wydać resztę.

— Głupia jesteś. Dajesz za mało i jeszcze chcesz resztę.

Trzeba przyznać, że nie bardzo grzecznie obchodzono się w sklepach i w urzędach, i często się słyszało takie zdania, jak:

„Głupi. Kłamiesz. To się wynoś. Nie, to nie. Nie stawiaj się. Patrzcie no. Czego się zachciewa. Odczep się" i tak dalej.

I często się słyszało:

„Poczekaj, jak mama wróci ze szkoły..."

Albo:

„Poczekaj, wszystko tatusiowi powiem, już niedługo szkoła się skończy".

Najwięcej przeszkadzali ulicznicy, bo wpadali do sklepów, jedli i nie chcieli wcale płacić.

Niby była policja. Stali chłopcy na rogach ulic, ale jeszcze dobrze nie wiedzieli, co mają robić.

— Patrz, co ty za policjant? Wpadli do sklepu, złapali garść suszonych śliwek i uciekli.

— A dokąd uciekli?

— A bo ja wiem?

— No, jak nie wiesz, więc co ja ci poradzę?

— Jak jesteś policjant, to powinieneś patrzeć.

— Dobrze. Ty masz jeden sklep i nie możesz upilnować, a ja mam pięćdziesiąt sklepów do pilnowania.

— Głupi jesteś.

— No, to głupi. A jak ci się nie podoba, to mnie nie wołaj i już.

Wychodzi policjant, a szabla mu się plącze.

— Także pretensja: chce, żeby aresztować złodzieja, a nie wie, gdzie jest. Psia służba. Stój jak ten słup i patrz na wszystko. I żeby mi choć dała jabłko albo co, to nie. Powiem, że nie chcę być więcej policjantem i koniec. Niech sobie robią co chcą. Mogę wrócić do szkoły, jak im się nie podoba.

Wracają rodzice ze szkoły, dzieci otwierają im drzwi i pytają się:

— Czy mamusia wydawała?

— Czy tatuś dobrze zrobił zadanie?

— Z kim babcia siedzi na ławce?

— Na której ławce?

A znów inne dzieci wracają z biur i wstępują do szkoły, żeby ojca albo mamę odprowadzić do domu.

— No, co robiłeś w biurze? — pyta się ojciec.

— A nic. Siedziałem przy biurku, potem trochę wyglądałem przez okno, bo pogrzeb szedł, potem zacząłem palić papierosa, ale był gorzki. Potem leżały tam jakieś papiery, to wszędzie podpisałem swoje nazwisko. Potem przyszło trzech panów, ale mówili po jakiemuś, pewnie po francusku albo po angielsku, to im powiedziałem, że nie rozumiem. Potem miała być herbata, ale nie było, więc tylko zjadłem cukier. A potem telefonowałem do różnych kolegów, co oni robią, ale telefony się poplątały czy co — więc tylko jeden mi odpowiedział, że pracuje na poczcie. I tam jest dużo listów z zagranicznymi markami.

Obiady w niektórych domach były dobre, ale w innych wszystko się przypaliło albo wcale nie mogli rozpalić ognia. Więc prędko trzeba było gotować.

— Muszę się śpieszyć — mówi mama — bo mam na jutro dużo lekcji zadanych. Pani powiedziała, że dorosłym trzeba więcej zadawać. To jest niesprawiedliwe. W innych szkołach mniej zadają.

— A czy stał kto w kącie?

Mama się trochę zawstydziła, ale powiedziała, że stali.

— A za co?

— Na czwartej ławce siedziały dwie panie, podobno kiedyś się znały, mieszkały razem na letnim mieszkaniu czy coś, więc przez całą lekcję gadały. Pani im dwa razy mówiła, żeby przestały, a one nie — dalej gadają. Aż je pani postawiła do kąta.

— Czy płakały?

— Jedna jeszcze się śmiała, a druga miała łzy w oczach.

— A chłopcy was nie zaczepiają?

— Tak trochę.

— To zupełnie tak samo jak u nas — cieszyły się dzieci.

Siedzi Maciuś w gabinecie i czyta gazetę, w której dokładnie opisane jest wszystko, jak ten pierwszy dzień przeszedł. Gazeta przyznawała, że jeszcze nie ma wielkiego porządku, że telefony bardzo źle działają, że listy na poczcie jeszcze nie są ułożone, jak potrzeba, że wczoraj jeden pociąg się wykoleił, ale ile osób jest rannych, nie wiadomo, bo telegrafy się poplątały. Ale trudno, dzieci jeszcze się nie przyzwyczaiły. Każda reforma wymaga czasu. Żadna reforma nie odbyła się bez znacznych wstrząśnień w życiu gospodarczym kraju.

Zresztą komisja pracuje nad tym, żeby dokładnie opracować prawo o szkołach, żeby nauczyciele i dzieci, i rodzice, żeby wszyscy byli zadowoleni.

Aż tu nagle wpada Klu-Klu uradowana, klaszcze w ręce, podskakuje do góry.

— Nowina, zgadnij, co się stało?

— Co takiego? — pyta się Maciuś.

— Tysiąc czarnych dzieci przyjechało.

Maciuś zapomniał nawet, że w swoim czasie posłał telegrafem bez drutu do króla Bum-Drum zaproszenie dla stu dzieci, ale w drodze papuga, czy coś, stuknęła dziobem, czy czymś, i dopisało się jeszcze jedno zero, i wyszło, że Maciuś, nie sto, ale tysiąc dzieci zaprasza.

Stropił się Maciuś, ale Klu-Klu była uszczęśliwiona.

— To jeszcze lepiej. Jeżeli więcej dzieci od razu nauczy się, będzie można zrobić porządek od razu w całej Afryce.

I Klu-Klu wzięła się nie na żarty do roboty. Ustawiła wszystkie dzieci w parku. Te, które znała i wiedziała, że są porządne, zrobiła setnikami, to znaczy, że każde z nich brało pod opiekę sto. A te znowu wybierały po dziesięciu dziesiętników. Każdy dziesiętnik dostał jeden pokój w letnim pałacu, a setnicy mieszkali w zimowym pałacu Maciusia. Klu-Klu wszystko powiedziała setnikom, co w Europie robić wolno, a co nie. Setnicy zaraz to samo powtórzyli dziesiętnikom, a ci znowu swoim dziesiątkom.

— Tak samo będą się uczyć.

— Ale jak oni będą spali?

— Tymczasem mogą spać na podłodze. Przecież są jeszcze dzicy i im wszystko jedno.

— A co będą jedli? — pyta się Maciuś. — Przecież kucharze chodzą do szkoły.

— Tymczasem mogą jeść surowe mięso. Przecież są jeszcze dzicy, im wszystko jedno.

Klu-Klu nie lubiła tracić czasu i zaraz po obiedzie miała pierwszą lekcję. A tak zrozumiale tłumaczyła, że po czterech godzinach już trochę wiedzieli i zaczęli uczyć dziesiętników.

I byłoby wszystko dobrze. Ale wpada znów konny posłaniec, że dzieci otworzyły przez nieostrożność klatkę z wilkami w zoologicznym ogrodzie — i wszystkie wilki wyleciały. W mieście ludzie tacy nastraszeni, że nikt nie chce wyjść na ulicę.

— Nawet mój koń nie chciał jechać, aż musiałem go bić żelazną szpicrutą — mówił posłaniec.

— A po co było wypuszczać wilki?

— To nie wina dzieci — mówi konny posłaniec. — Dozorcy poszli do szkoły, a nic nie powiedzieli dzieciom, które ich miały zastąpić, że klatki otwierają się na mechaniczne rygle. Więc one nie wiedziały i otworzyły.

— A ile było wilków?

— Dwanaście. A najgorszy jeden. Zupełnie nie wiem, jak go teraz złapać.

— A gdzie są te wilki?

— Nie wiadomo: uciekły. Ludzie mówią, że je widzieli na mieście, że biegają po ulicach. Ale nie można wierzyć, bo są przestraszeni i każdego psa nazywają wilkiem. Już puścili plotkę, że wszystkie zwierzęta uciekły z klatek. Jedna kobieta przysięgała się, że ją gonił tygrys, hipopotam i dwa węże-okularniki.

Kiedy się dowiedziała o tym Klu-Klu, zaraz wypytała się, co to za zwierzęta wilki, bo w Afryce nie ma wilków, więc ich nie znała.

— Czy one ryczą, jak mają napaść? Czy skaczą? Czy chwytają zębami, czy drą pazurami? Czy mają dobry słuch, węch, wzrok?

Aż wstyd było Maciusiowi, że tak mało wie, ale co wiedział, to wytłumaczył.

— Ja myślę — powiedziała Klu-Klu — że one się ukryły w samym ogrodzie. Pójdę z setnikami i załatwię to bardzo prędko. Ach, jaka szkoda, że nie uciekły także lwy i tygrysy. To byłoby lepsze polowanie.

Idzie Maciuś, idzie Klu-Klu i jeszcze dziesięciu Murzynów. A ludzie stoją w oknach i patrzą. A na ulicy nie ma ani jednego człowieka. Puściusieńkie zupełnie. Sklepy pozamykane. Tak, jakby całe miasto wymarło. Aż wstyd było Maciusiowi, że biali tacy tchórze.

Ale doszli do ogrodu — i zaczęli bić w kotły i dąć w piszczałki. Hałas, jakby całe wojsko szło. A tam były takie krzaki, taki gąszcz.

— Stać! — zawołała Klu-Klu. — Przygotować łuki! Tam się coś rusza.

Wybiegła Klu-Klu, skoczyła na drzewo — i ledwo złapała się gałęzi, a tu na nią takie wielkie wilczysko. Oparł się wilk, pazurami drapie pień drzewa i wyje, a tamte mu odpowiadają.

— To ich przewodnik! — krzyczy Klu-Klu. — Teraz już tamte możecie zapędzić do klatki. Obejdźcie krzaki i z tamtej strony je wystraszcie.

Tak też zrobili. Wilki, przestraszone, pędem uciekają, ci strzelają do nich z łuków, ale niedużymi strzałami, biją mocno w te swoje bębny. Jeden z prawej strony, drugi z lewej. I nie przeszło pięć minut, jak jedenaście wilków siedziało w klatce.

Zaraz zamknęli klatkę. A ten dwunasty zobaczył, że został sam jeden, więc dał susa i gdzieś popędził.

Klu-Klu zeskoczyła z drzewa.

— Prędzej — krzyczy — nie dać mu uciec z ogrodu!

Ale było już za późno. Wilk jak oszalały wybiegł na miasto. I teraz mieszkańcy już naprawdę widzieli, jak wilk biegnie przez ulicę, a za nim Klu-Klu i dziesięciu Murzynów. Na samym końcu dopiero szedł Maciuś. Gdzieżby mógł ścigać się z dzikusami! Spocony, zmęczony, ledwo trzymał się na nogach. Aż go jakaś poczciwa staruszka poprosiła do swego mieszkania i dała mleka i bułki.

— Jedz, królu Maciusiu — mówi — dobry ty jesteś król. Ja mam osiemdziesiąt lat, różnych królów widziałam. Byli gorsi, byli lepsi, a takiego jak ty nie było. I o nas starych pomyślałeś, dałeś nam szkołę, takie dobrodziejstwo, jeszcze nam płacisz za naukę. Mam syna w dalekich krajach, on pisze do mnie co pół roku, a ja chowam listy, ale ich czytać nie umiem. A dać do przeczytania obcym ludziom nie chcę, bo może tam jest jaka tajemnica, a może mnie oszukają i co innego powiedzą. A teraz będę mogła się dowiedzieć, co się z nim dzieje. A nauczycielka powiedziała, że jak się postaram, za dwa miesiące sama będę mogła do niego napisać. To się dopiero mój chłopak ucieszy.

Wypił Maciuś mleko, pocałował staruszkę w rękę, podziękował i poszedł.

A wilczur tymczasem skoczył do kanału i tam siedzi. A Klu-Klu chce tam wleźć.

— Co? Nie pozwolę! — krzyczy Maciuś. — To jest kanał podziemny, tam jest ciemno. Albo się udusisz, albo cię ten wilk rozszarpie.

Uparła się Klu-Klu, wzięła nóż myśliwski w zęby i włazi do kanału.

Klu-Klu
– bohaterstwo Nawet Murzyni byli przestraszeni, bo w ciemności walczyć z dzikim zwierzęciem jest najniebezpieczniej.

Postał Maciuś, postał, aż sobie przypomniał, że ma elektryczną latarkę. Więc niewiele myśląc, spuścił się w kanał. Taka wąska rura — gdzie oni się podzieli? A tu pod ziemią dopiero sklepienie, dołem płynie woda — błoto takie i nieczystości, które spływają z rynsztoków. Smród, aż dusi.

— Klu-Klu! — woła Maciuś, a echo się odbija ze wszystkich stron, bo kanały przechodzą pod całym miastem. I Maciuś nie wie, czy mu Klu-Klu odpowiada, czy nie. Zapala Maciuś i gasi latarkę, bo boi się, że się wyczerpie i zupełnie zgaśnie. Aż tu w jednym przejściu, gdy stał po kolana w wodzie, usłyszał łomot.

Zapalił latarkę. Jest i Klu-Klu i wilk. Klu-Klu uderzyła wilka nożem w gardło, a wilk ją zębami za rękę. Klu-Klu prędko przełożyła nóż w drugą rękę i znów wilka. A on puścił rękę, nachylił mordę i już ją ma chwycić zębami za brzuch. A jakby przegryzł kiszki, to już byłby koniec. Dopiero Maciuś rzuca się na wilka, aż mu latarką dotknął ślepiów. A w drugiej ręce rewolwer. Wilk zęby wyszczerzył, tak go światło oślepiło. A Maciuś mu kulę w samo oko.

Klu-Klu zemdlała. Maciuś ciągnie ją, a boi się, że nie uradzi, że się Klu-Klu w tym błocie utopi. A sam ledwo się trzyma na nogach. I mogło być źle, ale tam na górze nie próżnowały murzyńskie dzieci. Nie pozwoliła im Klu-Klu zejść, to prawda, ale jak długo będą tu stali jak gapy? Więc wleźli w podziemną rurę, zaraz zauważyli światełko. I wynieśli najprzód Klu-Klu, potem Maciusia, a w końcu zabitego wilka.

— Maciuś, coś ty narobił? — mówi smutny król. — Maciuś, opamiętaj się, bo grozi ci wielkie niebezpieczeństwo. Szkoda, żebyś się zmarnował. Przyjechałem cię ostrzec. Boję się, że przyjechałem za późno. Byłbym przyjechał już tydzień temu, ale od czasu jak dzieci prowadzą pociągi, koleje wasze są do niczego. Od samej granicy musiałem jechać na chłopskich furach. Może i lepiej się stało, bo przejeżdżałem przez różne wsie i miasteczka i wiem, co mówi o tobie naród. Maciusiu, jest źle, wierzaj mi.

Smutny król w największej tajemnicy opuścił swoje państwo i przyjechał ratować Maciusia.

— A co się stało takiego? — zapytał się Maciuś wzburzony.

— Stało się dużo złego, tylko ciebie oszukują, przed tobą ukrywają, ty nic nie wiesz.

— Wiem wszystko — obraził się Maciuś — co dzień przecież czytam gazetę. Dzieci powoli się przyzwyczajają, komisja pracuje. A żadna reforma nie może wejść w życie bez wstrząśnień. Wiem, że jest nieporządek.

— Słuchaj, Maciuś, ty czytasz tylko jedną gazetę, tylko swoją gazetę. Tam wszystko kłamią. Przeczytaj inne gazety.

I smutny król położył na biurku paczkę przywiezionych gazet. Maciuś rozwijał powoli gazety. Czytał tylko wypisane dużymi literami nagłówki gazet; nie potrzeba było czytać, żeby wiedzieć, o czym tam piszą. Maciusiowi pociemniało w oczach:

Król Maciuś zwariował.
Król żeni się z afrykańską małpą.
Panowanie czarnych diabłów.
Minister-złodziej. Ucieczka szpiega z więzienia.
Gazeciarz-Felek baronem.
Wysadzenie w powietrze dwóch fortec.
Nie mamy ani armat, ani prochu.
W przeddzień wojny.
Ministrowie wywożą klejnoty.
Precz z królem-tyranem.

— To właśnie — krzyknął Maciuś — są same kłamstwa! Co za panowanie czarnych diabłów? Że dzieci murzyńskie przyjechały się do nas uczyć? One są pożyteczne. Jak wilki uciekły z klatki, one z narażeniem życia zagoniły je do klatki, a Klu-Klu ma całą rękę poszarpaną. Jak nie miał kto czyścić kominów, bo białe dzieci nie chciały, i zaczęły się pożary, to czarne dzieci są kominiarzami. Mamy armaty i mamy proch. Ja wiem, że Felek był gazeciarzem, ale złodziejem nie był, a ja nie jestem tyranem.

— Maciusiu, nie gniewaj się, bo to nic nie pomoże. Mówię ci, że jest źle. Chcesz, pójdziemy na miasto, sam się przekonasz.

Przebrał się Maciuś za zwyczajnego chłopca, smutny król też był zwyczajnie ubrany. I wyszli.

Maciuś świadkiem katastrofalnej sytuacji w kraju

Przechodzą koło tych samych koszar, obok których przechodził wtedy z Felkiem, gdy po raz pierwszy wykradł się na wojnę w nocy z pałacu. O, jaki był wtedy szczęśliwy. Jak nic nie rozumiał, jaki był dziecinny. Teraz już wszystko wie i niczego się nie spodziewa.

Siedzi koło koszar stary żołnierz, fajkę pali.

— Co tam słychać w wojsku?

— Ano nic: dzieci gospodarują. Wystrzelały na wiwat naboje, popsuły armaty. Nie ma wojska już.

I zapłakał.

Przechodzą koło fabryki. Siedzi robotnik, trzyma książkę na kolanach, wierszy na jutro się uczy.

— Co tam słychać w fabrykach?

— A wejdźcie, to zobaczycie. Teraz każdemu wolno wchodzić.

Wchodzą. W kantorze papiery porozrzucane, główny kocioł pękł. Maszyny stoją. Paru chłopców kręci się po sali.

— Co wy tu robicie?

— Ano, przysłali tu nas pięciuset, żeby robić. Tamci powiedzieli: „Nie ma głupich", i poszli sobie na wagary. A nas tak ze trzydziestu, no przyszliśmy. Nic nie wiemy, wszystko zepsute. Tamci odeszli, a my trochę zamiatamy. Rodzice w szkole, w domu się nudzi. I nieprzyjemnie brać pieniądze, jak się nic nie robi.

Połowa sklepów na ulicach zamknięta, chociaż już wszyscy wiedzieli, że wilki w klatce.

Weszli do jednego sklepu. Bardzo miła dziewczynka sprzedawała.

— Moja panienko, dlaczego tyle sklepów jest zamkniętych?

— Bo wszystko ukradli. Policji nie ma, wojska nie ma. Łobuzeria włóczy się po ulicy i grabi. Co kto miał, zaniósł do domu i schował.

Wstąpili na dworzec kolei. Na środku leżał rozbity pociąg.

— Co to się stało?

— Zwrotniczy poszedł grać w piłkę, a naczelnik stacji poszedł łowić ryby. A maszynista nie wiedział, gdzie hamulec ratunkowy i ot: stu ludzi zabitych.

Maciuś zagryzł wargi, żeby nie wybuchnąć płaczem.

Niedaleko dworca był szpital. I tu niby dzieci opiekowały się chorymi, a doktorzy, jak mieli mniej lekcji zadanych, wpadali na pół godzinki. Ale to niewiele pomogło. Chorzy jęczeli i umierali bez pomocy, a dzieci płakały, bo się bały i nie wiedziały, co robić.

— No cóż, Maciusiu, wrócimy chyba do pałacu?

— Nie, muszę iść do mojej gazety rozmówić się z dziennikarzem — odpowiedział Maciuś spokojnie, ale widać było, że się w nim wszystko gotuje.

— Ja nie mogę tam iść z tobą — powiedział smutny król — bo mogą mnie poznać.

— Ja niedługo wrócę — powiedział Maciuś i szybko iść zaczął do redakcji.

A król popatrzył za nim, popatrzył, pokiwał głową i wrócił do pałacu.

Maciuś nie szedł teraz, a biegł. Ręce zacisnął w pięści i czuł, jak odzywa się w nim krew Henryka Porywczego.

— Poczekaj, ty złodzieju, ty kłamczuchu, ty oszuście! Odpowiesz ty mi za wszystko.

Wpadł Maciuś do pokoju dziennikarza. Przy biurku siedział dziennikarz, Felek leży na kanapie i pali cygaro.

— A, i ty tu jesteś?! — krzyknął raczej, niż powiedział Maciuś. — Tym lepiej, rozmówię się z wami dwoma. Coście wy zrobili?

— Wasza królewska mość zechce spocząć — zaczął swoim cichym, miłym głosem dziennikarz.

Maciuś drgnął. Teraz już był pewien, że dziennikarz jest szpiegiem. Dawno mu to już serce mówiło, ale teraz zrozumiał wszystko.

— A masz, ty szpiegu! — krzyknął Maciuś i już miał strzelić do niego z rewolweru, z którym się od czasu wojny nie rozstawał, gdy szpieg błyskawicznym ruchem schwycił Maciusia za rękę. Kula uderzyła w sufit.

— Dzieciom się rewolwerów nie daje — powiedział z uśmiechem dziennikarz i tak mocno ściskał rękę Maciusia, jakby mu mięso odchodziło od kości. Ręka się sama otworzyła, dziennikarz rewolwer schował do biurka i zamknął na klucz.

— Teraz możemy spokojnie porozmawiać. Więc co wasza królewska mość ma mi do zarzucenia? Że broniłem waszej królewskiej mości w mojej gazecie, że uspokajałem i tłumaczyłem, że chwaliłem Klu-Klu? Za to wasza królewska mość nazywa mnie szpiegiem i chce do mnie strzelać?

— A to głupie prawo w szkołach?

— Cóż ja winien? Przez głosowanie postanowiły tak dzieci.

— Dlaczego pan nie napisał w gazecie, że nasze fortece wysadzone w powietrze?

— O tym powinien był donieść minister wojny. Naród o takich rzeczach nie powinien wiedzieć. To jest tajemnica wojskowa.

— A dlaczego pan się tak wypytywał o pożar w lasach zagranicznego króla?

— Dziennikarz musi się o to wszystko pytać, bo z tego, co wie, wybiera potem wiadomości do gazety. Gazetę moją wasza królewska mość czytał codziennie. Czy źle w niej pisało?

— O, bardzo dobrze, aż za dobrze — boleśnie roześmiał się Maciuś.

Dziennikarz spojrzał Maciusiowi prosto w oczy i zapytał:

— Czy wasza królewska mość i teraz jeszcze nazwie mnie szpiegiem?

— Ja cię nazwę! — krzyknął nagle Felek zrywając się z kanapy.

Dziennikarz zbladł, z wściekłością spojrzał na Felka i zanim obaj chłopcy mogli się opamiętać, już stał we drzwiach.

— Zobaczymy się niezadługo znów, smarkacze! — zawołał i zbiegł szybko po schodach.

Dziennikarz szpiegiem

Przed domem nie wiadomo skąd się wziął samochód. Dziennikarz coś powiedział szoferowi.

— Trzymaj, łapaj! — krzyczał Felek przez okno, które z rozmachem otworzył.

Ale było za późno: samochód znikł na rogu.

Zresztą, kto go miał zatrzymać? Tylko przed domem zebrało się trochę gapiów i dzieci i patrzyli, co to za hałas.

Maciuś zdziwiony był tym, co się stało, a Felek z płaczem rzucił mu się do nóg.

— Królu, zabij mnie! Królu, to wszystko moja wina! — ryczał Felek. — O, ja nieszczęśliwy. Co ja narobiłem!

— Poczekaj, Felek, później pomówimy o wszystkim spokojnie — co się stało, to się już nie odstanie. W niebezpieczeństwie trzeba być spokojnym i rozważnym. Trzeba myśleć nie o tym, co było, a o tym co być powinno, co będzie, co musi być.

Chciał Felek zaraz opowiedzieć, ale Maciuś nie chciał tracić ani chwili czasu.

— Słuchaj, Felek, telefony zepsute. Mam tylko ciebie jednego. Czy wiesz, gdzie mieszkają ministrowie?

— Ja bym czego nie wiedział? Oni na różnych ulicach mieszkają. Ale to nic. Nogi mam dobre: dwa lata byłem gazeciarzem. Pewnie chcesz ich wezwać?

— I natychmiast!

Maciuś spojrzał na zegarek.

— Jak długo ci potrzeba na drogę?

— Pół godziny.

— Dobrze. Więc za dwie godziny mają być u mnie w sali tronowej. I powiedz, że jeżeli który powie, że chory, to niech pamiętają, że jestem potomkiem Henryka.

— Przyjdą, już ja im powiem! — krzyknął Felek.

Zrzucił buty, elegancki tużurek z orderem. Na biurku stała flaszka z tuszem drukarskim. Felek zasmarował spodnie, ręce, trochę twarz — i na bosaka puścił się kłusem zwoływać ministrów. A Maciuś szybko pobiegł w stronę pałacu królewskiego, bo przed posiedzeniem ministrów chciał się jeszcze rozmówić ze smutnym królem.

— Gdzie ten pan, który rano ze mną rozmawiał? — pyta się zdyszany, ledwo mu Klu-Klu drzwi otworzyła.

— Ten pan wyszedł i zostawił list na biurku.

Wpada Maciuś do gabinetu, bo miał złe przeczucia, łapie list, a tam jest tak napisane:

Drogi, kochany Maciusiu!
Stało się to, czego się najbardziej obawiałem. Muszę Cię opuścić. Drogi
Maciusiu, gdybym nie znał Ciebie, zaproponowałbym Ci, abyś wspólnie ze
mną wyjechał do mojego kraju, ale wiem, że się nie zgodzisz. Jadę północną
szosą, gdybyś chciał, mógłbyś mnie dogonić konno w dwie godziny. Zatrzy-
mam się w karczmie. Zaczekam. Może. Jeżeli nie, pamiętaj, że jestem Twoim
przyjacielem. Ufaj mi nawet wtedy, kiedy będziesz sądził, że Cię zdradziłem.
Cokolwiek zrobię, to dla Twego dobra. Błagam Cię o jedno: to musi być taje-
mnica. Nikt, ale to nikt nie może o tym wiedzieć. List spal koniecznie. Natych-
miast go spal. Żal mi Ciebie, biedne dziecko, sieroto samotny, bardzo bym
chciał oszczędzić Ci choć część nieszczęść, które Ciebie czekają. Może jednak
pojedziesz ze mną? List ten spal koniecznie.

Maciuś szybko przeczytał list, zapalił świecę, przytknął koniec papieru.
Papier zaczął się tlić. Buchnął płomieniem, zwijał się w trąbkę: sczerniał.
Płomień parzył Maciusiowi palce, ale on na to nie zważał.

„Dusza moja więcej cierpi niż palce" – pomyślał.

Naprzeciw biurka wisiały portrety jego ojca i matki.

– Biedny, samotny sieroto – westchnął Maciuś patrząc na portrety
zmarłych rodziców.

Westchnął tylko głęboko. Nie wolno mu było płakać, bo za chwilę miał
włożyć koronę i nie może mieć oczu czerwonych. Do pokoju cicho wśli-
znęła się Klu-Klu i stanęła tak pokornie, że choć w pierwszej chwili roz-
drażniła Maciusia jej obecność, po chwili zapytał się łagodnie:

– Czego chcesz, Klu-Klu?

– Biały król ukrywa przed Klu-Klu swe troski. Biały król nie chce czarnej, dzikiej Klu-Klu powierzyć swych tajemnic. Ale Klu-Klu wie i Klu-Klu
nie opuści białego króla w potrzebie.

Klu-Klu powiedziała to uroczyście, trzymając obie ręce wzniesione do
góry.

Tak samo przysięgał mu kiedyś Bum-Drum.

– I cóż ty wiesz, Klu-Klu? – wzruszony zapytał się Maciuś.

– Biali królowie pozazdrościli Maciusiowi złota, chcą go zwyciężyć
i zabić. Smutny król żałuje Maciusia, ale jest słaby, więc się boi silnych białych królów.

– Milcz, Klu-Klu.

– Klu-Klu milczeć będzie jak grób, ale Klu-Klu poznała smutnego
króla. Zdradzić może Maciusia ten spalony list, ale nie Klu-Klu.

— Milcz, Klu-Klu, ani słowa więcej! — zawołał Maciuś zrzucając popiół spalonego listu na podłogę i depcząc go nogami.

— Klu-Klu przysięga, że nic więcej nie powie.

Był najwyższy czas skończyć rozmowę, bo akurat lokaje wrócili ze szkoły i popychając się wpadli do gabinetu.

Zaczerwienił się ze złości Maciuś.

— Co to za wrzaski! — krzyknął. — Od kiedy lokaje królewscy ośmielają się z takim hałasem wpadać do królewskiego gabinetu? Mało mieliście czasu nadokazywać się w szkole?

Mistrz ceremonii zaczerwienił się tak, że aż uszy stały się czerwone.

— Wasza królewska mość, błagam w ich imieniu o przebaczenie. Ale te biedne chłopaki od lat dziecinnych pozbawione były zabaw dziecięcych. Byli dawniej lokajczykami i kuchcikami, po czym lokajami. Zawsze musieli być cicho. A teraz zupełnie jak wariaci...

— No, dobrze — dobrze. Przygotujcie salę tronową. Za pół godziny posiedzenie.

— Oj, ja mam tyle lekcji zadanych na jutro — jęknął jeden.

— Ja muszę mapę rysować.

— Ja mam sześć zadań i całą stronicę...

— Nie pójdziecie jutro do szkoły — groźnie przerwał Maciuś.

Skłonili się i już cicho wyszli. Tylko we drzwiach omal się nie pobili. Bo jeden popchnął drugiego i ten uderzył brodą o klamkę.

Wbiegł Felek, brudny, spocony, w podartych portkach.

— Załatwiłem, wszyscy będą.

I zaczął opowiadać:

Tak, w gazetach pisali prawdę. Felek kradł pieniądze i brał łapówki. Kiedy zastępował Maciusia na audiencji, wydawał tylko część przygotowanych paczek, a co mu się podobało, zabierał dla siebie. Kto mu dawał pieniądze albo prezenty, temu dawał lepsze paczki. Miał kilku kolegów, między nimi Antka, którzy co dzień przychodzili i brali. Ale szpiegiem nie był. Wszystko mu radził dziennikarz. Kazał mu nazywać się baronem, kazał mu zażądać orderu. Udawał przyjaciela. A potem nagle zażądał sfałszowania papieru; niby że Maciuś wyrzuca wszystkich ministrów i zabiera dorosłym wszystkie prawa: że dzieci mają rządzić. Felek nie chciał się zgodzić. Wtedy dziennikarz włożył kapelusz i mówi: „Jak nie, to idę do króla i powiem, że kradniesz paczki i bierzesz łapówki". I Felek się zląkł. Felek nie rozumiał skąd on wszystko wie, myślał, że dziennikarze tak wszystko wiedzą, a teraz widzi, że to szpieg. I jeszcze jedno: jeszcze jeden papier sfałszowali; była to jakaś odezwa czy coś — do dzieci całego świata.

Maciuś założył ręce w tył i długo chodził po gabinecie.

— Wiele złego narobiłeś, Felku. Ale ja przebaczam.

— Co? Przebaczyć? Jeśli mi wasza królewska mość przebaczy, to już wiem, co zrobię.

— No co? — zapytał Maciuś.

— Wszystko powiem ojcu; już on mi sprawi łaźnię taką, że popamiętam.

— Nie rób tego, Felek. Po co? Możesz inaczej odkupić swą winę. Chwila jest poważna, ludzie mi są potrzebni. Możesz mi się przydać.

— Minister wojny przyjechał — zameldował marszałek dworu.

Maciuś włożył koronę, och, jak strasznie ciężką koronę — i wszedł do sali tronowej.

— Panie ministrze wojny, co pan wie? Krótko — bez wstępów. Bo i ja wiem wiele.

— Raportuję waszej królewskiej mości, że posiadamy trzy fortece (było pięć), czterysta armat (było tysiąc), i dwieście tysięcy zdatnych do użytku karabinów. Naboi mamy na dziesięć dni wojny (było na trzy miesiące).

— A buty, tornistry, suchary?

— Składy są całe, tylko marmolada zjedzona.

— Czy wiadomości pana są ścisłe?

— Najzupełniej.

— Czy pan sądzi, że prędko będzie wojna?

— Polityką się nie zajmuję.

— Czy zepsute armaty i karabiny prędko można doprowadzić do porządku?

— Część jest znacznie uszkodzona, inne można by naprawić, o ile piece i kotły w fabrykach są w porządku.

Maciuś przypomniał sobie widzianą fabrykę i spuścił głowę: korona stała się jeszcze cięższa po tej uwadze.

— Panie ministrze, jaki duch panuje wśród wojska?

— Żołnierze i oficerowie są rozżaleni. Najbardziej boli ich to, że muszą chodzić do szkół cywilnych. Kiedy już otrzymałem dymisję...

— To była sfałszowana dymisja, ja o tym nic nie wiedziałem. Podpis był podrobiony.

Minister wojny zmarszczył brwi.

— Kiedy dostałem tę sfałszowaną dymisję, przyszła do mnie jakaś tam delegacja czy coś, że żądają szkół wojskowych. No i dostała ode mnie ta delegacja czy coś takiego. Marsz do cywilnej szkoły, kiedy rozkaz do cywilnej, marsz w ogień, marsz do samego piekła, jeśli rozkaz.

— No, a gdyby tak po staremu wszystko? Czyby przebaczyli?

Minister wojny wyjął szablę.

— Wasza królewska mość, ode mnie począwszy do ostatniego żołnierza — wszyscy jak jeden — z królem-bohaterem na czele — za ojczyznę, za honor żołnierski.

— To dobrze, to bardzo dobrze.

„Jeszcze nie wszystko stracone" — pomyślał Maciuś.

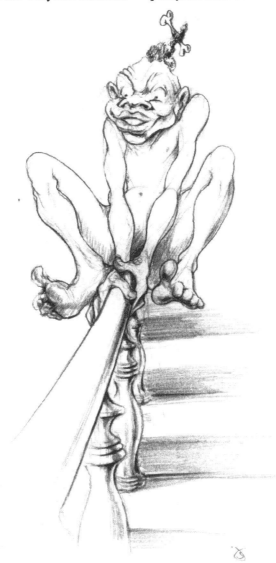

Ministrowie spóźnili się, a i tak bardzo się zasapali, bo nie przyzwyczajeni chodzić pieszo. Marszałek dworu meldował, że przyjechali, ale oni przyszli, bo samochody były zepsute, a szoferzy odrabiali lekcje na dzień następny.

Maciuś powiedział na wstępie, że wszystkiego narobił szpieg-dziennikarz. No i teraz trzeba się zastanowić, co będzie.

Zaraz napisali do gazety, że dzieci mają już jutro przyjść do szkoły, a kto się dowie za późno, może się spóźnić, ale przyjść musi. Dorośli niech już siedzą do pauzy, a potem mają wrócić do swoich zwykłych zajęć. Bezrobotnym będzie się jeszcze przez miesiąc wydawało zapłatę szkolną, a potem, jeśli chcą, mogą wyjechać do kraju Bum-Druma, który chce u siebie też budować domy, szkoły i wszystko. Oba sejmy tymczasem się zamyka. Naprzód się otworzy sejm dorosłych, potem się pomyśli, co zrobić z młodzieżą od lat piętnastu; a jak komisja opracuje regulamin, będzie otwarty także sejm dzieci, tylko że dzieci będą mówiły, co chcą, a potem sejm dorosłych powie, czy można. Dzieci nie mogą rozkazywać dorosłym. Głosować na posłów mogą tylko te dzieci, które są porządne i dobrze się uczą.

Tę odezwę podpisał Maciuś i wszyscy ministrowie.

Drugą odezwę napisał Maciuś do wojska. Przypomniał ostatnią wojnę i odniesione zwycięstwa.

Dwie najważniejsze fortece wysadzono nam w powietrze. Więc niech bohaterska pierś żołnierza będzie fortecą dla każdego, kto się ośmieli wejść na naszą ziemię —

— kończyła się odezwa, którą podpisał Maciuś i minister wojny.

Minister handlu prosił rzemieślników, żeby prędko naprawili wszystko, żeby pootwierano sklepy, bo w mieście jest smutno i brzydko.

Minister oświaty obiecywał dzieciom, że ich sejm będzie niezadługo otwarty, jeżeli się wezmą do nauki jak należy.

A prefekt policji ręczył, że jutro od samego rana policja zajmie swoje posterunki.

— Tymczasem nic więcej nie możemy zrobić — powiedział prezes ministrów. — Musimy zaczekać, aż zacznie funkcjonować telegraf i poczta, wtedy zobaczymy, co się dzieje w całym kraju i za granicą.

— A co się mogło stać? — zapytał się niespokojnie Maciuś, bo jakoś mu się wydawało, że wszystko za łatwo i za dobrze poszło.

A może go tylko smutny król tak nastraszył?

— Nie wiemy, co się mogło stać. Nic nie wiemy.

Na drugi dzień wszystko było dobrze. Po pierwszej lekcji, na której odczytano gazetę i nauczyciele pożegnali się ze swoimi uczniami — dorośli poszli do domu. Zanim znów oddali dzieciom książki i kajety, upłynęło trochę czasu. Ale o dwunastej w południe już było jak dawniej. I trzeba przyznać, że cieszyli się wszyscy i dorośli, i dzieci, i nauczyciele.

Nauczyciele nic nie mówili dzieciom, ale bardzo byli zadowoleni, bo z dorosłymi mieli też dużo kłopotów. Między tymi, co nie mieli jeszcze trzydziestu lat, sporo było łobuzów: zaczepiali, śmieli się i hałasowali na lekcji; starsi znowu nudzili, że im niewygodnie siedzieć, że ich głowa boli, bo duszno — że atrament niedobry; a staruszkowie spali i nic nie korzystali, a jak nauczycielka na nich krzyczała, nic sobie z tego nie robili, bo sporo było głuchych. Młodzi robili starym różne figle, starzy się skarżyli, że im spokoju nie dają. Zresztą przyzwyczaili się już w szkołach do dzieci, więc woleli, jak było dawniej.

W biurach niby to gniewano się, że dzieci wszystko poprzewracały do góry nogami, ale myśleli, że może i lepiej się stało, bo jak jakiś papier ważny zginie, to się zwali na dzieci. A i urzędnicy bywają różni: jedni mają papiery w porządku, a drudzy nie bardzo.

Z fabrykantami było gorzej, ale bezrobotni chętnie pomagali, bo myśleli, że jak zobaczą, jak oni dobrze pracują, to może ich zostawią.

Było parę drobnych awantur, ale policja dobrze wypoczęła, więc wzięła się od samego rana do roboty. A i złodzieje cicho siedzieli, bo przez ten czas najedli się i nakradli, i bali się tylko, żeby ich różne sprawki nie wyszły na jaw. Niektórzy, tacy trochę tylko złodzieje, nawet odnieśli to, co zabrali.

Kiedy koło wieczora wyjechał na miasto królewski samochód, trudno już było poznać, co wczoraj się działo.

Ano, dobrze: czeka Maciuś na wiadomości. Wieczorem dowie się o wszystkim.

Tymczasem Klu-Klu zaczęła znów lekcje z murzyńskimi dziećmi. Maciuś był na lekcji i dziwił się, że czarne dzieci tak prędko się uczą. Dopiero Klu-Klu wytłumaczyła, że na setników wybrała najzdolniejsze i najpilniejsze, a tamte już tak prędko uczyć się nie będą. Nie wiedziała biedna Klu-Klu, jak niedługo i jak smutnie jej lekcje będą przerwane.

Pierwszy jak zwykle przyjechał prezes ministrów. Bo że wczoraj przyszedł pierwszy minister wojny, to dlatego, że przyzwyczajony do marszów.

Prezes ministrów niósł pod pachą pakę papierów, a sam smutny jakiś i zakłopotany.

— I cóż, panie prezesie ministrów?

— Źle — westchnął. — Ale można się było tego spodziewać. Może nawet i lepiej.

— Więc co? Mów pan prędzej.

— Wojna!

Maciuś drgnął.

Zebrali się wszyscy.

Stary król zrzekł się tronu, oddał koronę synowi. Syn wypowiedział wojnę i od razu ze swoim wojskiem ruszył w kierunku stolicy.

— Więc przeszedł granicę?

— Przed dwoma dniami. Już uszedł czterdzieści wiorst.

Zaczęło się odczytywanie depesz i listów. Trwało to długo. Maciuś przymknął zmęczone oczy, słuchał, myślał, nic nie mówił.

„Może i lepiej się stało."

Głos zabrał minister wojny:

— Nie wiem jeszcze, jaką drogę wybrał nieprzyjaciel, ale myślę, że idzie w kierunku wysadzonych w powietrze dwóch fortec. Jeżeli będzie szedł prędko, może dojść do stolicy w pięć dni, jeżeli powoli, będziemy go mieli za dni dziesięć.

— Jak to? Nie pójdziemy na spotkanie? — krzyknął nagle Maciuś.

— Niemożliwe. Ludność musi się sama bronić. Parę drobnych oddziałów trzeba wysłać, choć szkoda ludzi i karabinów. Moje zdanie: niech idą. Generalna bitwa będzie na polu przed samą stolicą. Albo zwyciężymy, albo...

I nie dokończył.

— A może dopomogą nam ci dwaj inni królowie? — wtrącił minister spraw zagranicznych.

— Nie będzie czasu na to — wtrącił minister wojny. — Zresztą nie znam się na tym.

Minister spraw zagranicznych długo mówił, co trzeba zrobić, żeby ci dwaj królowie wystąpili przeciw pierwszemu.

Smutny król, na niego można liczyć z pewnością. Tylko że on nie lubi wojować, wojska ma niewiele. Sam nic nie poradzi. I w tamtej wojnie nie brał udziału, tylko stał w rezerwie. Zrobi to samo, co ten drugi, przyjaciel żółtych. Temu znowu Maciuś odstąpił wszystkich żółtych królów, więc właściwie nie ma się o co bić. Choć kto wie? Może zechce zabrać i część czarnych?

Głos zabrał prezes ministrów:

— Panowie, możecie nie robić tego, co ja proponuję, ale się nie gniewajcie. Oto moja rada: posłać do nieprzyjaciela notę, że wojny nie chcemy, żeby powiedział wyraźnie, o co mu chodzi. Ja myślę, że on chce tylko dostać kontrybucję. Zaraz wam wytłumaczę. Po co ustąpił nam bez wojny jeden port i sprzedał tanio dziesięć okrętów. Bo chciał, żeby Bum-Drum przysłał złoto. Pieniędzy mamy dużo. Co nam szkodzi oddać mu połowę?!

Maciuś milczał. Zacisnął pięści i milczał.

— Panie prezesie ministrów — powiedział minister finansów. — Ja myślę, że on się nie zgodzi. Dlaczego ma brać połowę złota, kiedy może wziąć wszystko? Dlaczego ma przerwać wojnę, kiedy chce zwyciężyć? Panie ministrze wojny, pan ma głos.

Maciuś zacisnął pięści tak, że mu aż paznokcie weszły w ciało. Czekał.

— Ja myślę, że notę trzeba wysłać — powiedział minister wojny. — Jeżeli odpowie, potem my odpowiemy, ja się na tym nie znam. Ale wiem, że to trwa kilka dni, parę dni, niechby jeden dzień. A tu każda godzina jest droga. My tymczasem naprawimy sto, niechby pięćdziesiąt armat i parę tysięcy karabinów.

— A jeśli się zgodzi wziąć połowę złota i wojnę przerwie? — zapytał Maciuś cichym i bardzo przyjemnym, jakimś dziwnym, nie swoim głosem.

Zapanowała cisza. Wszyscy patrzyli na ministra wojny, który zbladł znowu i szybko powiedział:

— To się zgodzić.

I dodał jeszcze:

— My sami tej wojny nie możemy wygrać. A na pomoc jest już za późno.

Maciuś przymknął oczy i tak już siedział do końca posiedzenia. Niektórzy ministrowie myśleli nawet, że zasnął. Ale Maciuś nie spał i ile razy przy układaniu noty mówiono: „Prosimy nieprzyjacielskiego króla" — drgały zawsze Maciusine wargi.

Kiedy trzymał pióro, żeby podpisać, zapytał tylko:

— Czy zamiast „prosimy" nie można inaczej napisać?

Przepisano jeszcze raz i wyraz „prosimy" zamieniono na „pragnęlibyśmy".

Pragnęlibyśmy przerwać wojnę.
Pragnęlibyśmy pokojowo zakończyć spór.
Pragnęlibyśmy połową złota opłacić koszty wojny.

Maciuś podpisał. Była godzina druga w nocy.

W ubraniu rzucił się Maciuś na łóżko, ale nie spał. Już dzień się zaczynał, a Maciuś nie spał.

— Zwyciężyć albo zginąć — powtarzał.

Nowa wojna Syn starego króla posuwa się z całym swym wojskiem w kierunku wysadzonych w powietrze fortec. I tu
minister wojny zgadł, bo się na tym znał. Ale posuwał się bardzo powoli,
i tu minister wojny nie zgadł. Młody król musiał być bardzo ostrożny,
musiał iść powoli, żeby wszędzie kopać doły i robić okopy. Prowadził
pierwszą wojnę i bał się, żeby go nie otoczyli, żeby nie zrobili tak, jak na
początku tamtej wojny zrobił jego ojciec, że wpuścił Maciusia do swego
kraju, a potem zaszedł mu z tyłu. Młody król musiał być bardzo ostrożny,
żeby tej wojny nie przegrać. Bo wtedy powiedzieliby wszyscy: „Stary król
był lepszy, wolimy ojca niż syna". Więc musiał pokazać, że właśnie on jest
lepszy.

Wolał iść powoli, ostrożnie, a wreszcie po co miał się śpieszyć? I tak
Maciuś nie może prowadzić wojny, bo wojsko chodzi do szkoły, a dzieci
psują armaty. Tam w stolicy Maciusia siedzi i czuwa mądry szpieg-dziennikarz i pilnuje, żeby robić jak największy nieporządek i zamieszanie.
Doskonale się stało, że dzieci, a może więcej nawet, szpiedzy popsuli koleje i telegrafy. Ani się Maciuś nie dowie tak prędko o wojnie, ani nie będzie
mógł wysłać wojska tyle, ile potrzeba.

Tak myślał syn starego króla i wcale się nie śpieszył. Niech wojsko się
nie męczy, żeby mogło stoczyć bitwę przed stolicą Maciusia. Bo jasne
było, że jedna bitwa być musi.

Idą wojska, idą, idą, nikt ich nie zatrzymuje. Ludność widzi, że nikt jej
nie broni, zresztą zagniewani na Maciusia – nie tylko się nie bronią, ale
nawet się cieszą i witają nieprzyjaciela jak zbawcę. Hajda dzieci, do szkoły, skończyły się Maciusiowe rządy... Aż tu nagle ktoś idzie i powiewa białą chorągiewką.

Aha, już się Maciuś dowiedział o wojnie.

Przeczytał młody król list Maciusia i zaczął się śmiać.

– Oho, hojny wasz Maciuś, połowę złota mi daje. Taki prezent, ho-ho,
kto by się nie połakomił?

– Co mam odpowiedzieć mojemu królowi? Jeżeli połowa złota za
mało, możemy dać więcej. Proszę o odpowiedź.

— No to powiedz swojemu Maciusiowi, że z dziećmi się nie układa, tylko się je — bije. I więcej mi żadnych listów nie przynoś, bo i tobie może się dostać. Ruszaj, a żywo!

List Maciusia rzucił na podłogę i podeptał nogami.

— Wasza królewska mość, prawo międzynarodowe wymaga, żeby na listy królewskie odpisywać.

— No dobrze, więc odpiszę.

I na liście Maciusia, pogniecionym i zabłoconym, napisał tylko trzy słowa:

Nie ma głupich!

Tymczasem stolica dowiedziała się o wojnie i o liście Maciusia — i z niecierpliwością oczekiwała odpowiedzi. A tu przychodzi taka odpowiedź.

Rozzłościli się wszyscy:

— A to zarozumialec. Ordynus taki. Poczekaj, już my ci pokażemy!

I miasto nie na żarty zaczęło się szykować do obrony.

— Już my ci pokażemy.

Wszyscy, jak jeden — stanęli po stronie Maciusia. Zapomnieli o urazach i gniewach, a pamiętali o zasługach Maciusia. I teraz nie jedna, ale wszystkie gazety pisały o Maciusiu-reformatorze, o Maciusiu-bohaterze.

W fabrykach dzień i noc pracowano. Wojska się ćwiczyły na ulicach i na placach. Wszyscy powtarzali słowa Maciusia:

— Zwyciężyć albo zginąć.

Co dzień nowe wiadomości i plotki; jedne złe, drugie dobre:

— Nieprzyjaciel zbliża się do stolicy.

— Smutny król obiecał Maciusiowi pomoc.

— Bum-Drum przysyła wszystkie czarne wojska.

A kiedy Klu-Klu wyprowadziła swoich tysiąc czarnych dzieci na ulicę, taki zapał ogarnął mieszkańców, że obrzucili ją kwiatami i nosili na rękach. A było sporo takich, którzy mówili:

— Wprawdzie Klu-Klu jest strasznie czarna, ale znów nie tak, żeby się z nią Maciuś już zupełnie nie mógł ożenić.

Tymczasem nieprzyjaciel naprawdę się zbliżał.

No i wreszcie zaczęła się bitwa.

W mieście słychać było strzały. Wieczorem ludzie powłazili na dachy i mówili, że widzą ogień. To nie była prawda.

Na drugi dzień bitwy strzały słychać już było mniej wyraźnie. I wszyscy mówili, że to znaczy, że Maciuś zwyciężył i teraz goni nieprzyjaciela.

Trzeciego dnia cicho było.

— Nieprzyjaciel pewnie uciekł daleko.

Ale przyszła wiadomość z pola bitwy, że nieprzyjaciel wprawdzie cofnął się o pięć wiorst, ale nie został rozbity, tylko zajął okopy, które sobie przedtem na wszelki wypadek przygotował.

A można było wygrać bitwę, tyle że armat i prochu miał Maciuś mało. Można było wygrać bitwę, bo nieprzyjaciel nie był przygotowany, że tak silnie stolica bronić się będzie; ale musiał Maciuś bardzo oszczędzać prochu, żeby nie zostać bez niczego. Szkoda, ale co robić.

Tymczasem do nieprzyjacielskiego króla przyszedł szpieg-dziennikarz. Rzucił się na niego z wściekłością młody król:

— Coś ty mi nagadał, że Maciuś nie ma ani prochu, ani armat. Ach, ty taki siaki! Żebym nie był ostrożny, to mogłem przegrać wojnę.

Dopiero szpieg opowiedział, co było, że go Maciuś odkrył, że do niego strzelał, że ledwo uciekł i tydzień cały ukrywał się w piwnicy, że musiał ich ktoś zdradzić, bo Maciuś wyszedł na miasto i sam widział, jaki jest nieporządek straszny. Opowiedział o Felku, no — o wszystkim.

— Z Maciusiem nie jest dobrze: prochu ma mało i armat mało. Ale bronić się łatwiej niż napadać. A przy tym jest blisko stolicy i ma wszystko blisko. A my musimy z daleka przywozić. Sami nie damy rady. Przyjaciel żółtych królów musi nam przyjść na pomoc.

— Musi, nie musi. On mnie nie bardzo lubi. A zresztą, jak przyjdzie na pomoc, trzeba się z nim dzielić.

— No, trudno.

„A może lepiej było wziąć połowę złota samemu i przerwać wojnę?" — pomyślał młody król.

Ano, stało się.

Więc szpieg zaraz wyjechał do stolicy króla — przyjaciela żółtych królów, i zaczyna go namawiać, żeby wystąpił przeciw Maciusiowi. Ale ten nie chce.

— Maciuś nic mi złego nie zrobił.

Dopiero szpieg zaczyna go namawiać.

Powinien wystąpić, bo i tak Maciuś przegra wojnę. Przecież młody król jest już koło stolicy. Jeżeli tyle drogi sam uszedł, i teraz sobie sam poradzi. I co wtedy? Wszystko weźmie dla siebie. Młody król wcale nie potrzebuje pomocy, tylko chce, żeby królowie po równo się podzielili, żeby nie było zazdrości.

— Więc dobrze: poradzę się jeszcze ze smutnym królem. Albo razem wystąpimy, albo żaden.

— Jak długo mam czekać na odpowiedź?

— Trzy dni.

— Dobrze.

Pisze więc przyjaciel żółtych królów do smutnego króla, co on chce robić, a tu przychodzi odpowiedź, że smutny król jest ciężko chory i nie może odpowiedzieć.

A tu przychodzi list od Maciusia, żeby jemu pomóc, bo na niego niesprawiedliwie napadli:

Patrzcie tylko jaki on jest: udawał przyjaciela, niby podarował mi port i sprzedał okręty. A teraz wysadził w powietrze dwie fortece, skorzystał, że dzieci popsuły telefon i telegraf, wszedł ze swoim wojskiem! A jak ja się zapytałem, jakie ma pretensje, że może żartem mi podarował, więc mu zapłacę połowę złota — on nagadał głupstw i napisał: „Nie ma głupich". Czy tak się robi?

Taki sam list, tylko serdeczniejszy napisał Maciuś do smutnego króla.

A smutny król wcale nie był chory, tylko jak wtedy wyjechał w tajemnicy do Maciusia, kazał doktorowi powiedzieć, że jest chory, żeby nikt nie wchodził do jego sypialni, tylko doktor.

I doktor co dzień rano wchodził do pustej sypialni i niby badał króla, zanosił tam różne lekarstwa, które wylewał zaraz i jedzenie, które zjadał.

A kiedy smutny król wrócił wreszcie z podróży i już naprawdę położył się do łóżka, to był taki zmęczony, że wszyscy uwierzyli, że jest po chorobie. Bo nieprzyjemnie i ciężko jest podróżować po kraju, gdzie jest wojna, a jeszcze bardziej, gdy się trzeba ukrywać.

Jak tylko smutny król wszedł do gabinetu i przeczytał oba listy, tak zaraz mówi:

— Przygotować mi pociąg królewski. Jadę do króla — przyjaciela żółtych.

Smutny król myślał, że go namówi, żeby iść Maciusiowi na pomoc, bo nie wiedział, na jaki podstęp się zdobędzie przebiegły szpieg.

— Maciuś ci nic złego nie zrobił — mówił szpieg wychodząc zły od króla. — Mam trzy dni czasu. Trzeba zrobić coś takiego, żebyś się rozgniewał na Maciusia. Wtedy inaczej pogadasz.

Dziennikarz – podstęp

A szpieg miał w kieszeni papier z podpisem Felka i sfałszowanym podpisem Maciusia. A ten papier to był niby-manifest do dzieci całego świata.

Dzieci — pisało tam w tej odezwie — *ja, Maciuś Pierwszy, zwracam się do Was, abyście mi pomogły przeprowadzić moje reformy. Chcę zrobić tak, żeby dzieci nie potrzebowały się słuchać dorosłych. Chcę, żeby dzieci mogły robić, co im się podoba. Ciągle tylko słyszymy, że nie wolno albo nieładnie, albo niegrzecznie. To jest niesprawiedliwe. Dlaczego dorosłym wszystko wolno, a nam nic? Ciągle się na nas gniewają i krzyczą, i złoszczą się. Nawet biją. Chcę, żeby dzieci miały takie same prawa jak dorośli.*

Jestem królem i znam historię dobrze. Dawniej nie mieli praw ani chłopi, ani robotnicy, ani kobiety, ani Murzyni. A teraz wszyscy mają prawa, tylko dzieci nie.

W moim państwie już dzieciom dałem prawa, już w kraju królowej Kampanelli dzieci się zbuntowały. Urządźcie rewolucję i żądajcie praw. A jak Wasi królowie się nie zgodzą, to zrzućcie tych królów i wybierzcie mnie. Chcę być królem wszystkich dzieci na świecie: białych, żółtych i czarnych. Dam Wam wolność. Więc pomóżcie mi i urządźcie rewolucję na całym świecie.

Podpisali
Król Maciuś
Minister baron von Rauch

Dziennikarz poszedł do drukarni i kazał wydrukować dużo tych odezw, i rozrzucił je po całym mieście, a parę kartek umazał w błocie, potem wysuszył, zgniótł i schował do kieszeni.

Akurat dwaj królowie się naradzali, co robić, i już chcieli pomóc Maciusiowi, a tu wchodzi dziennikarz i mówi:

— Patrzcie, co wyrabia Maciuś; on buntuje dzieci, chce zostać królem całego świata. Oto znalazłem na ulicy takie trzy kartki. Przepraszam, że są trochę zapaćkane.

Królowie przeczytali i bardzo się zmartwili.

— Nie ma rady. Musimy wystąpić przeciw Maciusiowi. On się wtrąca do naszych dzieci, które wcale do niego nie należą — i żółte dzieci też do niego nie należą. To jest bardzo brzydko.

Smutny król łzy miał w oczach.

— Co ten Maciuś narobił! Co ten Maciuś narobił! Po co on tak napisał?

— Ale nie było rady.

„Może lepiej będzie nawet dla Maciusia, że i ja wypowiem mu wojnę. I tak by go zwyciężyli sami i wtedy nie mieliby już żadnej litości, a tak mogę się na coś przydać Maciusiowi."

Jak się Maciuś dowiedział, że i tamci idą na niego, w pierwszej chwili nie chciał wierzyć.

— Więc i smutny król mnie zdradził. Ha, trudno, pokazałem im w tamtej wojnie, jak Maciuś zwycięża, teraz pokażę, jak Maciuś ginie.

Całe miasto wyszło z łopatami, zaczęto kopać rowy, sypać dla wojska wały. Wykopali trzy linie okopów: jedna w dwudziestu wiorstach od miasta, a potem co pięć wiorst.

— Będziemy ustępowali krok za krokiem.

Kiedy młody król się dowiedział, że tamte wojska już idą na pomoc i są blisko, zaczął sam bitwę, bo chciał być pierwszy. Myślał, że mu się uda.

I trochę mu się udało, bo zdobył pierwszą linię okopów. Ale druga linia była mocniejsza, wały wyższe, rowy szersze i drutu kolczastego było więcej.

I wtedy właśnie nadeszła pomoc. I już trzy wojska razem uderzyły na wojsko Maciusia.

Znów cały dzień trwała bitwa. Nieprzyjaciel poniósł duże straty, a Maciuś trzymał się mocno.

— Może dać spokój? — spróbował powiedzieć smutny król, ale się na niego rzucili, tak że nie wiem.

— Nie, musimy zgnieść tego zarozumialca.

I znów od samego rana wre bitwa.

— Oho, już mniej strzelają — cieszył się nieprzyjaciel.

I naprawdę tego dnia wojsko Maciusia mniej strzelało, bo rozkaz głosił: „Oszczędzać proch i kule".

— Co robić — pyta się Maciuś.

— Ja myślę — powiedział prezes ministrów — że trzeba jeszcze raz prosić, żeby przerwali wojnę. Jak można bez prochu prowadzić wojnę?

Ale na naradzie wojennej była też Klu-Klu, jako naczelniczka czarnego oddziału. Ten oddział nie brał jeszcze udziału w bitwie, bo nie był uzbrojony. Czarne dzieci umiały strzelać tylko z łuków. Więc naprzód nie mogły znaleźć drzewa odpowiedniego na łuki i strzały, a jak już znalazły, musiały wszystko robić dopiero. I teraz właśnie były gotowe.

— Słuchajcie — mówi Klu-Klu. — Ja radzę cofnąć się w nocy na trzecią linię obrony. Dziś w nocy pójdzie ktoś do obozu nieprzyjaciela i powie, że Bum-Drum przysłał czarne wojsko z dzikimi zwierzętami. Jutro rano wypuścimy z klatek lwy i tygrysy i zaczniemy strzelać. A jak ich dobrze nastraszymy, wtedy dopiero zapytamy się ich, czy chcą się pogodzić, czy nie.

— A czy to nie będzie oszustwo? — zapytał się niespokojnie Maciuś.

— Nie, to się nazywa fortel wojenny — powiedział minister sprawiedliwości.

— Więc dobrze — zgodzili się wszyscy.

A Felek przebrał się za nieprzyjacielskiego żołnierza i na brzuchu pełzając wśliznął się do nieprzyjacielskiego obozu i niby nic, temu i owemu zaczął opowiadać o lwach i Murzynach.

Ale ci tak się z niego śmieją i nie wierzą.

— Et, głupi, śniło ci się pewnie.

I jedni drugim opowiadają to głupstwo.

Ale Felek idzie, a tu go zaczepiają żołnierze:

— Ej, kamrat, a słyszałeś już nowinę?

— Jaką? — pyta się Felek.

— Podobno Bum-Drum z Murzynami i lwami przyszedł Maciusiowi na pomoc.

— E, bajki — mówi Felek.

— Wcale nie bajki. Podobno słychać ryki dzikich zwierząt.

— A niech sobie ryczą, co to mnie obchodzi — mówi Felek.

— Poczekaj, będzie cię obchodziło, jak cię lew rozszarpie.

— A cóż to ja słabszy od lwa?

— Ach, ty stawiaku. Ty i lew. Patrzcie go: nawet na prawdziwego żołnierza nie wyglądasz.

Idzie Felek dalej, a tu już opowiadają żołnierze, że Bum-Drum przysłał cały okręt strasznie jadowitych węży. Już Felek sam nic nie opowiada, tylko słucha albo nawet śmieje się, że nie wierzy. A oni krzyczą, żeby się nie śmiał, tylko modlił lepiej, bo może sprowadzić nieszczęście swoim głupim śmiechem.

Że też żołnierze od razu tak uwierzyli.

Ano, jak żołnierz już parę dni w boju, więc jest zmęczony i zdenerwowany, a jeszcze daleko od domu, a tu mówili, że bitwa będzie łatwa, że Maciuś nie ma prochu i wcale się bronić nie będzie, a on widzi, że wcale tak łatwo nie jest – to się jeszcze więcej zdenerwuje i w byle głupstwo uwierzy.

Wrócił Felek, wszystko opowiedział – i nowa otucha wstąpiła w Maciusia. Tyle razy mu się udało, może i teraz się uda.

Cichutko w nocy opuścili okopy i przeszli bliżej miasta. Przenieśli żołnierze klatki z lwami i tygrysami, przy których stanęła połowa Murzynów. A druga połowa rozeszła się po wszystkich oddziałach dziesiątkami, żeby ich nieprzyjaciel wszędzie mógł widzieć.

Więc tak będzie:

Oni zaczną strzelać do pustych okopów i zobaczą, że nikt nie odpowiada, więc pójdą do ataku. Zobaczą, że nikogo nie ma, to się ucieszą i zaczną krzyczeć na wiwat i cieszyć się, że już widzą stolicę, i będą mogli wejść do miasta rabować, jeść, pić i bawić się. A tu nagle Murzyni uderzą w bębny, zaczną strasznie krzyczeć, wypuszczą dzikie zwierzęta i strzałami popędzą je na nieprzyjaciela. Tam zacznie się popłoch, nieład, zamieszanie. A wtedy Maciuś na czele konnicy ruszy na nich, a za nim piechota.

Bitwa będzie straszna, ale tym lepiej. Już raz na zawsze da im się nauczkę.

– Nie może się nie udać. Największy strach jest wtedy, kiedy się człowiek nic nie spodziewa, jest wesół, a tu się nagle coś stanie.

Jeszcze o dwóch rzeczach zapomniałem powiedzieć, że żołnierze Maciusia zostawili w okopach dużo wódki, piwa i wina. I żeby jeszcze więcej rozjuszyć zwierzęta, koło klatek ułożono duże stosy słomy, papieru i drzewa, żeby to wszystko zapalić, kiedy się klatki otworzy.

Bo była obawa, że lwy mogą się rzucić na wojsko Maciusia.

Byli jeszcze i tacy, co radzili wypuścić kilka wężów.

– Z wężami lepiej dać spokój – powiedziała Klu-Klu – bo one mają różne kaprysy i nie można nigdy przewidzieć, w jakim będą humorze. A o lwy już bądźcie spokojni.

Ale i nieprzyjaciel miał swój plan.

— Słuchajcie — mówi młody król. — Jutro musimy być w mieście. Bo może być źle z nami. Jesteśmy daleko od domu. Wszystko musimy wozić koleją z daleka, a Maciuś jest tak jak w domu. To bardzo wygodnie bić się blisko miasta, bo się wszystko ma pod nosem. Ale miasta są niebezpieczne tym, że się boją. Więc trzeba je jeszcze bardziej nastraszyć. Jutro rano aeroplany zaczną rzucać bomby i miasto zmusi Maciusia, żeby się poddał. Wojsko trzeba tak rozstawić, żeby nie mogło się cofnąć. Więc z tyłu za wojskiem pozostawimy kulomioty, a jak zechcą uciekać, to zaczniemy do nich strzelać.

— Jak to, do swoich będziemy strzelać?

— Jutro musimy być w mieście, inaczej będzie źle — powtórzył młody król. — A kto z żołnierzy zacznie uciekać, ten nie swój, a wróg.

Ogłoszono w oddziałach, że jutro ogólny atak i ostateczna bitwa.

Nas jest trzech, a Maciuś jeden — mówi rozkaz. — *Maciuś nie ma ani armat, ani prochu. W stolicy jego rewolucja. Żołnierze jego nie chcą się już bić. Są głodni i obdarci. Jutro Maciuś będzie w niewoli, a my zajmiemy stolicę.*

Aeroplany otrzymały rozkaz wzlotu ze wschodem słońca. Wydano benzynę i bomby.

A kulomioty ustawiono za wojskiem.

— Dlaczego? — pytali żołnierze.

— Bo kulomioty potrzebne do obrony, a nie do ataku — mówili oficerowie.

Ale to się żołnierzom nie podobało.

Nie spał tej nocy nikt ani w obozie Maciusia, ani jego wrogów.

Jedni czyścili karabiny, inni pisali listy do domu i żegnali się z najbliższymi.

Cisza była zupełna, tylko ogniska się paliły.

A w tej ciszy mocno biły serca żołnierzy.

Świt.

Jeszcze szaro było, kiedy armaty strzelać zaczęły do pustych rowów Maciusia. Strzelają, strzelają, a w obozie Maciusia śmiech.

— Psujcie proch, psujcie — mówili śmiejąc się żołnierze.

Stoi Maciuś na wzgórzu i patrzy przez polową lornetę, co się dzieje.

— O, już idą.

Jedni biegną, drudzy ostrożnie czołgają się — coraz nowi i nowi wychodzą z rowów — z początku bojaźliwie, potem trochę odważniej. Jednych zachęca cisza w okopach Maciusia, a drugich niepokoi.

Zerwało się nagle w górę dwadzieścia aeroplanów i prosto na miasto, na stolicę. Niestety, Maciuś nie miał więcej jak pięć, bo że dzieci najciekawsze były aeroplanów, więc podczas swej gospodarki najwięcej ich napsuły.

Zaczęła się zajadła bitwa powietrzna, w której strącono sześć nieprzyjacielskich, ale spadły lub zmuszone były do lądowania aeroplany Maciusia.

Początek bitwy odbył się tak, jak przewidywali na radzie wojskowej.

Nieprzyjaciel zajął przednie okopy — i rozległ się okrzyk tryumfu:

— Aha, uciekli! Zlękli się. Nie mają armat. O, jak prędko uciekli: nawet wódeczki nie zdążyli zabrać.

Ten i ów odkorkował flaszkę.

— Dobra. Skosztujcie.

Piją, śmieją się, hałasują, gotowi tu przenocować.

— Po co się śpieszyć, kiedy i tak dobrze.

Ale młody król powtarzał uparcie:

— Dziś musimy być w mieście.

Przysunęli armaty i kulomioty.

— Do ataku!

Żołnierze niechętnie idą, a w głowach szumi. Ale trudno, rozkaz trzeba spełnić. A co nieprzyjemne, to lepiej prędko zrobić. Więc już zupełnie otwarcie idą, a potem biegną na ostatnie przed miastem okopy Maciusia.

A tu nagle grzmotnęły armaty, zaklekotały karabiny maszynowe, posypały się kule — co dziwniejsza — strzały.

A tu nagle — jakiś dziki krzyk w obozie Maciusia. A tu jakieś bębny, piszczałki, kotły.

A tu nagle — czarni wojownicy już na okopach. Mali jacyś ci Murzyni, ale może tak się zdaje z daleka. Niewiele ich, ale są — a w oczach się dwoi, a w uszach szumi.

A tu nagle — lwy i tygrysy, ogłuszone strzałami, a jeszcze sparzone gorącym żelazem — w strasznych skokach prosto na atakującego nieprzyjaciela. To dziwne, stu zabitych nie wywołałoby takiego wrażenia jak jeden przez lwa rozszarpany. Tamto widzieli już, a to pierwszy raz widzą. Jakby kły dzikiego zwierzęcia gorsze były od kuli stalowej.

Co się teraz działo, trudno opisać. Jedni żołnierze biegną jak szaleńcy, wprost na druty kolczaste, rzucają karabiny na ziemię. Inni uciekają, a strzelają do nich własne kulomioty. Więc myślą, że są wzięci w dwa ognie, padają na ziemię albo ręce wznoszą do góry.

Nieprzyjacielska konnica, która miała wspierać atak, teraz wpada całym impetem na karabiny maszynowe, tratuje i rani.

Dym, kurz, zamieszanie, nikt już nic nie widzi i nic nie wie. Tak trwa godzinę i dwie.

Kiedy potem historycy opisywali tę bitwę, to każdy pisał co innego, tylko się wszyscy zgadzali, że podobnej bitwy jeszcze nie było.

— Ach — płakał prawie minister wojny — gdyby choć na dwie godziny jeszcze starczyło kul i prochu.

Ale cóż robić? Nie ma!

— Konnica, naprzód! — krzyczy Maciuś, a sam siada na pięknego białego konia.

Tak, to było jedyne: skorzystać z popłochu i gonić, gonić nieprzyjaciela, zagarnąć wszystkie jego zapasy, odsunąć tak od miasta, żeby się nie mógł ani dowiedzieć ani domyślić, że to nie pomoc Bum-Druma, a garstka dzieci murzyńskich i parę dziesiątków dzikich zwierząt z ogrodu zoologicznego dały Maciusiowi zwycięstwo.

I nagle kiedy Maciuś śpiesznie dosiadał konia, spojrzał na miasto i — oniemiał.

Nie, to być nie może. To jakaś straszna omyłka. Nie, to mu się tylko zdaje.

Niestety, tak było.

Na wszystkich wieżach miasta powiewają białe chorągwie: Stolica się poddaje!

Już pędzą w stronę miasta gońcy z rozkazem:

— Zerwać te białe płachty! Rozstrzelać tchórzów i zdrajców!

Niestety, za późno.

Dostrzegł nieprzyjaciel te szmaty hańby i niewoli, zrazu się zdumiał, ale wnet ochłonął.

Bitwa ma to do siebie, że wystarczy wypić jeden kieliszek, żeby być pijanym, ale wystarczy jeden poświst kuli, aby pijany natychmiast wytrzeźwiał.

Strach, nadzieja, rozpacz, chęć zemsty — szybko po sobie następują.

Żołnierz przeciera oczy. Co to? Sen czy prawda? Armaty Maciusia jakoś zamilkły, lwy i tygrysy leżą poszarpane przez kule. A tu — białe chorągwie mówią, że miasto się poddaje. Co to wszystko znaczy?

I tu młody król zrozumiał.

Krzyknął:

— Naprzód!

Za nim powtórzyli to samo oficerowie, za nimi żołnierze. Maciuś widział wszystko, ale był bezsilny.

Wracają — formują się w szeregi — podnoszą porzucone karabiny. Białe flagi znikają, ale za późno.

Idą — już tną nożycami druty kolczaste.

— Wasza królewska mość — drżącym głosem przemawia jakiś stary generał.

Maciuś wie, co chce powiedzieć. Zeskoczył z konia i blady jak płótno powoli i głośno rzekł:

— Kto chce zginąć, niech idzie za mną.

Maciuś – bohaterstwo

Niewielu znalazło się chętnych. Felek, Antek, Klu-Klu, kilka dziesiątków żołnierzy.

— Dokąd pójdziemy? — pytają.

— Pusty, a mocny jest budynek, gdzie stały klatki lwów. Tam bronić się będziemy jak lwy, po królewsku.

— Nie zmieścimy się wszyscy.

— Tym lepiej — szepnął Maciuś.

Było pięć samochodów w pobliżu. Wsiedli, zabrawszy, co się dało, z broni i nabojów.

Kiedy ujechali trochę, odwrócił się Maciuś i spojrzał.

Nad obozem powiewała biała chorągiew.

I przyszło Maciusiowi na myśl, jak dziwnie zadrwił z niego los: dał rozkaz, aby miasto zrzuciło z siebie to piętno hańby i niewoli, a teraz oto już nie miasto starców, kobiet i dzieci, wystraszonych paru dziesiątkami bomb, ale armia, wojsko bezradne i bezsilne wobec wroga — zdaje mu się na łaskę i niełaskę.

— Dobrze, że nie ma mnie między nimi — powiedział Maciuś. — Nie płacz, Klu-Klu, piękną śmierć będziemy mieli i nie będą już mówili, że królowie prowadzą wojny, ale giną w nich tylko żołnierze.

Pięknie umrzeć — oto było jedyne pragnienie. I nagle — zjawiła się ciekawość.

„Jaki też pogrzeb urządzą mi moi wrogowie?"

Ale i to życzenie Maciusia nie miało się spełnić. Zamiast minuty cier-
pień gotował mu los srogi całe godziny upokorzeń i bólu, a potem lata
bolesnej pokuty.

Wojsko się poddało, z całego państwa Maciusia jedno zostało tylko wol-
ne miejsce: kwadrat, gdzie stała klatka ze lwami.

Próbowano zająć budynek siłą, ale nadaremnie. Próbowano wysłać
parlamentariusza. Ale wystarczyło, że szedł do Maciusia, jak to jest we zwyczaju, pod osłoną białej flagi, żeby właśnie dlatego otrzymać dwie śmiertel-
ne rany: kula zdruzgotała mu czaszkę, a strzała Klu-Klu przeszyła serce.

— Zabił parlamentariusza.

— Podeptał prawo międzynarodowe.

— Popełnił zbrodnię.

— To rzecz niesłychana.

— Stolica musi być ukarana surowo za zbrodnię swego króla.

Ale stolica przedtem już powiedziała:

— Maciuś nie jest naszym królem.

Kiedy aeroplany nieprzyjacielskie zaatakowały miasto, zebrali się obywatele miasta bogaci i znakomici na naradę.

— Dość mamy rządów niesfornego dzieciaka, dość tyranii tego szalonego
chłopca. Jeżeli i tym razem zwycięży, będzie gorzej jeszcze, niż gdy zostanie pobity. Czy można przewidzieć, co mu do głowy strzeli? Jemu i jego
Felkowi?

Byli tacy, którzy bronili Maciusia.

— Bądź co bądź zrobił i wiele dobrego. Błędy jego płynęły z braku
doświadczenia. Ale że głowę ma otwartą, więc skorzysta z nauk, które mu
życie daje.

I kto wie, może by stronnicy Maciusia zwyciężyli, ale w tej chwili właśnie jedna bomba tak blisko upadła, że wyleciały naraz wszystkie szyby
z sali posiedzeń.

— Wywiesić białe chorągwie! — krzyknął ktoś przestraszony.

Nikt nie miał odwagi nie zgodzić się na podłą zdradę. A co było potem,
wiadomo.

Zawieszono hańbiące sztandary poddania i spisano akt, że miasto wyrzeka się Maciusia i nie chce odpowiadać za jego szaleństwo.

— Dość tej komedii! — krzyknął młody król. — Całe państwo Maciusia zdobyliśmy, a ten kurnik nie chce się poddać. Panie generale artylerii, postaw pan armatę — i strzelić dwa razy po obu stronach budy, a jeśli nie wylizie uparty Maciuś, trzema strzałami rozwalić legowisko tego złośliwego wilczka.

— Rozkaz! — powiedział generał artylerii.

Ale w tej chwili rozległ się donośny głos smutnego króla:

— Hola, wasza królewska mość, proszę nie zapominać, że nie jesteś sam. Tu są trzy armie i trzej królowie.

Młody król zagryzł wargi.

— To prawda, że jest nas trzech. Ale niejednakowe są nasze prawa. Ja pierwszy ogłosiłem wojnę, ja brałem główny udział w bitwie.

— I wojska waszej królewskiej mości pierwsze zaczęły z pola bitwy uciekać.

— Ale je wstrzymałem.

— Bo wasza królewska mość wiedział, że w razie niebezpieczeństwa my zdążamy na pomoc.

Młody król nic nie odpowiedział. To prawda, zwycięstwo wiele go kosztowało: połowa wojska była zabita lub ranna i niezdatna do boju. W tych warunkach trzeba bardzo być ostrożnym, żeby dwaj sprzymierzeńcy rychło nie zmienili się we wrogów.

— Więc co chcecie robić? — zapytał niechętnie.

— Nie mamy potrzeby się śpieszyć. Nie ma obawy, aby Maciuś, siedząc w domku dzikich zwierząt, zrobił nam coś złego. Otoczymy ogród zoologiczny strażą, może głód zmusi Maciusia do poddania. A tymczasem spokojnie się naradzimy, co z nim zrobić, gdy go żywcem weźmiemy do niewoli.

— Ja myślę, żeby go bez ceremonii rozstrzelać.

— A ja myślę — odparł hardo smutny król — że historia nie przebaczyłaby nam tej wieczystej hańby, gdyby jeden włos spadł z głowy tego biednego, dzielnego dziecka.

— Historia jest sprawiedliwa — krzyknął wściekły młody król — i jeśli ktoś winien jest tylu zabitych, tyle przelanej krwi, ten nie jest dzieckiem, a — zbrodniarzem!

Trzeci król i przyjaciel żółtych królów milczał. I dwaj kłócący się królowie dobrze wiedzieli, że będzie tak, jak on zechce. A on był mądry.

„Po co drażnić czarnych królów, których Maciuś jest przyjacielem? — myślał sobie. — Zabijać Maciusia nie ma potrzeby, można go umieścić na bezludnej wyspie i niech tam sobie siedzi. I wilk będzie syty, i owca cała."

I taką właśnie spisali umowę.

Punkt pierwszy: Króla Maciusia trzeba wziąć żywego do niewoli.

Punkt drugi: Zesłany będzie na wyspę bezludną.

Przy punkcie trzecim znów się pokłócili, bo smutny król żądał, żeby Maciuś miał prawo wziąć ze sobą dziesięć osób, kogo zechce, żeby mu towarzyszyli, a młody król się nie zgadzał.

Pojechać ma z Maciusiem tylko trzech oficerów i trzydziestu żołnierzy, po jednym oficerze i dziesięciu żołnierzy od każdego z królów zwycięzców.

Dwa dni nie mogli dojść do zgody, wreszcie każdy trochę ustąpił.

— Więc dobrze — mówi młody król — niech jedzie do niego dziesięciu przyjaciół, ale dopiero po roku. I powiedzieć Maciusiowi, że jest skazany na śmierć, a dopiero w ostatniej chwili go ułaskawić. Trzeba koniecznie, żeby naród widział, jak Maciuś płacze i prosi, żeby ten głupi naród, który tak pokornie dawał się wodzić za nos, raz na zawsze zrozumiał, że Maciuś to nie żaden bohater, a zuchwały, ale bojaźliwy zarazem smyk. Bo inaczej naród może za lat parę urządzić powstanie i zażąda powrotu Maciusia. A wtedy Maciuś będzie starszy, więc jeszcze niebezpieczniejszy niż teraz.

— Nie kłóćcie się tak długo — powiedział król, przyjaciel żółtych — bo tymczasem Maciuś umrze z głodu i cała wasza kłótnia będzie na nic.

Smutny król ustąpił. I wpisano do umowy dwa nowe punkty:

Punkt trzeci: Maciusia sądzić będzie sąd polowy i skaże go na śmierć. A dopiero w ostatniej chwili trzej królowie go ułaskawią.

Punkt czwarty: Pierwszy rok niewoli spędzi Maciuś sam pod strażą, a po roku pozwolą mu wziąć do siebie dziesięć osób, które zechcą do niego pojechać.

Przystąpiono do dalszych punktów. Ile kto z królów weźmie sobie miast i pieniędzy. Co zostawić stolicy, jako wolnemu miastu, i tak dalej.

Aż tu nagle mówią, że jakiś pan chce wejść koniecznie na naradę w bardzo ważnej sprawie.

A to był chemik, który wymyślił taki gaz usypiający. Puści się ten gaz na ogród — i Maciuś, zapewne osłabiony z głodu, zaśnie i będzie można go związać i okuć w kajdany.

— Można spróbować na zwierzętach działanie mojego gazu — powiedział chemik.

Zaraz przynieśli jeden syfon, ustawili o pół wiorsty od królewskiej stajni i puścili strumień jakby wody, która szybko parowała — i cała stajnia osłoniła się jakby dymem. To trwało pięć minut.

Wchodzą do stajni, a wszystkie konie śpią. I nawet chłopak stajenny, który leżał na sianie i drzemał, nie wiedząc nic o próbie, też spał tak głęboko, że choć nim potrząsano i strzelano nad uchem, nie drgnął nawet powieką.

Po godzinie chłopiec i konie się obudzili.

Próba się znakomicie udała. Toteż postanowiono dziś jeszcze zakończyć oblężenie Maciusia.

A był czas najwyższy. Bo Maciuś przez całe trzy dni nic nie jadł żywiąc tylko garstkę swych wiernych towarzyszy.

— Musimy być gotowi bronić się cały miesiąc — mówił.

Bo Maciuś nie tracił nadziei, że stolica pożałuje tego, co zrobiła, że wytnie do nogi nieprzyjacielskie wojsko.

I kiedy Maciuś zauważył, że w ogrodzie kręcą się jacyś cywile, już myślał, że to delegacja ze stolicy, i nie kazał strzelać.

Ale co to?

Deszcz, nie deszcz — jakiś zimny płyn uderzył tak mocno w okna, że parę szyb aż popękało. Potem mgła czy dym. W oczach i w nosie jakiś słodki smak i duszny zapach. Maciuś sam nie wie, czy to przyjemne, czy przykre. Chwyta karabin, bo się domyśla podstępu. Ale ręce mu zaczynają ciążyć. Wytęża wzrok, by przez tę chmurę dojrzeć, co tam się dzieje.

— Baczność! — krzyczy z wysiłkiem.

Chwyta powietrze coraz szybciej. Oczy mu się przymykają. Karabin wypada z ręki. Maciuś nachyla się, by go podnieść, ale już wstać nie może.

Robi mu się wszystko jedno.

Zapomina, gdzie jest.

Zasnął.

Bolesne było przebudzenie.

Znał Maciuś niewolę. Ale wtedy nie wiedzieli, że jest królem.

Teraz było inaczej.

Miał Maciuś na rękach i na nogach kajdany. W oknach celi były grube kraty. Okna były pod samym sufitem. Ciężkie, żelazne drzwi miały malutkie okrągłe okienko, przez które ciągle patrzył postawiony na warcie żołnierz.

Maciuś przypomniał sobie wszystko. Leżał z otwartymi oczami.

„Co robić?"

Maciuś nie należał do ludzi, którzy w nieszczęściu myślą tylko o tym, co się stało. Nie, on zawsze myślał, co trzeba zrobić, żeby było inaczej.

Ale cóż? Żeby wiedzieć, co robić, trzeba przecież dowiedzieć się, co się stało? A on nic nie wie.

Leżał Maciuś na ziemi na sienniku, koło ściany. Lekko zastukał w ścianę. Może ktoś się odezwie? Stuknął raz i drugi, ale nikt się nie odzywa.

Gdzie jest Klu-Klu, co się stało z Felkiem? Co się dzieje w mieście?

Zgrzytnął klucz więzienny w żelaznych drzwiach i weszło dwóch nieprzyjacielskich żołnierzy. Jeden stanął przy drzwiach, a drugi postawił koło Maciusia kubek mleka i bułkę. W pierwszej chwili chciał Maciuś przewrócić kubek i wylać mleko. Ale pomyślał, że to nie ma sensu. Trudno: przegrał wojnę, jest jeńcem, chce mu się jeść, a siły mu potrzebne.

Usiadł na sienniku i z trudem dźwigając żelazny łańcuch sięgnął po kubek.

A żołnierz stoi i patrzy.

Zjadł Maciuś bułkę i mówi:

— Bardzo skąpi są wasi królowie. Jedna bułka — to trochę za mało. Kiedy byli u mnie z wizytą, lepiej ich karmiłem. A kiedy stary król był u mnie w niewoli, też go częstowałem. Aż trzech królów mnie karmi — i tylko jeden mały kubek mleka i jedna bułka.

I roześmiał się Maciuś swobodnie.

Żołnierze nic nie odpowiedzieli, bo surowo im były zakazane jakiekolwiek rozmowy. Ale zaraz powiedzieli wszystko dozorcy więzienia, a ten zatelefonował, co robić.

Po godzinie przyniesiono Maciusiowi trzy bułki i trzy kubki mleka.

— O, to za wiele. Nie chcę krzywdzić moich dobroczyńców. Jest ich trzech, od każdego biorę bułkę, a jedną proszę zabrać sobie.

Podjadł Maciuś i zasnął. I spał bardzo długo. I spałby dłużej jeszcze, ale go koło północy obudzono.

— Były król Maciuś-Reformator o godzinie dwunastej w nocy będzie sądzony przez sąd wojenny — przeczytał papier z pieczęciami trzech królów nieprzyjacielski wojenny oskarżyciel. — Proszę wstać.

— Proszę powiedzieć sądowi, żeby mi kazał zdjąć kajdany, bo są ciężkie i kaleczą mi nogi.

Kajdany nie kaleczyły Maciusia, bo były nawet za luźne. Ale Maciuś chciał stanąć przed sądem zgrabny i zwinny, a nie, żeby mu się plątały śmieszne łańcuchy dorosłych więźniów.

I postawił Maciuś na swoim: zamieniono mu żelazne ciężkie kajdany na zgrabne złote łańcuszki.

Wszedł na salę z dumnie podniesioną głową, wszedł lekkim krokiem do tej samej więziennej sali, gdzie tak niedawno zawierał umowę ze swymi uwięzionymi ministrami.

Rozejrzał się ciekawie.

Przy stole siedzieli najstarsi generałowie wszystkich trzech królów. Królowie siedzieli po lewej stronie sali. Po prawej stronie siedzieli jacyś cywilni panowie we frakach i białych rękawiczkach. Co to za jedni? Jakoś dziwnie odwracają głowy, że ich widzieć nie może.

Akt oskarżenia był taki:

1. Król Maciuś wydał odezwę do dzieci, żeby się zbuntowały i nie słuchały dorosłych.

2. Król Maciuś chciał wywołać wszechświatową rewolucję, żeby zostać królem całego świata.

3. Maciuś zastrzelił parlamentariusza, który szedł do niego z białą chorągwią. Ponieważ Maciuś nie był już wtedy nawet królem, więc odpowiada przed sądem jako zwyczajny zbrodniarz. I powinien być bądź powieszony, bądź rozstrzelany.

— Co Maciuś na to powie?

— Że wydałem odezwę, to jest kłamstwo. Że nie byłem królem, kiedy zastrzeliłem parlamentariusza — to jest drugie kłamstwo. A czy chciałem zostać królem całego świata, czy nie, tego nie może nikt wiedzieć, tylko ja sam.

— Więc dobrze, proszę przeczytać, moi panowie, wasze postanowienie — zwrócił się przewodniczący do panów we frakach i białych rękawiczkach.

Ci, radzi nieradzi, wstają, a jeden z nich czyta, ale mu się ręka trzęsie i taki biały jak papier:

My, zebrani w mieście podczas bitwy, z uwagi na to, że bomby rujnują miasto i nawet w sali, gdzie się naradzamy, wszystkie szyby bomba wybiła — my, mieszkańcy miasta, chcemy ratować żony i dzieci — i nie chcemy, żeby Maciuś nadal był królem. Stolica odbiera Maciusiowi tron i koronę. Nam jest bardzo nieprzyjemnie, ale dłużej już nie możemy wytrzymać. Więc wywieszamy białe chorągwie na znak, że nie chcemy prowadzić wojny, więc teraz wojnę prowadzi nie nasz król, ale zwyczajny Maciuś, który powinien sam tylko za wszystko odpowiadać. A my jesteśmy niewinni.

— Proszę podpisać. — Przewodniczący podał Maciusiowi pióro. Maciuś pióro wziął, pomyślał chwilę i na dole na papierze napisał:

Z postanowieniem bandy zdrajców i tchórzów, którzy zaprzedali kraj — nie zgadzam się. Jestem i pozostanę królem Maciusiem Pierwszym.

Po czym donośnym głosem odczytał to, co było napisane.

Maciuś – królewska duma — Panowie sędziowie-generałowie — zwrócił się Maciuś do swoich wrogów — jeżeli chcecie mnie sądzić, żądam, byście mnie nazywali królem Maciusiem, bo jestem nim i będę za życia i po śmierci. Jeżeli to ma być nie sąd, ale zbrodnia dokonana na zwyciężonym królu, to hańba wam jako ludziom i jako żołnierzom. Możecie mówić, co wam się podoba, ja odpowiadać nie będę.

Generałowie wyszli na naradę, co robić. Maciuś pogwizdywał sobie pod nosem jakąś piosenkę żołnierską.

Wrócili.

— Czy Maciuś przyznaje się, że wydał odezwę do dzieci całego świata? — pyta się generał-przewodniczący.

Żadnej odpowiedzi.

— Czy wasza królewska mość przyznaje się, że wydał odezwę do dzieci całego świata? — pyta się generał.

— Nie przyznaję się: odezwy takiej nie wydałem.

— Wezwać świadka — rozkazał sędzia.

Na salę wszedł szpieg-dziennikarz.

Maciuś ani drgnął.

— Oto jest świadek — mówi sędzia.

— Tak — mówi dziennikarz — ja mogę zaświadczyć, że Maciuś chciał zostać królem dzieci całego świata.

— Czy to prawda? — pyta się sędzia.

— Prawda — odpowiedział Maciuś. — Ja chciałem tego. Ja byłbym to zrobił na pewno. Ale podpis na odezwie jest sfałszowany. Ten szpieg sfałszował mój podpis. Ale prawdą jest, że chcę być królem dzieci.

Sędziowie zaczęli oglądać podpis Maciusia, kiwali głowami, że nie mogą poznać, udawali, że nie wiedzą.

Ale teraz było już wszystko jedno. Bo Maciuś sam przecież się przyznał.

Długo mówił oskarżyciel.

— Trzeba koniecznie zabić Maciusia, bo inaczej ani porządku, ani spokoju nie będzie.

— Czy Maciuś chce, żeby teraz ktoś mówił w jego obronie?

Żadnej odpowiedzi.

— Czy wasza królewska mość życzy sobie, aby ktoś zabrał głos w jego obronie? — powtórzył przewodniczący.

— To niepotrzebne zupełnie — odpowiedział Maciuś. — Godzina jest późna, szkoda czasu: lepiej się spać położyć.

Maciuś powiedział to wesołym głosem. Nic nie dał po sobie poznać, co się w jego duszy dzieje. Postanowił być dumny do końca.

Sędziowie wyszli, niby się tam w drugim pokoju naradzali — wrócili z wyrokiem.

— Rozstrzelać.

— Proszę podpisać — rzekł przewodniczący.

Żadnej odpowiedzi.

— Proszę waszą królewską mość o podpis, że sąd odbył się podług prawa.

Maciuś podpisał.

Wtedy jeden z tych panów we frakach i rękawiczkach rzucił się nagle na ziemię, objął nogi Maciusia i płacząc wołał:

— Królu ukochany, przebacz mi moją podłą zdradę! Teraz dopiero widzę, cośmy zrobili. I wiem, że gdyby nie nasze nikczemne tchórzostwo, nie oni, ale ty sądziłbyś, jako zwycięzca.

Z trudem oderwali go żołnierze od króla. Cóż z tego: żal był spóźniony.

— Dobrej nocy wam życzę, panowie sędziowie — powiedział Maciuś i po królewsku poważnie i spokojnie wyszedł z sali.

Dwudziestu żołnierzy z gołymi szablami prowadziło go przez korytarz i podwórze do celi.

Położył się zaraz na swym sienniku na ziemi i udawał, że śpi.

Przyszedł ksiądz, ale żal mu było budzić śpiącego. Pomodlił się, zmówił zwykły pacierz za skazanych na śmierć i wyszedł.

Maciuś udawał, że śpi, a o czym myślał, i co czuł tej nocy, jego było tajemnicą.

*

Prowadzą Maciusia.

Idzie środkiem ulicy w swych złotych kajdanach. Ulice obstawione wojskiem. A za kordonem wojska — mieszkańcy stolicy.

Dzień był piękny. Słońce świeciło. Wszyscy wyszli na ulicę, aby po raz ostatni spojrzeć na swego króla. Wielu miało łzy w oczach. Ale Maciuś tych łez nie widział. Byłoby mu lżej iść na miejsce kaźni.

Ci, którzy kochali Maciusia, milczeli, bo się bali wyrazić mu głośno wobec wroga swoją miłość i szacunek. Zresztą, co mieli wołać? Przyzwyczaili się krzyczeć: „Wiwat — niech żyje!" Ale jakże teraz mieli wołać kiedy król idzie na śmierć skazany?

Za to krzyczeli — i to głośno — różni pijacy i włóczęgi, którym młody król umyślnie kazał wydać wódkę i wino z królewskiej piwnicy Maciusia:

— Ooo, król idzie, królik! O, jaki malutki! Płaczesz, króliku Maciusiu? Chodź, nosek ci utrzemy.

Maciuś wysoko podniósł głowę, żeby wszyscy widzieli, że oczy ma suche, tylko brwi zmarszczył. A patrzy na niebo, na słońce.

Nie słyszy nawet, nie widzi, co wkoło się dzieje. Inne pytania głowę jego zaprzątają.

Co stało się z Klu-Klu? Gdzie Felek? Dlaczego smutny król go zdradził? Co stanie się z jego państwem? Czy zobaczy się z ojcem i matką, gdy kula pozbawi go życia?

Tak przeszedł całe miasto, tak stanął pod słupem na placu przed wykopanym dołem. I tak blady i spokojny stał, gdy pluton żołnierzy nabijał karabiny i mierzył w niego.

I tak samo spokojnie w ostatniej chwili wysłuchał aktu ułaskawienia:

— Zamiast rozstrzelania — zesłanie na bezludną wyspę.

Zajechał samochód i zabrał Maciusia z powrotem do więzienia: za tydzień go wywiozą na bezludną wyspę.

OPRACOWANIE

BIOGRAFIA JANUSZA KORCZAKA

 Janusz Korczak urodził się w Warszawie w **1878** roku w rodzinie żydowskiej. Jego prawdziwe nazwisko brzmi **Henryk Goldszmit**. Ojciec był znanym i zamożnym adwokatem, więc małemu Henrykowi niczego nie brakowało: miał piękne ubrania, słodyczy i zabawek pod dostatkiem, serdeczną miłość i opiekę rodziców, babci i niani, ale... to mu do szczęścia nie wystarczało. Tęsknił do towarzystwa dzieci. Miał młodszą siostrę, ale to nie to samo, co koledzy.

Kiedy miał jedenaście lat, jego ojciec zmarł, a rodzina ubożała z dnia na dzień. W końcu musieli odprawić służbę i wynająć skromne mieszkanie. Mama sama sprzątała, prała i prasowała.

Henryk chodził do gimnazjum, a potem rozpoczął studia medyczne na Uniwersytecie Warszawskim. W tym samym roku wziął udział w konkursie literackim. Napisał sztukę teatralną, ale musiał ją podpisać godłem (pseudonimem). Podpisał: *Janusz Korczak*. I tak już zostało.

W czasie studiów wydał swoje pierwsze książki: *Dzieci ulicy* i *Dziecko salonu*. Kiedy tylko skończył medycynę, wybuchła I wojna światowa i świeżo upieczony doktor pomaszerował na front, leczyć i opatrywać żołnierzy. Polska była wtedy pod zaborami, Warszawa należała do zaboru rosyjskiego, więc doktor Korczak trafił do rosyjskiego wojska na wojnę rosyjsko-japońską.

Po wojnie wrócił do Warszawy i całą swoją mądrość, wiedzę, energię, zapał oddał dzieciom. Pracował dla dzieci, pisał dla dzieci i o dzieciach dla dorosłych. Był lekarzem w warszawskim szpitaliku dziecięcym, wychowawcą na koloniach (wtedy kolonie dla dzieci były absolutną nowością); założycielem Domu Sierot i jego kierownikiem przez długie lata. To był wspaniale prowadzony dom: z ustalonymi wspólnie prawami i obowiązkami wychowanków, z samorządem dziecięcym, sądem koleżeńskim, własną gazetą. Dzisiaj nie jest to żadną rewelacją, ale wtedy było to coś niesłychanego. Doktor Korczak dokonał prawdziwej rewolucji w dziedzinie wychowywania dzieci.

Był człowiekiem niezwykle pracowitym: wychowywał dzieci, pisał książki, wykładał na dwóch wyższych uczelniach i na kursach dla wychowawców, redagował „Mały Przegląd" — pismo złożone wyłącznie z listów dzieci; był rzeczoznawcą do spraw nieletnich przy sądzie w Warszawie, a to znaczy, że musiał powiedzieć przed sądem, czy chłopiec, który coś ukradł jest zły, głupi, okrutny, czy tylko bezmyślny, albo żądny przygód, bo dla sądu to nie jest wszystko jedno. Oczywiście doktor musiał najpierw takiego chłopca poznać, żeby powiedzieć prawdę.

Doktor Korczak pochodził z rodziny żydowskiej. W czasie okupacji niemieckiej, kiedy wszystkich warszawskich Żydów zamknięto w getcie, przeniesiono tam również Dom Sierot prowadzony przez Janusza Korczaka. Stary Doktor — jak go powszechnie nazywano — cieszył się szacunkiem i sympatią społeczeństwa. Zorganizowano mu ucieczkę. Odmówił. Chciał zostać ze swoimi dziećmi. Wywieziono go razem z nimi do obozu koncentracyjnego w Treblince, gdzie wszystkich zagazowano.

Napisał następujące książki dla dzieci: *Król Maciuś Pierwszy, Król Maciuś na wyspie bezludnej, Bankructwo małego Dżeka, Kiedy znów będę mały, Kajtuś Czarodziej, Józki, Jaśki i Franki.*

PLAN WYDARZEŃ

1. Śmierć Stefana Rozumnego — ojca Maciusia.
2. Koronowanie Maciusia na króla Maciusia Pierwszego.
3. Wybuch wojny.
4. Ucieczka Maciusia i Felka na wojnę.
5. Szczęśliwy powrót i niepomyślne zawarcie pokoju.
6. Maciuś — tyran.
7. Pożyczka pieniężna od pokonanych nieprzyjaciół.
8. Podróże zagraniczne:
    a) do starego króla;
    b) do króla, który przyjaźnił się z żółtymi królami;
    c) do smutnego króla.
9. Wakacje nad morzem.
10. Wyprawa do króla ludożerców Bum-Druma.
11. Powrót ze złotem.
12. Reformatorskie działania Maciusia.
13. Trudna sztuka dyplomacji.

14. Ponowna podróż do króla Bum-Druma w celu sprawdzenia, czy jeszcze jest ludożercą.
15. Zjazd królów białych, czarnych i żółtych w stolicy Maciusia.
16. Zaskakujący przyjazd córki Bum-Druma, królewny Klu-Klu.
17. Choroba z przepracowania.
18. Wakacje królewskie.
19. Przyjazd tysiąca murzyńskich dzieci na naukę do królestwa Maciusia.
20. Efekty reform Maciusia.
21. Przegrana wojna z trzema królami.
22. Maciuś skazany na pobyt na bezludnej wyspie.

TREŚĆ

* * *

Ojciec Maciusia – król Stefan Rozumny – ciężko zachorował. Ministrowie królestwa zebrali się na naradę, ale uradzili tylko tyle, żeby wezwać lekarzy. Kilku ich zgromadziło się przy królewskim łożu i każdy proponował inne lekarstwo.

W czasie, gdy medycy radzili o królewskim zdrowiu, ministrowie radzili o losach państwa. Uważali, że Maciuś jest za mały i nie chcieli, by został królem po śmierci Stefana Rozumnego. Wtedy na salę obrad wszedł ambasador obcego państwa i zażądał, żeby po śmierci Stefana Rozumnego królem został Maciuś, a jeśli ministrowie się nie zgodzą, to będzie wojna. Prezes ministrów nieopatrznie napisał na kartce: *„Dobrze, niech będzie wojna”*.

Maciuś podsłuchiwał obrady ministrów, lecz nic z nich nie rozumiał. Pobiegł do sypialni królewskiej, ponieważ usłyszał, że jego tata wkrótce umrze. Chory król leżał w łóżku i ciężko oddychał. Przerażony Maciuś prosił go, żeby nie umierał. Stary doktor, czuwający przy królewskim łożu, wziął Maciusia na kolana i razem siedzieli przy umierającym. Królewicz był zrozpaczony: pamiętał jak umierała jego matka; nie wiedział dlaczego ministrowie śmiali się z niego. Wzbierał w nim straszny smutek, i gniew, i żal do ministrów: *„Już ja im odpłacę, jak będę królem”* (str. 9) – myślał.

* * *

Ojciec Maciusia zmarł, a jego pogrzeb odbył się z wielką paradą. Od momentu wstąpienia na tron Maciuś cieszył się dużą popularnością wśród swoich poddanych. Ale jako król nudził się bardzo – tęsknił za towarzystwem innych dzieci i w końcu przez swojego lekarza uprosił ministrów, żeby pozwolili mu na piesze przechadzki po mieście. Przede wszystkim chciał iść do parku, gdzie bawiły się wszystkie dzieci.

Po otrzymaniu pozwolenia wybrał się na spacer. Za pierwszym razem poznał w parku Irenkę, córkę kapitana straży ogniowej. Dziewczynka w czasie zabawy powiedziała, że chciałaby mieć lalkę do samego sufitu. Za drugim razem Maciuś zobaczył w parku Felka, chłopca, którego koniecznie chciał poznać, ponieważ Felek przewodniczył wszystkim zabawom dzieci. Felek rozpoznał króla Maciusia, a król ze strachu uciekł do swojego adiutanta. Biegnąc przewrócił się i starł sobie skórę na kolanie. Ministrowie uchwalili, że Maciuś więcej do parku nie pójdzie.

Młody król żałował tego bardzo. Postanowił spełnić marzenie Irenki i kupić jej lalkę do samego sufitu. W sklepach jednak takiej lalki nie było i dopiero jeden z fabrykantów zrobił ją na zamówienie. Potem postawił lalkę na wystawie swojego sklepu, aby wszyscy mogli podziwiać dar króla Maciusia dla Irenki. Była to poza tym wspaniała reklama fabryki i sklepu.

* * *

Dni Maciusia były wypełnione zajęciami. Wstawał wcześnie rano, mył się, jadł śniadanie, pił tran; potem przyjmował ministrów w sali tronowej, gdzie było bardzo zimno, ponieważ piec wyburzono jeszcze za czasów jego prababki. Następnie udawał się na lekcje, a po obiedzie mógł wybrać się na przechadzkę po ogrodach pałacowych.

Maciuś cały czas myślał, jakby poznać Felka i w końcu wymyślił, że jeżeli nauczy się pisać, to napisze list i poda go Felkowi podczas spaceru. W ciągu miesiąca król opanował trudną sztukę pisania, napisał list, w czasie przechadzki zawołał Felka i podał mu swoje pismo. Pisał, że chciałby się zaprzyjaźnić z Felkiem. Następnego dnia otrzymał odpowiedź, że Felek stawi się na każde zawołanie króla, jak tylko Maciuś zagwiżdże na niego. Teraz Maciuś musiał nauczyć się gwizdać, co nie było łatwe. Ale kiedy tylko gwizdnął na spacerze, natychmiast stanął przed nim Felek, który po prostu przeszedł przez kratę do ogrodu królewskiego. Przyjaciele schowali się w krzakach malin i obmyślali, co robić dalej.

* * *

Maciuś zwierzył się Felkowi, że jest bardzo nieszczęśliwym królem, ponieważ rządzą nim ministrowie: musi robić wszystko, co mu każą. Przyjaciele umówili się, że będą zostawiać sobie listy na parkanie. Kiedy

Maciuś zostawi list – gwizdnie; kiedy Felek zostawi list – zakuka. Na tym musieli zakończyć rozmowę, bo zagraniczny guwerner już szukał Maciusia. Jakiś czas trwała wymiana korespondencji, a dodatkowo Maciuś zrywał dla Felka wiśnie i maliny z królewskiego ogrodu. Poza tym miał wyrzuty sumienia, że jako król pisze listy do syna plutonowego, ponieważ było to wielkie uchybienie przeciwko etykiecie dworskiej. Aż tu pewnego dnia Felek doniósł mu, że wybuchła wojna: aż trzy państwa wypowiedziały wojnę krajowi Maciusia korzystając z tego, że król jest młody i niedoświadczony.

Wzburzony Maciuś chciał koniecznie zaraz iść na posiedzenie rady ministrów i zrobić im awanturę za to, że mu nic nie powiedzieli. Mistrz ceremonii ledwo zdołał go powstrzymać (takie wtargnięcie króla na salę obrad byłoby poważnym naruszeniem etykiety). Maciuś dał swoim ministrom dziesięć minut czasu na zaproszenie go na obrady. Po dziesięciu minutach wszedł na salę i od ministra wojny uzyskał oficjalne potwierdzenie wiadomości.

A potem ministrowie pokłócili się.

* * *

Rano Maciuś wymknął się do królewskiego ogrodu, gdzie na przemian płakał i modlił się prosząc Boga o rozum w tak ważnej chwili. W końcu zmęczony zasnął i przyśnił mu się jego ojciec. Potem Maciuś przewodniczył obradom ministrów, przy czym wykazał się rozsądkiem i mądrością: nie pozwolił swoim ministrom odejść ze stanowisk (chociaż niektórzy mieli na to ochotę); posłów wrogich państw odprawił dumnie, ale grzecznie.

Wieczorem spotkał się z Felkiem gotowym do ucieczki na front. Od niego dowiedział się, że odbyły się już dwie bitwy. Król postanowił uciec razem z przyjacielem, zabierając na drogę butelkę koniaku, doskonałą kiełbasę i kawał łososia – przysmaki swego guwernera. Dla niepoznaki przybrał sobie imię: Tomek.

* * *

W nocy Maciuś przeskoczył, a raczej przelazł przez płot królewskiego ogrodu i pobiegł z Felkiem na centralny dworzec wojskowy, skąd odprawiano pociągi na front. Felek nie mógł znaleźć żołnierzy, którzy obiecali przemycić go do pociągu. W końcu spotkali przewodnika – rudego, niesympatycznego wyrostka. Na widok Maciusia, ubranego w lakierowane pantofle, białą koszulę i zielony krawat, wyrostek zrobił pogardliwą minę, po czym nazwał Maciusia – „lalą". Król był oburzony, ale nie miał czasu na protesty.

Nagle w powietrze wyleciała skrzynia rakiet wojskowych – widocznie ktoś nieuważny zaprószył ogień. Przewodnik Felka i Maciusia został ciężko ranny. Natychmiast zabrano go do szpitala i chłopcy znowu zostali sami. Wkrótce Felek odnalazł zaprzyjaźnionych żołnierzy, ale i ci kręcili nosem na Maciusia. Król był bliski łez.

Nareszcie pociąg nadjechał. Żołnierze – przekupieni butelką królewskiego koniaku – ukryli Felka i Maciusia w wagonie, gdzie zmęczony król zasnął twardym snem.

* * *

Długo jechał pociąg, którym podróżowali uciekinierzy: zatrzymywał się na stacjach, albo w szczerym polu, czasami był cofany do miejscowości, które już minęli. Maciuś czuł się okropnie: od zaduchu bolała go głowa, miał katar, pchły go oblazły i skóra swędziała od ich ukąszeń. Musiał się chować przed porucznikiem i nie mógł opuszczać wagonu. Słuchał żołnierskich pogawędek o królach, wojnach i żołnierzach. Ludzie chwalili jego ojca za to, że unikał wojen i Maciusiowi robiło się lżej na sercu.

Pewnego dnia mieli stać szczególnie długo, ponieważ trzeba było przepuścić pociąg królewski, którym jechał minister wojny. Maciuś bardzo się bał, że minister go rozpozna, ale on – pogrążony we własnych myślach – w ogóle nie zwrócił na chłopca uwagi. Pokonanie trzech przeciwników na raz było bardzo trudnym zadaniem i minister wojny o tym musiał myśleć. Miał za mało armat, karabinów, odzieży dla wojska. Wymyślił, że najpierw uderzy na jednego wroga, zabierze mu wszystko, co się da zabrać, i dopiero wtedy weźmie się za drugiego.

A Maciuś jeszcze raz przekonał się, że musi się wiele nauczyć. Bo do prowadzenia wojny potrzebna jest wiedza z geografii, a on nawet nie wiedział, jak wygląda jego kraj.

* * *

A w pałacu... Kiedy lokaj wszedł rano do sypialni Maciusia, od razu zobaczył, że króla nie ma w łóżku. Natychmiast zawiadomił mistrza ceremonii, a ten z kolei dał znać prezesowi rady ministrów, ministrowi spraw wewnętrznych i prefektowi policji. Wszyscy zgodzili się co do tego, że zaginięcie Maciusia trzeba utrzymać w tajemnicy, bo jeżeli wojsko się dowie o zniknięciu króla – nie będzie chciało się bić. Przeszukano ogród królewski i parkową sadzawkę, żeby sprawdzić, czy Maciusia nie porwano i nie utopiono.

Ponieważ Maciusia nie znaleziono, rozpowiedziano wszystkim, że król się źle czuje i tego dnia zostanie w łóżku, do którego dostęp będzie miał jedynie lekarz. Prezes ministrów wpadł na pomysł, aby zrobić lalkę z porcelany, takiego „zastępcę" króla do czasu wyjaśnienia sprawy. Z fabrykantem lalek (tym samym, który zrobił lalkę dla Irenki) rozmawiał minister handlu i aż się spocił – fabrykant zażądał niebotycznej sumy. Ale cóż było robić – państwo bez króla nie może istnieć. Następnego dnia lalka była gotowa.

Prefekt policji zbadał ślady w królewskim ogrodzie i na ich podstawie doszedł do wniosku, że Maciuś został porwany i wywieziony na... krowie w nieznane miejsce.

* * *

Na froncie...

Wojska króla Maciusia uderzyły całą siłą na wojska jednego z nieprzyjaciół i pobiły je. Poszły dalej naprzód, zdobyły jeszcze kilka miast i musiały się zatrzymać, bo nadciągały armie dwóch pozostałych wrogów na pomoc pobitemu. Maciuś przez całą noc razem z innymi żołnierzami kopał rowy i bardzo się zmęczył. Następnego dnia rozpoczęła się bitwa. Wojsko króla Maciusia ukryte w okopach dzielnie odpierało ataki nieprzyjaciół. Bitwa była wygrana. I właśnie wtedy przyszedł rozkaz odwrotu. Okazało się, że żołnierze zapuścili się za daleko i zostali otoczeni przez wrogie armie.

* * *

Żołnierzom udało się wydostać z okrążenia i przedrzeć do swoich. Maciuś przekonał się, że wojna to nie przelewki; na wojnie jest strasznie: dokucza głód i obtarte nogi, i ciężki karabin, i potworne zmęczenie, a co najgorsze – giną ludzie. Maciusia i pozostałych żołnierzy przeniesiono do rezerwy, żeby mogli sobie odpocząć. Chłopców (Maciusia i Felka) nazwano żartobliwie Waligórą i Wyrwidębem. Do królewskich uszu coraz częściej dochodziły pogłoski o królu Maciusiu urzędującym w stolicy, czemu nie mógł się nadziwić.

Po odpoczynku znów skierowano ich na front. Rozpoczęła się tak zwana wojna pozycyjna: wrogie armie siedziały w okopach i strzelały do siebie, ale nie czyniły sobie nawzajem wielkich szkód. Młody porucznik, wykorzystując wolny czas, zaczął uczyć króla, a Maciuś uczył się chętnie, bo nie miał nic innego do roboty. Ale wojna to wojna – czasem do okopu wpadnie kula armatnia, pokaleczy i zabije żołnierzy, czasem trafi tu jakiś pocisk. Pewnego razu król został ranny i chociaż rana nie była groźna, odesłano go do szpitala.

Tam Maciuś nareszcie wyspał się w czystym łóżku, dostał ręcznik, talerz i kubek – luksus! Lecz pojawiło się niebezpieczeństwo, że ktoś go rozpozna. Żona pułkownika powiedziała, że chłopiec jest bardzo podobny do króla Maciusia. Chcieli mu nawet zrobić fotografię do gazety, ale stanowczo zaprotestował.

Kiedy wyzdrowiał, proszono go o pozostanie w szpitalu, gdzie mógłby podawać chorym herbatę czy pomóc w kuchni, lecz król Maciuś wrócił do okopów – do swoich żołnierzy.

* * *

W okopach nie zastał Felka – ruchliwy chłopak nie mógł wysiedzieć w jednym miejscu, wyskoczył kiedyś na powierzchnię, wypiął tylną część ciała na wrogich żołnierzy i krzyknął, że mogą strzelać. Żołnierze strzelili, nie trafili, ale porucznik tak się zdenerwował, że wsadził Felka na trzy dni do ciemnicy o chlebie i wodzie. Potem postanowiono, że Felek będzie latał na aeroplanie i zrzucał bomby na nieprzyjaciół.

Maciuś został bez przyjaciela, lecz, mówiąc szczerze, był z tego zadowolony. Felek zapomniał, że Maciuś jest królem i traktował go z wyższością – jak młodszego kolegę. Toteż Maciuś odetchnął z ulgą, bo dopiero teraz mógł pokazać, jaki jest sprytny i przydatny.

W przebraniu pastuszka przekradł się na stronę nieprzyjaciela, gdzie doznał tak życzliwego przyjęcia, że głupio mu się zrobiło na myśl, iż on przyszedł tu szpiegować. Jednak za to życzliwe przyjęcie kazano mu przejść na drugą stronę i... szpiegować. Wyszło na to, że Maciuś musiałby szpiegować swoich. Kiedy spytano go, czy wie, jak wygląda prochownia, powiedział, że nie wie. Nieprzyjacielscy żołnierze pokazali mu swoją prochownię i wysłali na drugą stronę frontu, by odszukał taki magazyn u swoich. Oczywiście Maciuś ani myślał tak zrobić. Opowiedział wszystko oficerom i na podstawie jego wskazówek wojska zbombardowały prochownię nieprzyjaciela.

Za rozpoznanie terenu nieprzyjaciela Maciuś dostał medal.

* * *

Całą zimę wojska króla Maciusia przesiedziały w okopach, a wiosną ruszyły do ataku. Najpierw odbył się atak próbny. Maciuś tak się rozpędził, że jako jeden z pierwszych dotarł do okopów wroga i... dostał się do niewoli. Oficer nieprzyjacielski rozpoznał w nim chłopca, po wizycie którego zbombardowano im prochownię. Powiedział, że Maciuś jest szpiegiem i że natychmiast każe go powiesić. Maciuś bronił się mówiąc, iż jest żołnierzem-wywiadowcą i zasługuje przynajmniej na rozstrzelanie, a prochownię pokazał mu oficer, chociaż nie wolno tego robić.

Jako żołnierza postawiono Maciusia przed sądem wojennym i skazano na śmierć przez rozstrzelanie. Adwokat chłopca nie zgodził się z tym wyrokiem i sprawę skierowano do sądu wyższej instancji, a Maciusia zamknięto w więzieniu, czyli zwykłej wiejskiej chałupie, przed którą stała warta. Maciuś nie przejął się swoim losem — jakoś nie bardzo mógł uwierzyć w to, że naprawdę go zabiją.

Wieczorem nadleciały samoloty i zbombardowały armię nieprzyjaciela. Jedna z bomb spadła na więzienie Maciusia. Kiedy młody król ocknął się po pewnym czasie, zobaczył, że leży na szerokim łóżku w pięknie umeblowanym pokoju.

* * *

Felek zdradził generałom, gdzie się znajduje król Maciuś, a było to tak: Kiedy król walczył na froncie, po stolicy obwożono w samochodzie porcelanową lalkę, która potrafiła salutować i kiwać głową, ale przecież nie potrafiła się uśmiechać, ani mówić, ani chodzić. W końcu szpiedzy wrogich państw zaczęli się czegoś domyślać. Wynajęli łobuza, który rzucił kamieniem i rozbił porcelanową lalkę na oczach tłumu.

W przeddzień generalnego ataku wojsk króla Maciusia, nad jego żołnierzami pojawiły się samoloty, które zrzucały ulotki (proklamacje) informujące o tym, że króla Maciusia nie ma, a ministrowie i rząd oszukują żołnierzy wożąc samochodem kukłę. Oburzeni żołnierze nie chcieli iść do taku. Wtedy właśnie Felek zdecydował się powiedzieć, że król Maciuś walczy na froncie. Generałowie zadzwonili do kapitana, żeby natychmiast przysłał Maciusia do sztabu, a tu okazało się, że król jest w niewoli! Zaraz postanowiono uderzyć na wroga aeroplanami i odbić króla. Atak się udał, Maciuś wrócił do swoich.

Nazajutrz wszystkie gazety podały informację o odnalezieniu króla. Zapał bojowy żołnierzy wzrósł gwałtownie i w generalnym ataku pobili dwóch wrogów naraz. Jeden z królów dostał się do niewoli, ale Maciuś darował mu wolność i poprosił, żeby zabrał swoje wojska i szybko opuścił jego kraj.

* * *

Następnego dnia król Maciuś dostał list od swoich trzech wrogów, w którym prosili go o pokój. Maciuś zgodził się chętnie, a i żołnierze byli zadowoleni, że mogą wrócić do domów.

Po powrocie do pałacu król przede wszystkim wyspał się porządnie, a potem rozpoczął rządy w sposób iście żołnierski: obrzucił wyzwiskami swoich dworaków, na śniadanie zażądał kiełbasy z kapustą i piwa, kazał wylać na siebie kubeł zimnej wody, bo tak kąpał się w wojsku. Następnie włożył koronę i poszedł do sali posiedzeń z mocnym postanowieniem, że od tej pory to ministrowie będą jego słuchać. W sali zastał tylko ministra wojny. Rozkazał mu zwołać wszystkich innych na naradę na godzinę drugą. Zażądał też, aby minister wojny postawił pod drzwiami sali obrad pluton żołnierzy.

Potem poszedł do królewskiego ogrodu i przywołał Felka. Felek jednak wiedział, że za przestawanie z królem Maciusiem dostanie lanie od ojca i próbował wykręcić się od wspólnej zabawy. Maciuś zdecydował się mianować Felka faworytem królewskim. Zmusił sekretarza stanu do sporządzenia odpowiedniego dokumentu.

Ale oto okazało się, że już jest godzina druga, król musi udać się na naradę z ministrami, a Felek – wrócić do domu.

* * *

Na naradzie wszyscy ministrowie narzekali na brak pieniędzy. Okazało się, że zwycięska wojna dużo kosztowała i teraz państwo ma kłopoty finansowe tym większe, że Maciuś nie zażądał od pokonanych królów kontrybucji.

Maciuś – którego zdenerwowała długa przemowa prezesa ministrów, i który pamiętał o swoim postanowieniu, że od dziś to on rządzi, a nie ministrowie – postąpił niemądrze: kazał plutonowi żołnierzy czekającemu pod drzwiami wejść i aresztować ministrów. Jeszcze tylko minister sprawiedliwości zdążył krzyknąć, że *„to się nazywa dyktatura wojskowa”*, i zabrano ich do więzienia.

Maciuś został sam i poczuł się zupełnie bezradny. Na stole piętrzyły się stosy papierów, które trzeba było podpisać, a on nie wiedział, które z nich są ważne i dlaczego *„na jednych pisze się zezwalam, na drugich odłożyć albo zabronić”* (str. 69). Zrozumiał, że popełnił błąd, ale nie wiedział, jak go naprawić.

Nagle pod oknem rozległo się kukanie kukułki – to Felek wzywał przyjaciela. Przyszedł pożyczyć trochę pieniędzy na papierosy i czekoladę. Maciuś opowiedział mu o swoim strapieniu, a wtedy Felek orzekł, ze król może po prostu wypuścić ministrów z więzienia. Młody król bardzo się ucieszył, bo wcześniej jakoś to mu nie przyszło do głowy. Ale postanowił wywalczyć trochę wolności dla siebie: żeby mógł się bawić jak każde dziecko, i dawać prezenty przyjaciołom, i żeby wszystkiego uczył go kapitan (ten z okopów), a zagraniczny guwerner – tylko języków obcych.

Następnie do króla przyszedł stary doktor z prośbami od uwięzionych ministrów. Prosili o ciepłą pościel, biały chleb i książki. Maciuś na wszystko się zgodził, bo zrozumiał, że bez ministrów rządzić się nie da, zamierzał ich uwolnić i pogodzić się z nimi.

* * *

Maciuś myślał przez całą noc. Rano spotkał się z ministrami w więziennej jadalni i oznajmił im, że odtąd oni będą się zajmować dorosłymi, a Maciuś będzie rządził dziećmi. Minister sprawiedliwości zaprotestował, że z punktu widzenia prawa jest to niemożliwe, chyba, że król Maciuś nazwie siebie reformatorem, czyli królem, który zmienia prawa. Wtedy mógłby się nazwać: król Maciuś Pierwszy-Reformator. Na takie rozwiązanie wszyscy się zgodzili. Niestety, przy okazji wyszło na jaw, że tytuł królewskiego faworyta Felek otrzymał zupełnie bezprawnie, że jest to niewskazane i trzeba mu ten papier odebrać.

Następnie król oświadczył ministrom, że są wolni i przystąpił do realizacji swojej pierwszej reformy: rozkazał, żeby każdy uczeń już nazajutrz otrzymał w szkole funt czekolady. Ministrom z trudem udało się przekonać Maciusia, że:

– po pierwsze: funt czekolady to za dużo i dzieci się pochorują;

– po drugie: nie jest to reforma, ale podarunek, dar królewski dla dzieci szkolnych;

– po trzecie: wykonanie tego już następnego dnia jest niemożliwe, bo trzeba tę czekoladę rozwieźć po całym kraju, a to musi zająć sporo czasu.

Maciuś nawet ucieszył się, że ma takich mądrych doradców.

Po powrocie z narady Maciuś przywołał Felka. Przyjaciel chętnie oddał mu zaświadczenie o tym, że jest królewskim faworytem, bo dostał za przyjęcie go lanie od ojca. Maciuś ofiarował Felkowi za ten papier *„łyżwy, dwie lanki, album z markami, palące szkło i magnes"* (str. 76).

* * *

Nazajutrz prezes ministrów poinformował Maciusia na audiencji, że muszą zaciągnąć pożyczkę od zagranicznych królów. Maciuś zgodził się na to.

Jeszcze tego samego dnia zaczął lekcje z kapitanem (bo „jego" porucznik awansował). Okazało się, że kapitan ma dwoje dzieci: Stasia i Helenkę, więc Maciuś zaproponował mu, żeby zamieszkał w pałacu z rodziną. W ten sposób zyskał miłych towarzyszy zabaw i nauki, ponieważ dzieci uczyły się razem z nim.

Teraz i inne dzieci zyskały wstęp do królewskiego ogrodu i na pokoje. Z jednej strony budziło to niezadowolenie służby, która musiała więcej sprzątać, z drugiej – w pałacu zrobiło się wesoło, rozbrzmiewał śmiechem i krzykami dzieci.

Na ulicach miasta żołnierze rozdawali dzieciom czekoladę z ciężarówek i wszyscy wiwatowali na cześć króla Maciusia. Wieczorem najlepsi uczniowie zostali zaproszeni do teatru. Był tam również król Maciuś i dzień zakończył się nadzwyczaj przyjemnie.

Następnego dnia od rana czekały na Maciusia sprawy wagi państwowej: musiał uważnie wysłuchać prośby o pożyczkę, którą napisali ministrowie, a pismo było długie i nudne. Zagraniczni posłowie, obecni przy czytaniu, obiecali, że prześlą to pismo do swoich królów. Maciuś, podpisując się na akcie urzędowym, napisał od siebie:

„Wasze królewskie mości. Ja was pobiłem i nie wziąłem żadnej kontrybucji, a teraz proszę, żebyście mi pożyczyli pieniądze. Więc nie bądźcie świniami i pożyczcie.

Król Maciuś Pierwszy" (str. 80)
Reformator

* * *

Maciuś został zaproszony do złożenia wizyty zagranicznej. Pojechał do obcych państw w towarzystwie kapitana, Stasia, Helenki i starego doktora. Ministrowie byli trochę oburzeni, że ich nie zaproszono, ale ostatecznie pogodzili się z tym. Ostrzegali tylko Maciusia, żeby nie podpisywał za granicą żadnych papierów i w ogóle – żeby się pilnował.

Cały dzień i noc jechał Maciuś do stolicy obcego państwa, gdzie zgotowano mu tak serdeczne przyjęcie, jakiego się nie spodziewał w najśmielszych marzeniach. Bawił u starego króla dziesięć dni, a każdy dzień był wypełniony licznymi rozrywkami. Młodziutki król brał udział w polowaniach, balach, wycieczkach, wystawnych ucztach, oglądał przedstawienia teatralne i parady wojskowe. W końcu nadeszła długo oczekiwana atrakcja: rozegrana na niby bitwa morska. *„Maciuś pierwszy raz w życiu płynął admiralskim okrętem, który nazwano imieniem Maciusia"* (str. 83). Ale trzeba było pożegnać gościnnego władcę.

Drugi król przyjął Maciusia znacznie skromniej, ale za to w jego stolicy mieścił się największy ogród zoologiczny na świecie. Maciuś z upodobaniem oglądał dzikie zwierzęta i zapragnął mieć taki ogród u siebie. Poza tym na dworze królewskim przebywali królowie z egzotycznych krain: z Chin, Afryki i Australii. Król Maciuś dostał od nich w podarunku *„cztery śliczne papugi, które mówiły jak ludzie"*, krokodyla, węża i *„dwie nadzwyczaj ucieszne małpki tresowane"* (str. 83–84).

Trzeba było jechać dalej.

* * *

Trzeci król przyjął Maciusia tak skromnie, że niemile go zaskoczył. Był to dziwny król – młody, ale smutny. Rozmawiał z Maciusiem o tym, jak trudno jest rządzić państwem i wprowadzać reformy. Mówił też, że królem jest się po to, żeby dać szczęście ludowi, ale że to jest bardzo trudne, bo zawsze się znajdą niezadowoleni i nieszczęśliwi. Pokazał mu gmach parlamentu: *„ogromny i piękny dom, w środku podobny trochę do teatru, a trochę do kościoła"* (str. 88). Tam na fotelach siedzieli panowie. Raz po raz któryś z nich wychodził na mównicę i wygłaszał mowę. Jeżeli jeden z nich mówił, że ministrowie są dobrzy i uczciwi, to drugi zaraz odpowiadał, że – nieprawda, bo są źli i głupi. Był nawet taki, który krzyknął: *„Precz z królem!"*. Maciuś słuchał tego wszystkiego z niemałym zdumieniem. Zupełnie nie wiedział, co o tym myśleć.

* * *

Ministrowie Maciusia (mając w pamięci jego pismo, w którym napisał do zagranicznych królów, żeby nie byli świniami) bali się, że król może coś popsuć w ostatniej chwili i kraj nie dostanie pożyczki, dlatego postanowili, żeby Maciuś jeszcze miesiąc został za granicą dla odpoczynku.

Młodemu królowi bardzo to odpowiadało. Zamieszkał z przyjaciółmi w hotelu nad morzem i wreszcie mógł bawić się jak inne dzieci: kąpać się w morzu, zbierać muszelki, budować zamki z piasku. Rozmawiał dużo ze starym lekarzem i dowiedział się od niego, że w jego kraju są dzieci biedne i głodne, mieszkające w ciasnych, wilgotnych mieszkaniach. Królowi zrobiło się bardzo żal tych dzieci. A kiedy jeszcze usłyszał, że w państwie smutnego króla istnieje prawo, które nakazuje, żeby każde miasto zbudowało dla swoich dzieci dom w lesie, dokąd będą mogły wyjeżdżać latem – postanowił, że po powrocie wyda takie prawo w swoim kraju.

* * *

Po powrocie do kraju Maciuś dowiedział się, że pożyczka jest już załatwiona i brakuje tylko jego podpisu, żeby bankier mógł jechać po pieniądze. Maciuś podpisał i niecierpliwie czekał na powrót bankiera, bo chciał natychmiast wprowadzić swoje reformy:

1. Zbudować w górach i nad morzem domy, w których dzieci mogłyby spędzać wakacje;
2. Obok każdej szkoły postawić huśtawkę i karuzelę z muzyką;
3. Urządzić w stolicy wielki ogród zoologiczny.

Ale kiedy już bankier przywiózł pieniądze, okazało się, że w państwie są znacznie ważniejsze sprawy do załatwienia: trzeba zbudować nowe szkoły i mosty, spłacić długi wojenne – i na reformy Maciusia pieniędzy już nie wystarczy. Maciuś napisał do smutnego króla, żeby mu pożyczył pieniądze. Monarcha odpisał, że owszem, pożyczy, pod warunkiem, że Maciuś wprowadzi u siebie w kraju rządy całego narodu. Maciuś pomyślał, że na to ministrowie się nie zgodzą, ale oni przypomnieli sobie, jak ich król wsadził do więzienia i zgodzili się. Z całego kraju zaczęli się zjeżdżać różni mądrzy ludzie i radzić o tym, jak cały naród ma wyrażać swoją wolę. Bankierzy z kolei liczyli, ile pieniędzy trzeba będzie na wprowadzenie reform Maciusia.

Król tymczasem przyjmował kupców, którzy oferowali mu zwierzęta do projektowanego ZOO. Pewnego dnia wśród nich pojawił się bardzo czarny Murzyn; tak czarny, że aż trudno to sobie wyobrazić. Powiedział Maciusiowi, że jest posłem potężnego króla Bum-Druma z Afryki, i że jego król może dostarczyć Maciusiowi wiele różnych dzikich zwierząt, a w zamian chce jedynie przyjechać z dwutygodniową wizytą do kraju Maciusia. Najpierw jednak zaprasza młodego króla do siebie. Kupcy dzikich zwierząt zaczęli odradzać Maciusiowi wyjazd; mówili, że król Bum-Drum jest ludożercą. Ale Maciuś im nie uwierzył.

* * *

Wszyscy odradzali Maciusiowi podróż do kraju ludożerców, lecz młody król się uparł. Ostatecznie stanęło na tym, że pojedzie, a towarzyszyć mu będą: stary profesor, który zna pięćdziesiąt języków, kapitan, doktor i Felek. Oczywiście przewodnikiem będzie posłaniec króla Bum-Druma. W ostatniej chwili do wyprawy dołączył jeden angielski marynarz i jeden francuski podróżnik.

Podróż do Afryki trwała bardzo długo: najpierw jechali pociągiem, potem płynęli statkiem, a potem znowu jechali koleją. Wreszcie dotarli do ostatniej wioski na skraju pustyni. Było w niej kilka sklepów i garnizon wojskowy. Tu Murzyn-przewodnik zostawił ich, a sam pojechał do króla, żeby wszystko przygotować. Podróżnicy byli dobrej myśli. Maciuś nauczył się jeździć na wielbłądzie.

* * *

W nocy przyjechała po Maciusia karawana od króla Bum-Druma, a jechała tak głośno i hucznie, że można było sądzić, iż to jest napad.

Rozpoczął się najgorszy odcinek drogi: jazda na wielbłądach przez pustynię. Maciuś *„opalił się i zesechł, oczy od białego piasku zaczerwieniły się i piekły, a na skórze pokazały się czerwone, swędzące krostki"* (str. 102). Dwa razy zatrzymywali się podróżnicy w oazach; ostatni postój trwał pięć dni, a potem jeszcze cztery dni jechali do kraju Bum-Druma.

Król ludożerców z całym dworem wyjechał na powitanie Maciusia. Czarownicy murzyńscy odprawili nabożeństwo do swoich bożków i zaczęła się ceremonia powitalna. Król i jego synowie fikali kozły w przód – na znak radości. Następnie Bum-Drum poprosił Maciusia, żeby go zjadł, a kiedy Maciuś odmówił, król ludożerców podniósł wielki lament, że biały człowiek go nie szanuje i nie kocha. Na znak żałości zaczęli wszyscy fikać kozły w tył.

Bum-Drum bardzo się starał przyjąć godnie Maciusia, ale jego obyczaje były na tyle odmienne, że biednemu białemu królowi czasem robiło się nieprzyjemnie, jak wtedy, gdy Bum-Drum wyjął ze skarbca starą fuzję i poprosił Maciusia o zastrzelenie najstarszej królewny murzyńskiej.

Czarownik, widząc, że Maciuś nie chce brać udziału w ich rozrywkach i zabawach, zaczął podejrzewać białego króla o nieszczerość i podał mu truciznę. Na szczęście doktor szybko zorientował się, co się dzieje z Maciusiem i narobił krzyku. Król Bum-Drum natychmiast przyniósł odtrutkę, przemocą wlał ją w gardło Maciusia i w ten sposób uratował mu życie. Maciuś spał trzy dni.

* * *

Starszy kapłan ludożerców bardzo się zawstydził, że chciał otruć Maciusia, ale mały król mu przebaczył. W nagrodę mógł obejrzeć najciekawsze sztuki magiczne czarownika. Było tam i chodzenie w powietrzu, i obcięcie głowy dziecku (ale potem okazało się, że głowa zrosła się z tułowiem i chłopiec wstał cały i zdrów), i dmuchanie na starą, grubą palmę z taką siłą, że drzewo się złamało. Wszystkie sztuki bardzo się Maciusiowi podobały.

Maciuś zwiedzał kraj króla Bum-Druma. Zobaczył nędzne wsie murzyńskie, gdzie ludzie mieszkali w szałasach razem ze zwierzętami, chorowali ciężko, a nie miał ich kto leczyć (doktor rozdawał lekarstwa); trupy ludzi rozszarpanych przez dzikie zwierzęta. Wszystko to bardzo wstrząsnęło Maciusiem i zaczął się zastanawiać, jakby tu im pomóc. W końcu wymyślił, że jak wróci do kraju, to napisze do gazet, żeby ci, którzy nie mają pracy, pojechali do Murzynów budować drogi i koleje.

Na zakończenie wizyty Maciusia król Bum-Drum urządził wielkie święto przyjaźni. Zeszli się ludzie z wszystkich wiosek i wybrali tych, którzy w tym roku zostaną zjedzeni przez dwór królewski. Był to wielki zaszczyt i wybrańcy nie posiadali się z radości. Następnie król Bum-Drum udowadniał swoją przyjaźń dla Maciusia. Najpierw ostrą krawędzią muszli zadrapał palec środkowy swój i Maciusia, a kiedy pojawiła się krew zlizał ją z Maciusiowego palca. Maciuś musiał polizać palec króla Bum-Druma. Znaczyło to, że król Bum-Drum gotów jest dla swego przyjaciela krwi utoczyć (na przykład, gdyby się znaleźli we dwóch na pustyni i zabrakło im wody). Później wrzucono białego króla do sadzawki pełnej krokodyli, z której natychmiast wyratował go Bum-Drum. Zaledwie Maciuś został wyciągnięty z wody, nasmarowano go jakimś tłuszczem i kazano mu wskoczyć do ogniska, z którego oczywiście zaraz Bum-Drum go wyciągnął. Na koniec Maciuś musiał zeskoczyć z bardzo wysokiej palmy, ale Bum-Drum złapał go tak zręcznie, że nic się chłopcu nie stało. Te wszystkie „hece" miały udowodnić, jak wielka jest przyjaźń Bum-Druma dla Maciusia i były rodzajem niepisanej umowy – przysięgi wierności.

Maciuś usiłował namówić murzyńskiego króla do poniechania brzydkiego zwyczaju zjadania ludzi, ale okazało się, że taka reforma w kraju afrykańskim jest niemożliwa. Dziadek Bum-Druma próbował ją wprowadzić, za co został zjedzony.

Wieczorem Maciuś wybrał się na przechadzkę po lesie. Znalazła go tam mała Klu-Klu, córka Bum-Druma, i oświadczyła, że kocha Maciusia i chce z nim jechać do Europy, ale Maciuś wcale nie miał ochoty jej zabierać.

Ponieważ na prośbę o pożyczenie złota król Bum-Drum odparł, że złoto i diamenty może brać Maciuś do woli, bo Bum-Drumowi one są niepotrzebne, załadowano przed podróżą pełne skrzynie bogactw, owoców, napojów, przysmaków i ruszono w drogę powrotną do Europy.

* * *

W kraju ministrowie czekali na Maciusia i niecierpliwili się, że tak długo nie wraca. Zaraz po powrocie miał podpisać konstytucję, w której była mowa o tym, że cały naród rządzi. Najpierw jednak trzeba było podpisać manifest, w którym król Maciuś powoła naród do rządzenia. Maciuś podpisał wszystkie dokumenty, a potem powiedział, co on chce zrobić dla dzieci:

— każde dziecko dostanie na lato dwie piłki, a na zimę łyżwy;

— co dzień po szkole otrzyma jednego cukierka i jedno ciastko z cukrem;

— dziewczynki będą co rok dostawały lalki, a chłopcy scyzoryki;

— przy każdej szkole zostaną zainstalowane huśtawki i karuzele;

— oprócz tego do zeszytów i książek, które dzieci kupują w sklepach mają być dodawane kolorowe obrazki.

Oświadczył też, że to dopiero początek, gdyż planuje zrobić dużo więcej dla dzieci. Maciuś myślał, że teraz na pewno wystarczy mu pieniędzy, bo przecież przywiózł pociąg pełen złota, srebra i drogich kamieni, które dostał od króla Bum-Druma.

Gdy dzieci dowiedziały się o planach króla, zapanowała powszechna radość. Każdy, kto umiał pisać, chwytał za pióro i pisał list do Maciusia przedstawiając mu swoje prośby. *„Sekretarz listy otwierał, czytał i wyrzucał. Tak się zawsze robiło na królewskich dworach"* (str. 110). Ale kiedyś Maciuś zauważył, jak lokaj wynosi kosz z papierami i zainteresował się, co to za papiery. Kiedy dowiedział się, że są to listy adresowane do niego, bardzo się oburzył. Kazał je zanieść do swojego gabinetu. Miał zamiar przeczytać wszystkie, ale wkrótce okazało się, że jest to absolutnie niemożliwe: listów było tak dużo, że nie mógłby ani jeść, ani spać, ani nic innego robić, tylko czytać. Odłożył więc na bok listy z prośbami, które go najbardziej poruszyły i poszedł spać myśląc, że przecież trzeba ten problem rozwiązać.

* * *

Następnego dnia od rana Maciuś zabrał się do czytania listów. Czytał i czytał, zbliżała się pora obiadu, był głodny... Właśnie wtedy wszedł do gabinetu sekretarz, a za nim czterech ludzi dźwigających worek listów, które tego dnia nadeszły do Maciusia. Oj, bardzo się król zdenerwował! Zrobił awanturę sekretarzowi, aż wreszcie z przykrej sytuacji wybawił sekretarza prezes ministrów. Długo rozmawiał z Maciusiem na osobności, a potem wezwano ponownie sekretarza i król poprosił o wyjaśnienia. Sekretarz powiedział, że każdy list, który przychodzi do króla, jest notowany w specjalnej księdze i ma swój numer. Dzięki temu w kancelarii królewskiej panuje ład i porządek. Maciuś uwierzył mu, gdy sekretarz pokazał wpisany w księdze list z prośbą o buty dla ucznia. Był to jeden z tych listów, które szczególnie wzruszyły króla.

Potem ustalono, że urzędnicy w dalszym ciągu będą czytać i notować treść listów, a listy z prośbami o pomoc dokładnie sprawdzać: czy proszący nie oszukują, bo – niestety – nie można wierzyć wszystkim. Maciuś będzie przyjmował dzieci na specjalnej audiencji, w czasie której rozda im uprzednio przygotowane prezenty. Każde dziecko będzie miało swój numer i paczka dla niego będzie opatrzona takim samym numerem, żeby nie było pomyłki. Pomysł ten szybko wszedł w życie ku zadowoleniu Maciusia.

Teraz jego plan dnia wyglądał następująco: rano lekcje, o dwunastej śniadanie, potem godzina audiencji dla posłów i ministrów, potem do obiadu czytanie listów. Po obiedzie audiencja dla dzieci, potem aż do kolacji narady z ministrami. Maciuś zorientował się, że nie zostało mu ani chwili czasu na zabawę, lecz swoje królewskie obowiązki traktował bardzo poważnie, więc nie rozpaczał z tego powodu.

* * *

Na audiencję dla dzieci siłą wdarł się dziennikarz, którego wcześniej nie chciano dopuścić do króla. Po skończonej audiencji Maciuś długo z nim rozmawiał, a następnego dnia zwiedził dom, w którym wydawano gazetę. Potem znów długo rozmawiał z dziennikarzem i w efekcie tych rozmów narodził się pomysł, by powołać parlament dziecięcy. Bo skoro dorośli mają swój parlament i mogą się spotykać i mówić o wszystkim, co im się nie podoba i co im się podoba, to dlaczego dzieci nie mogłyby robić tak samo? One najlepiej wiedzą, czego im potrzeba. Pomysły królewskie nie zawsze są trafne, więc dobrze by było, gdyby dzieci mogły też mieć swoją gazetę, w której pisałyby o tym, co król powinien dla nich zrobić. Maciusiowi to rozwiązanie bardzo się spodobało.

Wygłosił długie przemówienie do swoich ministrów, w którym oświadczył, że pragnie być królem dzieci, a dorośli mogą wybrać sobie innego króla, jeżeli uważają, że on jest za mały. Uzyskał zgodę ministrów na powołanie parlamentu dziecięcego i na wydawanie gazety. Gazetę miał wydawać dziennikarz, a pierwszym ministrem w rządzie dziecięcym król postanowił mianować Felka, aby mu udowodnić, że o nim pamięta i że jest mu wdzięczny.

* * *

Biedny Maciuś miał teraz bardzo dużo pracy. Wewnątrz kraju wszystko szło dobrze: budowano w lasach domy na kolonie dla dzieci, w stolicy – dwa gmachy parlamentu, za miastem – ogród zoologiczny. Powstały nowe fabryki czekolady i łyżew, więc ludzie byli zadowoleni, bo mieli pracę i pieniądze. Nawet dzieci zrobiły się grzeczniejsze i pilniejsze: chciały się szybko nauczyć czytać i pisać, żeby móc czytać swoją gazetę i pisać do niej; zachowywały się porządnie, bo miały nadzieję, że zostaną wybrane na posłów do parlamentu dziecięcego.

Ale zagraniczni królowie z zazdrością patrzyli na to, jak rozwija się państwo Maciusia, mieli mu za złe przyjaźń z królem Bum-Drumem, a nawet zaczęli się trochę bać małego króla. Minister spraw zagranicznych poinformował Maciusia, że może znów wybuchnąć wojna. A Maciuś nie chciał jej teraz za żadne skarby! Napisał listy do królów, w których zapewnił ich o swej przyjaźni i o tym, że nie chce wojny. Listy te wręczył ambasadorom na audiencji. Posłowie obcych państw przyszli do Maciusia w imieniu swoich królów z pretensjami, że dary, które przysyła Bum-Drum, przewożone są przez ich kraje, a przecież oni wcale nie mają obowiązku ich przepuszczać. Maciuś zgodził się na zapłacenie za przepuszczenie transportu, bo nad morzem stały statki pełne dzikich zwierząt i złota – dar od murzyńskiego króla.

Wszystko to tak zmęczyło Maciusia, że doktor zaczął się obawiać o jego zdrowie.

* * *

Maciuś postanowił zorganizować u siebie zjazd królów. Po pierwsze: był u nich z wizytą i teraz wypadało ich zaprosić; po drugie: należało otworzyć pierwsze posiedzenie parlamentu w obecności wszystkich królów; po trzecie: trzeba było pokazać im nowy ogród zoologiczny. Jednak najważniejsze to rozmówić się z nimi, czy chcą żyć w przyjaźni czy nie. Król Maciuś rozesłał zaproszenia, a królowie odpisali, że przyjadą pod warunkiem, że Maciuś nie zaprosi Bum-Druma, który jest ludożercą i oni z nim do stołu nie siądą. Maciuś bardzo się rozgniewał za siebie i za przyjaciela i w pierwszym momencie chciał odpowiedzieć królom brzydko i niegrzecznie. Ledwie minister spraw zagranicznych odwiódł go od tego pomysłu, tłumacząc, że taka odpowiedź Maciusia wywoła wojnę.

Król odpisał grzecznie. Oświadczył, że poleci aeroplanem sprawdzić, czy Bum-Drum już nie je ludzkiego mięsa. W fabryce wykonano specjalny aeroplan, do którego mogły wsiąść tylko dwie osoby: król i pilot. Maciuś wybrał starego, doświadczonego pilota, mimo że nie miał on nóg, a oko tylko jedno, ale jego doświadczenie i rozsądek wynagradzały braki fizyczne. Poza tym pilot znał doskonale aeroplan, bo pracował przy jego budowie jako starszy mechanik.

Nie zważając na to, że ludzie traktują jego wyprawę jak szaleństwo – Maciuś pojechał.

* * *

Dowódca garnizonu stacjonującego w ostatniej wiosce przed pustynią dostał pewnego dnia depeszę, w której było wyraźnie napisane, że król Maciuś przyjedzie tam pociągiem i tym samym pociągiem przywiozą aeroplan. Oficer dostał rozkaz popsucia aeroplanu, żeby Maciuś nie mógł lecieć do kraju Bum-Druma. Zaraz wezwał jednego z żołnierzy, kazał mu się przebrać za tragarza i iść na stację kolejową pomóc przy wyładowaniu aeroplanu, a w sposobnej chwili zepsuć go.

Na szczęście lotnik, który przyjechał z Maciusiem, był bardzo sprytny i ani na chwilę nie odstąpił od maszyny. Sam pilnował składania samolotu. Ale żołnierz okazał się sprytniejszy: poczęstował pilota usypiającym cygarem, Murzynom powiedział, żeby sobie poszli i dał im pieniądze na wódkę, a kiedy został sam – wykręcił najważniejsze kółko, bez którego aeroplan nie może latać. Zakopał je w piasku.

Następnego dnia Maciuś i pilot wsiedli do maszyny i... nic. Samolot nie wystartował. Pilot szybko zorientował się, że ktoś naumyślnie wykręcił to najważniejsze kółko i był bardzo zły. Nagle Maciuś dostrzegł coś błyszczącego w piachu – była to poszukiwana część aeroplanu.

Okazało się, że Murzyni byli najsprytniejsi. Poprzedniego dnia, przy wyładunku aeroplanu, zachowanie białego tragarza wydało im się na tyle dziwne, że postanowili sprawdzić, co on knuje. Mimo że siedzieli już w szynku, wrócili na miejsce, gdzie stała maszyna. Zobaczyli, że ktoś niedawno kopał w piachu, więc sprawdzili, co tam ukrył i wykopali kółko. Potem podrzucili je po cichu, bo nie chcieli, żeby oficer się na nich złościł, a Maciusia bardzo lubili.

Przygoda zakończyła się szczęśliwie i Maciuś z pilotem odlecieli do króla Bum-Druma.

* * *

Zabłądzili nad pustynią, dlatego z godzinnym opóźnieniem dolecieli do trzeciej oazy, gdzie rozbójnicy pustynni strzelali do samolotu z łuków i kilka strzał utkwiło w skrzydłach. Potem już bez przeszkód dolecieli do wioski Bum-Druma. Jedynym miejscem, na którym mogli lądować, była polana przed królewskim szałasem. Ale tam zgromadziła się ludność całej wioski i pilot siedem razy musiał podchodzić do lądowania, zanim Murzyni zrozumieli, że wielki ptak chce usiąść na placu. Pierwszą osobą, która przywitała Maciusia była mała, miła Klu-Klu.

* * *

A oto co zobaczył Maciuś po wyjściu z aeroplanu:

– Bum-Drum leżał na stosie, a wokół niego stali murzyńscy kapłani w strasznych maskach i strojach;

– obok stosu stało sto żon Bum-Druma i każda trzymała w ręce zatrutą strzałę skierowaną we własne serce;

– dzieci Bum-Druma płakały z rozpaczy i fikały żałobne koziołki.

Potem nastąpiły w błyskawicznym tempie niezwykłe wydarzenia:

– Maciuś wypalił z pistoletu,

– pilot padł martwy na ziemię,

– Bum-Drum został uwolniony przez najwyższego kapłana,

– najwyższy kapłan podpalił pusty stos,

– od ognia zajął się aeroplan, benzyna wybuchła,

– żony króla porwały Maciusia na ręce i posadziły na złotym tronie,

– królowie murzyńscy złożyli hołd Maciusiowi.

Maciuś nic z tych wydarzeń nie rozumiał. Chociaż przez cały czas była przy nim mała Klu-Klu, nie mogli się porozumieć, bo mówili innymi językami. Maciuś postanowił szybko wrócić do kraju. Zabrał ze sobą króla Bum-Druma i ciało pilota, który zginął nie od strzału Maciusia, lecz dlatego, że zranił się zatrutą strzałą.

W stolicy uczony profesor wyjaśnił Maciusiowi, iż stare podanie murzyńskie głosi, że kiedy we wsi wyląduje ogromny ptak o żelaznym sercu – wtedy Murzyni przestaną być ludożercami. Maciuś wybawił Bum-Druma od śmierci. Król zostałby spalony, ponieważ chciał wprowadzić zakaz ludożerstwa. A od momentu lądowania aeroplanu w wiosce murzyńskiej już żaden Murzyn nie może być ludożercą. Bardzo to ucieszyło Maciusia. Postanowił zaraz wysłać do kraju Bum-Druma różnych rzemieślników: krawców, szewców, murarzy, żeby ucywilizować „dzikusów".

Tymczasem Bum-Drum przebywał w gościnie u Maciusia.

* * *

Następnego dnia po powrocie Maciusia prezes ministrów chciał zwołać naradę, ale Maciuś prosił go, aby przełożył ją o jeden dzień. Właśnie spadł biały, puszysty śnieg, dzieci bawiły się w parku i król też chciał się pobawić. Ministrowi żal się zrobiło Maciusia, który przecież w końcu był małym chłopcem – przełożył naradę na dzień następny.

Maciuś wspaniale bawił się z dziećmi w parku! Najpierw rzucali śnieżkami, potem ulepili bałwana, a potem zaprzęgli kucyki do sanek i mieli zamiar ścigać się dookoła parku.

Ale właśnie wtedy prezes ministrów odwołał Maciusia, bo przyjechał najważniejszy szpieg zagraniczny, który przywiózł bardzo niepokojące informacje i natychmiast chciał się zobaczyć z królem. Od szpiega Maciuś dowiedział się, że pierwszy król zagraniczny wybudował fortecę, a w lesie tajną fabrykę pocisków, że ma prochu sześć razy więcej niż państwo Maciusia i że szykuje się do wojny. Jakby tego było mało, sekretarz królewski został przekupiony, żeby zamiast zaproszeń na zjazd królów włożyć do kopert fałszywe wypowiedzenie wojny. Król miał natychmiast wypisać zaproszenia, a szpieg zabrać je od razu, ponieważ za trzy godziny wyjeżdżał za granicę i mógł osobiście doręczyć listy Maciusia królom. Poza tym ustalili, że muszą poczekać, aż sekretarz podmieni zaproszenia na wypowiedzenie wojny, złapać go na gorącym uczynku i aresztować. Szpieg i prezes ministrów wymogli też na Maciusiu zgodę na wysadzenie fabryki pocisków i król musiał ich posłuchać, chociaż wcale nie chciał.

Smutno było potem Maciusiowi i przykro; tym bardziej, że dzieci dalej beztrosko bawiły się w parku, na co on mógł już tylko spoglądać z okna gabinetu.

* * *

Na naradzie z ministrami ustalono plan uroczystości podczas zjazdu królów. Oto on:

Dzień pierwszy — nabożeństwo; przegląd wojsk, obiad galowy i wielkie przedstawienie w teatrze.

Dzień drugi — otwarcie sejmu dorosłych.

Dzień trzeci — otwarcie sejmu dzieci.

Dzień czwarty — otwarcie ogrodu zoologicznego.

Dzień piąty — wielki pochód dzieci wyjeżdżających na kolonie letnie do domów zbudowanych przez króla Maciusia.

Dzień szósty — wielki bal pożegnalny dla zagranicznych królów.

Dzień siódmy — wyjazd gości.

Na tej samej naradzie dokonano aresztowania pomocnika sekretarza stanu, który na oczach wszystkich sprytnie podmienił zaproszenia na fałszywe wypowiedzenie wojny. Okazało się, że ten człowiek przegrał państwowe pieniądze w karty, nie miał jak spłacić długu, więc zaczął szpiegować dla obcego króla, za co mu płacono. Pomocnik sekretarza stanu został skazany na karę śmierci, ale król Maciuś zamienił mu ją na dożywotnie więzienie. A sekretarz stanu dostał miesiąc aresztu za niedopilnowanie obowiązków służbowych.

* * *

Dni mijały szybko, bo przed wizytą zagranicznych królów Maciuś miał mnóstwo pracy. Trzeba było naradzać się z mistrzem ceremonii (jak postępować z królami, żeby żadnego nie obrazić) i z ogrodnikami (jakich kwiatów potrzeba do dekoracji) i z ministrami, i z budowniczymi, którzy kończyli gmachy parlamentu... A tu jeszcze rano przyszedł dziennikarz i przyniósł Maciusiowi egzemplarz gazety, w którym wydrukowano tak nadmiernie pochlebny rysunek i wiersz, że aż Maciusiowi zrobiło się głupio. Wcale mu się to nie podobało. W dodatku dziennikarz zadawał wścibskie pytania i król zaczął podejrzewać go o szpiegostwo. Od obiadu odwołali Maciusia dwaj panowie, którzy chcieli urządzić pokaz fajerwerków (ogni sztucznych); przynieśli ze sobą rysunki i opowiadali, jak wspaniale będzie to wyglądało. Król zgodził się na ten pomysł, chociaż z pieniędzmi w szkatule królewskiej było już krucho: reformy Maciusia dużo kosztowały, a zagraniczni królowie nie chcieli przepuszczać za żadną cenę worków złota przysyłanych z kraju Bum-Druma.

* * *

Wreszcie zjechali goście. Najwięcej przybyło królów murzyńskich. Zamieszkali w letnim pałacu w ogrodzie. Sprawiali najwięcej kłopotów, bo wciąż się bili i kłócili między sobą, nawet nocą dochodziło do awantur, o co z kolei oburzali się biali królowie. Poza tym Murzyni jedli palcami, chodzili sami po mieście i trzeba było pilnować, żeby im jakiś łobuz nie nabił guza, a jeden z nich w przypływie złości odgryzł palec białemu lokajowi. Bum-Drum ledwo radził sobie z jakim takim utrzymaniem porządku wśród swoich rodaków.

Żółtych królów przyjechało tylko dwóch, za to jeden z nich – Tsiń-Dań – bez przerwy chciał się ze wszystkimi królami witać i żegnać. Na powitanie składał 56 ukłonów, co trwało 49 minut. Na pożegnanie tak samo. W końcu dał się przekonać uczonemu, że *„z czarnymi królami (...) wcale nie warto się witać. A białym można składać pokłony nie osobiście, ale przed ich obrazami”* (str. 156).

Nawet na polowaniu wybuchła awantura, bo „dzicy" królowie myśleli, że Maciuś sobie z nich zakpił zapraszając do polowania na sarny i zające. Oni przecież polowali na słonie, tygrysy i krokodyle! Natomiast biali królowie byli z polowania zadowoleni; udało im się nawet zastrzelić dwa dziki i jednego niedźwiedzia.

* * *

W klatce z małpami dla ogrodu zoologicznego przyjechała mała Klu-Klu do swego ukochanego Maciusia. Król Bum-Drum rozgniewał się bardzo, kiedy zobaczył, że jego córka uciekła z domu i nawet chciał ją kopnąć, ale pomyślał, że tego już mu zrobić nie wypada, więc tylko w złości podarował ją Maciusiowi. Cóż, wbrew swojej chęci nikomu tym krzywdy nie wyrządził: jego córka marzyła o tym, żeby zostać na dworze Maciusia, a młody król bardzo polubił energiczną i dzielną dziewczynę. W ogóle wszyscy zachwycali się Klu-Klu. Stała się dodatkową sensacją i ozdobą uroczystości.

Ale podczas zjazdu królów Maciuś nie tylko się bawił. Załatwiał również ważne interesy polityczne. Dużo rozmawiał z trzema królami zagranicznymi:
– ze starym królem i jego synem, zawziętym wrogiem Maciusia;
– z drugim królem – przyjacielem żółtych królów;
– ze smutnym królem grającym na skrzypcach.

Podczas jednej z rozmów ze smutnym królem Maciuś skarżył się na brak własnego portu i dostępu do morza. Smutny król powiedział, że teraz łatwo może uzyskać jeden port od starego króla, ponieważ stary król boi się Maciusia. Tak się stało, że tylko stary król pozostał wrogiem króla-reformatora, a rozumiał, że w pojedynkę go nie pokona. Więc chętnie mu ustąpi, żeby pozostawać w dobrych stosunkach z państwem Maciusia. Kiedy o tym rozmawiali, do komnaty wszedł stary król ze swoim synem i stało się tak, jak to smutny król przewidział: chętnie odstąpił Maciusiowi jeden port i kawałek wybrzeża. Prezes ministrów nazwał to wielkim dyplomatycznym zwycięstwem.

Tego samego dnia wieczorem odbył się pokaz ogni sztucznych, a następnego dnia rano goście zaczęli się rozjeżdżać.

* * *

Maciuś aż rozchorował się z przepracowania. Doktor przez tydzień zostawił go w łóżku, nie pozwalał mu załatwiać żadnych spraw, pilnował, żeby Maciuś dobrze się odżywiał i długo spał. A potem Maciuś pojechał na wakacje na wieś. Towarzyszył mu kapitan z dziećmi i Klu-Klu. Przez dwa tygodnie bawili się i wypoczywali, i było bardzo przyjemnie.

Przed wyjazdem Maciuś powierzył rządy nad dorosłymi prezesowi ministrów, a nad dziećmi – Felkowi.

* * *

Okazało się, że Klu-Klu jest nie tylko miła, ale i bardzo mądra: potrafiła leczyć zwierzęta i budować szałasy, wymyślała ciekawe zabawy (np. łapanie kucyków na lasso); szybko nauczyła się języka, a potem nauczyła wiejskie dzieci czytać. Poddała też Maciusiowi myśl, żeby zaprosić do stolicy sto dzieci murzyńskich, które mogłyby uczyć się w szkole, a potem wróciłyby do Afryki i przekazały swoją wiedzę innym afrykańskim dzieciom. Maciusiowi bardzo się ten projekt spodobał.

Do króla na wieś przyjechał Felek, który zażądał, żeby Maciuś nadał mu tytuł barona von Rauch oraz dał dwa samochody służbowe i pensję dwa razy wyższą niż ma prezes ministrów. Poza tym domagał się zmiany nazwy „parlament dzieci" na „Progres-parlament" i tytułu hrabiowskiego dla dziennikarza-redaktora gazety dziecięcej, noszącej teraz nowy tytuł: „Progaz". Maciuś zgodził się na wszystkie żądania, ale rozmowa z Felkiem wywarła na nim bardzo nieprzyjemne wrażenie: Felek palił cygara, używał trudnych, obcych wyrazów, zachowywał się arogancko. Od niemiłego towarzystwa wybawił Maciusia dopiero doktor, który grzecznie, ale stanowczo kazał Felkowi wynosić się, gdzie pieprz rośnie.

* * *

Kiedy po wakacjach Maciuś wrócił do stolicy, trafił prosto na demonstracje robotników, którzy już wybudowali domy dla dzieci w lasach i zostali teraz bez pracy, więc wyszli na ulice domagać się następnej roboty. Król zobaczył, że robotnicy mają swój czerwony sztandar i zaczął zastanawiać się, czy dzieci z całego świata: białe, żółte i czarne nie mogłyby zjednoczyć się pod zielonym sztandarem? Maciuś zupełnie nie zdawał sobie sprawy z powagi sytuacji.

Kilka dni później odbyło się pierwsze po wakacjach posiedzenie Progres-parlamentu. Maciuś wygłosił do dzieci piękną mowę. Potem dziennikarz zapytał posłów, czy dobrze im było na wsi (w domach kolonijnych). Tu zaczął się potworny hałas, aż musiała interweniować policja. Dzieci krzyczały jedno przez drugie, że było im źle, że jedzenie było niedobre, nie było zabaw, zamykano je w komórce i bito.

Następnie mówiły czego chcą: żeby dorosłym nie wolno było całować dzieci, żeby im opowiadać bajki, żeby co dzień był tłusty czwartek, żeby nie było dziewczynek ani małych dzieci, żeby każde dziecko miało swój rower, i szafkę, i żeby w ubraniach było wiele kieszeni...

„Zmęczyło Maciusia to posiedzenie.”

* * *

Następnego dnia w gazecie ukazało się sprawozdanie z obrad parlamentu, w którym dziennikarz tłumaczył małym posłom, co jest możliwe do wykonania, a co nie. *„Napisane było ostrożnie, żeby nie obrazić posłów. Więc nie było takich słów, jak: **pletli głupstwa, bez sensu**, albo: **trzeba za uszy”*** (str. 176).

Mała Klu-Klu postanowiła jechać z Maciusiem na następne posiedzenie parlamentu. Omawiano na nim cztery punkty porządku dziennego:

1. Każde dziecko powinno mieć zegarek.
2. Dzieci nie wolno całować (wyjątek dla rodziców).
3. Zwiększyć ilość kieszeni w ubraniach dla dzieci.
4. Nie powinno być dziewczynek (w ogóle).

Pierwszą uchwałę, dotyczącą zegarków, przyjęto szybko przy dziewięciu głosach sprzeciwu. Nad drugą radzono znacznie dłużej, w końcu wybrano komisję, która miała opracować dokładnie ustawę. Następnie ustalono, że w ubraniach chłopców ma być sześć kieszeni, a w ubraniach dziewczynek – tylko dwie.

Kiedy przyszło do dyskusji nad punktem czwartym, chłopcy strasznie narzekali na dziewczynki: że są beksy, że pleciuchy, że skarżą, udają, są delikatne i niezdarne, że się obrażają... i tak dalej. A dziewczynki tylko siedziały i płakały.

Wtedy wstała Klu-Klu i naurągała chłopcom: że ciągle się kłócą z dziewczynkami i przeszkadzają w zabawach, że się biją, niszczą ubrania, kłamią i oszukują. Rozpętała się straszliwa awantura: posłowie nazwali Klu-Klu małpą i narzeczoną Maciusia, a króla – Burkiem i kanarkiem. Najgłośniej krzyczał Antek – złodziej kieszonkowy, a kiedy Felek (obecnie baron von Rauch) próbował go uspokoić, przypomniał Felkowi, jak kradł jabłka przekupkom. Zdenerwowany minister cisnął w Antka kałamarzem i dzwonkiem. Teraz już wszyscy posłowie zaczęli się bić.

Klu-Klu patrzyła na to wszystko z loży królewskiej, aż nie wytrzymała i wskoczyła w sam środek walczących. Jednym ciosem położyła Antka – bezpośredniego sprawcę awantury. Posiedzenie sejmu zostało zakończone.

* * *

„*Śmiertelnie obrażony wrócił Maciuś do pałacu*" (str. 180). Jego starania nie przyniosły oczekiwanych rezultatów: dzieci były niezadowolone, wcale nie były mu wdzięczne za to, co dla nich zrobił. Postanowił naradzić się w tej sprawie z prezesem ministrów, ale on udał, że jest chory i nie może przyjść do pałacu.

Przyszli natomiast dziennikarz i Felek. Wytłumaczyli Maciusiowi, że musi iść na następne posiedzenie sejmu, bo inaczej posłowie pomyślą, że król się ich boi. Wcześniej przyjdzie jednak do Maciusia delegacja, żeby przeprosić go za chuligańskie zachowanie się parlamentu.

Na kolejnym posiedzeniu posłowie sprawowali się bardzo przyzwoicie – było im wstyd za poprzednie zachowanie. Obradowali nad tym, żeby dzieci mogły pisać w zeszytach czerwonym atramentem (bo jest ładniejszy i nauczyciele nim piszą) i nad tym, żeby się z dzieci nie śmiać, jak przytrafi im się powiedzieć albo zrobić coś niemądrego.

Wieści o parlamencie dziecięcym dotarły za granicę i w innych krajach dzieci też chciały mieć swój parlament. „*A w małym państwie królowej Kampanelli w południowej Europie o coś się dzieci pogniewały i urządziły strajk*" (str. 183). Wystąpiły pod zielonym sztandarem. Maciuś wyczytał o tym w gazecie i był zadowolony.

* * *

Źle zaczęło się dziać w państwie Maciusia. Młodzież też chciała mieć swój parlament, taki jak dzieci i dorośli. Poczuła się skrzywdzona, że o niej zapomniano. Doszło nawet z tego powodu do zamieszek ulicznych, bo młodzi ludzie wtargnęli na salę obrad parlamentu dziecięcego, a kiedy król

Maciuś powiedział im, że niedługo będą dorośli i żeby poszli raczej do parlamentu dorosłych – próbowali wedrzeć się tam siłą i dopiero wojsko ich rozpędziło.

Dzieci nie chciały chodzić do szkoły ani się uczyć, były bardzo niegrzeczne: skoro miały swój parlament i mogły się w każdej chwili poskarżyć ministrowi i królowi, myślały, że teraz im już wszystko wolno. Maciuś chciał płacić dzieciom za naukę (zamiast czekolady) i nawet wywiesił ogłoszenia w tej sprawie, ale wtedy nakrzyczeli na niego i Felek i dziennikarz, że tak robić nie wolno. Nowe prawo musi być uchwalone przez sejm i wydrukowane w gazecie, a nie wydane przez króla i wywieszone na słupie.

Obrady parlamentu dziecięcego zostały tym razem poświęcone niesprawiedliwości, jaka dokonuje się w szkole, gdzie dzieci są karane za złe zachowanie i lenistwo. Atmosferę podgrzewał sam minister (Felek) opowiadając, ile to razy musiał stać w kącie; oczywiście – niesprawiedliwie.

Na tym posiedzeniu sejmu wydano nowe prawo: do szkoły będą teraz chodzić dorośli. Niech zobaczą, jak to dobrze.

* * *

Teraz dopiero w kraju zapanowało straszliwe zamieszanie. Dorośli poszli do szkoły i zaczęli się zachowywać jak dzieci: rozmawiali na lekcjach i podkładali sobie nogi, kłócili się i bili. Ale nie wszyscy: większość zastanawiała się, jak tam dzieci radzą sobie w domu, w biurach i fabrykach i niepokoiła się bardzo.

Dzieci na stanowiskach dorosłych próbowały coś robić, ale nie wiedziały jak, więc swoje zajęcia potraktowały jak jeszcze jedną zabawę.

* * *

W gazecie Maciuś przeczytał, *„że jeszcze nie ma wielkiego porządku, że telefony bardzo źle działają, że listy na poczcie jeszcze nie są ułożone, jak potrzeba, że wczoraj jeden pociąg się wykoleił, ale ile osób jest rannych nie wiadomo, bo telegrafy się poplątały. Ale trudno, dzieci się jeszcze nie przyzwyczaiły. Każda reforma wymaga czasu. Żadna reforma nie odbyła się bez znacznych wstrząśnień w życiu gospodarczym kraju”* (str. 193).

A tu jeszcze wpadła Klu-Klu z nowiną, że przyjechało do stolicy nie sto, lecz tysiąc murzyńskich dzieci! Na szczęście energiczna dziewczyna zajęła się nimi i szybko wprowadziła porządek: wybrała setników (to znaczy dzieci, które będą opiekowały się i uczyły setkę dzieci), a oni z kolei wybrali dziesiętników. Klu-Klu prowadziła zajęcia z setnikami, ci z dziesiętnikami, a dziesiętnicy uczyli pozostałe dzieci.

Dodatkowo okazało się, że dzieci przez nieostrożność otworzyły klatkę z wilkami i zwierzęta uciekły. W mieście wybuchła panika. Wszyscy się pochowali po kątach, a ponieważ nie było ani policji, ani wojska (bo policjanci i żołnierze siedzieli w szkole), nie miał kto złapać dzikich zwierząt. Wtedy do akcji wkroczyła Klu-Klu i murzyńskie dzieci. Odważnie poszli do ZOO i zagnali wilki do klatki. Tylko największemu, przywódcy stada, udało się uciec. Klu-Klu dopadła go w kanale i stoczyła ciężką walkę z wilkiem. Pomógł jej Maciuś, który nie mógł usiedzieć w pałacu i też poszedł łapać wilki.

* * *

Niespodziewanie z wizytą do Maciusia, w ścisłej tajemnicy, przyjechał smutny król. Dopiero on otworzył Maciusiowi oczy na to, co się dzieje w państwie i co mówią o królu za granicą. A mówili, że król zwariował.

Potem Maciuś przebrał się w zwykłe ubranie i wyszedł ze smutnym królem na miasto. Tu dopiero przekonał się, jakich spustoszeń dokonały dzieci wpuszczone do fabryk, na kolej, do sklepów. Fabryki były zniszczone, sklepy zamknięte, bo złodzieje ograbili większość z nich; w szpitalach chorzy umierali, a dzieci płakały, ponieważ nic na to nie potrafiły poradzić.

Maciuś postanowił natychmiast rozmówić się z dziennikarzem, który w gazecie podawał fałszywe, uspokajające wiadomości. Pobiegł do redakcji, gdzie zastał dziennikarza i Felka. Ponieważ król po swym dziadku, Henryku Porywczym, odziedziczył trochę gorącej krwi, chciał zastrzelić dziennikarza, ale silny mężczyzna odebrał mu pistolet. Maciuś nazwał dziennikarza szpiegiem, a Felek to potwierdził. Dziennikarz uciekł. Naprawdę był szpiegiem i w przyszłości jeszcze dużo złego wyrządził Maciusiowi.

Po jego wyjściu Felek rzucił się do nóg królewskich z prośbą o przebaczenie.

* * *

Ale Maciuś nie mógł go teraz wysłuchać. Miał ważniejsze sprawy na głowie. Postanowił natychmiast zwołać swoich ministrów i Felek musiał biegać do ich domów, ponieważ telefony nie działały. W gabinecie znalazł Maciuś list od smutnego króla, który nawet nie zaczekał, żeby się z Maciusiem pożegnać, tylko w pośpiechu opuścił jego kraj. Potem do gabinetu wsunęła się Klu-Klu i chciała pocieszyć króla w kłopotach, ale nie bardzo jej się to udało.

Felek już zdążył zawiadomić ministrów i wrócił do Maciusia. Wyjaśnił, że brał łapówki, a kiedy zastępował króla na audiencji, podbierał bardziej atrakcyjne paczki przygotowane dla dzieci. Dziennikarz o tym wszystkim wiedział i szantażował Felka. Zmusił go do podpisania fałszywego pisma, w którym król Maciuś rzekomo nawoływał dzieci na całym świecie, żeby się zbuntowały i odebrały władzę dorosłym. Felek bardzo wstydził się tego, co zrobił.

Ministrowie długo się schodzili, bo auta były zepsute, a kierowcy siedzieli w szkole. Pierwszy przybył minister wojny. Powiedział królowi, że dwie fortece zostały wysadzone w powietrze, dzieci popsuły armaty i proch, bo strzelały na wiwat tak, że zapasy broni znacznie się zmniejszyły, że marmolada żołnierska została zjedzona, ale suchary ocalały. Natomiast zapewnił króla o wierności żołnierzy i ich gotowości do obrony ojczyzny.

* * *

Kiedy już wszyscy ministrowie zebrali się na naradę, zaraz napisali do gazety, że od jutra wszystko wraca na swoje miejsce: dzieci mają iść do szkoły, a dorośli do pracy. Tymczasem zamyka się oba parlamenty, bo trzeba opracować taką ustawę, żeby parlament dziecięcy podporządkować dorosłemu: nie może być dwóch rządów w państwie.

I rzeczywiście: następnego dnia zaczęto przywracać porządek w kraju. Nie dało się tego zrobić szybko, ale powoli wszyscy wrócili na właściwe miejsca.

Tego samego dnia prezes ministrów przyniósł królowi straszną wiadomość: stary król zrzekł się tronu, a rządy objął jego syn – wróg Maciusia. Nowy król dwa dni temu przekroczył granice państwa i zmierza w kierunku stolicy nie doznając po drodze żadnych przeszkód. Ba! Niektórzy witają go nawet jak wybawiciela od rządów Maciusia-wariata i cieszą się, że przywraca stary porządek.

Postanowiono wydać królowi bitwę na przedmieściach stolicy, a wcześniej próbować drogi dyplomatycznej: zapewnić sobie przychylność dwóch pozostałych królów i zaoferować najeźdźcy pół złota za odstąpienie od wojny. Ale minister wojny powiedział, że sami wygrać jej nie mogą, a na pomoc jest już za późno.

* * *

Syn starego króla bardzo powoli i ostrożnie posuwał się w głąb Maciusiowego państwa. Chciał zdobyć stolicę. Bardzo mu zależało na zwycięstwie i nie chciał popełnić żadnego błędu. Kiedy przybył do niego posłaniec z listem Maciusia, w którym Maciuś obiecał połowę swojego złota za odstąpienie od wojny, syn starego króla wyśmiał go. On nie chciał pokoju – chciał pokonać i upokorzyć Maciusia.

Miasto szykowało się do obrony. Wreszcie doszło do pierwszej bitwy. Początkowo ludzie myśleli, że nieprzyjaciel został pokonany i odparty, ale szybko okazało się, że po prostu cofnął się do przygotowanych wcześniej okopów. Syn starego króla na podstawie doniesień dziennikarza-szpiega sądził, że Maciuś ma znacznie mniej armat i prochu i że łatwiej będzie go pokonać. Więc kiedy dziennikarz przyszedł do niego, zrobił awanturę, że go wprowadził w błąd. Lecz dziennikarz wcale się nie przestraszył, tylko powiedział królowi, że trzeba będzie prosić o pomoc dwóch pozostałych królów, żeby mogli mu dosyłać proch i jedzenie dla wojska.

Zaraz też wyjechał do króla — przyjaciela żółtych królów — namawiać go, żeby pomógł im w wojnie. Ten król nie bardzo miał na to ochotę, tłumaczył nawet, że Maciuś nic złego mu nie zrobił. Ostatecznie stanęło na tym, że porozumie się jeszcze ze smutnym królem. Napisał do niego list. Smutny król natychmiast po otrzymaniu listu wsiadł w pociąg i pojechał do króla — przyjaciela żółtych królów. Miał nadzieję, że go namówi, żeby nie występował przeciwko Maciusiowi, ale żeby mu pomógł.

* * *

Ale dziennikarz przygotował podstęp. Miał w kieszeni sfałszowany manifest króla Maciusia wzywający dzieci do buntu przeciwko dorosłym. Powielił ten manifest w drukarni i rozrzucił ulotki po mieście, a trzy nawet specjalnie przydepnął butem, żeby mieć bardzo przekonujący dowód.

Tak zaopatrzony poszedł spotkać się z dwoma królami. *„Królowie przeczytali i bardzo się zmartwili. — Nie ma rady. Musimy wystąpić przeciwko Maciusiowi."* Żaden z nich nie chciał, żeby w jego kraju zapanował taki straszny nieporządek, jak w kraju Maciusia pod rządami dzieci.

Syn starego króla na wieść, że pozostali dwaj królowie przyłączą się do wojny, postanowił się pospieszyć i sam zdobyć stolicę. Miasto zostało jednak otoczone trzema pierścieniami umocnień i okopów. Syn starego króla zdobył tylko pierwszą, najbardziej od miasta odległą linię umocnień, ale z drugą, znacznie silniejszą już nie mógł sobie poradzić. I wtedy właśnie nadeszła pomoc. I trzy wojska razem uderzyły na wojsko Maciusia. Ale młody król trzymał się dzielnie: odparł ataki, nieprzyjaciel poniósł duże straty.

Na naradzie po zwycięskim odparciu wroga przyjęto następujący plan na dzień następny:

— wojska króla Maciusia wycofają się w nocy na trzecią linię obrony;

— w nocy ktoś zakradnie się do obozu nieprzyjaciela i rozpuści plotkę, że Bum-Drum przysłał czarne wojsko i dzikie zwierzęta na pomoc Maciusiowi;

– w jutrzejszej bitwie wezmą udział czarne dzieci i dzikie zwierzęta wypuszczone z klatek w ZOO;
– do opuszczonych okopów podrzuci się wrogim żołnierzom wódkę i piwo, żeby się upili i nie mogli walczyć;
– dopiero gdy wojsko nieprzyjaciela dojdzie do trzeciej linii obrony, Murzyni zaczną strzelać z łuków, a w chwilę potem wypuści się zwierzęta z klatek, żeby wywołać zamieszanie w szeregach wroga;
– kiedy żołnierze zaczną uciekać, ruszy za nimi Maciuś na czele konnicy, a za nim piechota.

Te wszystkie podstępy były konieczne, bo Maciuś miał za mało prochu i armat.

* * *

Jednego tylko nie przewidział Maciuś ani jego doradcy: że nieprzyjaciel zaatakuje stolicę za pomocą aeroplanów, z których zostaną zrzucone bomby. Wróg miał dwadzieścia aeroplanów, Maciuś – tylko sześć i nie mógł go pokonać. I mimo że w bitwie na ziemi wojska Maciusia zwyciężyły wroga, mieszczanie – wystraszeni nalotem – poddali się. Wywiesili białe flagi.

Maciuś wraz z garstką przyjaciół zamknął się w pustym budynku, gdzie kiedyś stały klatki lwów i postanowił zginąć z honorem.

* * *

Stolica wyparła się Maciusia. Zdali go na łaskę i niełaskę zwycięzców. Trzej królowie, którzy zwyciężyli w tej wojnie najpierw się pokłócili między sobą o zasługi, ale szybko się pogodzili i postanowili, co następuje:

„Punkt pierwszy: Króla Maciusia trzeba wziąć żywego do niewoli.
Punkt drugi: Zesłany będzie na wyspę bezludną.
Punkt trzeci: Maciusia sądzić będzie sąd polowy i skaże go na śmierć. A dopiero w ostatniej chwili trzej królowie go ułaskawią.
Punkt czwarty: Pierwszy rok niewoli spędzi Maciuś sam pod strażą, a po roku pozwolą mu wziąć do siebie dziesięć osób, które zechcą do niego pojechać" (str. 224).

Kłopot polegał na tym, że Maciuś nadal siedział w budynku po lwich klatkach i nie sposób było wyciągnąć go stamtąd żywego. W końcu do trzech królów zgłosił się chemik, który wynalazł gaz usypiający. Tym gazem uśpiono Maciusia i śpiącego wzięto do niewoli.

* * *

Tej samej nocy odbył się sąd wojenny nad królem Maciusiem. Zgodnie z umową trzech królów został skazany na śmierć. Przez cały proces zachowywał się dumnie i godnie. Nie dał pohańbić swego królewskiego honoru i wymagał, aby zwracano się do niego jak do króla. Rankiem następnego dnia prowadzono go na egzekucję. A on cały czas zastanawiał się, co się stało z Klu-Klu i z Felkiem, i czy po śmierci zobaczy się z rodzicami.

Dopiero gdy dotarł na miejsce egzekucji i pluton stał z karabinami gotowymi do strzału, przyszło ułaskawienie – zesłanie na bezludną wyspę.

BOHATEROWIE – CHARAKTERYSTYKA

 ### Król Maciuś Pierwszy

Król Maciuś Pierwszy-Reformator był potomkiem królewskiego rodu, synem Stefana Rozumnego. Po śmierci ojca został królem, chociaż był jeszcze dzieckiem i bardziej, niż rządzić państwem, chciał się bawić. W momencie objęcia władzy liczył sobie około dziesięciu lat.

Maciusiowi brakowało doświadczenia nie tylko w rządzeniu państwem, ale zwykłego doświadczenia życiowego, jakie mają ludzie dorośli. Był **mądry:** szybko zorientował się, że skoro na niczym się nie zna, to musi słuchać ministrów, bo oni wiedzą wszystko lepiej od niego. Był **zdolny** i **miał silną wolę:** szybko nauczył się czytać i pisać. Miał bardzo **dobre serce** i chciał, żeby wszyscy w jego państwie byli szczęśliwi. Przejmował się zwłaszcza losem dzieci i rad był im nieba przychylić. Po jednym ze swoich przodków odziedziczył jednak trochę gorącej krwi, bez której król się nie może obejść. Gdy wybuchła wojna, nie mógł spokojnie usiedzieć w pałacu, ale uciekł na front i brał udział w bitwie. Również w drugiej wojnie, kiedy napadło na niego trzech sprzymierzonych królów, dzielnie **bronił ojczyzny i honoru.** Był **samotny:** swego przyjaciela Felka widywał rzadko, a ze Stasiem i Helenką mógł się bawić tylko od czasu do czasu.

Maciuś to postać zasługująca na podziw i współczucie. Z trudnych obowiązków króla chciał się wywiązać jak najlepiej, ale wszystkie jego pomysły obróciły się przeciwko niemu. To przede wszystkim nieszczęśliwe, zmęczone dziecko, a dopiero potem nieudany król.

Felek – przyjaciel króla

Felek był synem plutonowego straży pałacowej. O jego matce nic nie wiemy, wiadomo natomiast, że dostawał w skórę od ojca z lada powodu. Ojciec nie pozwolił mu przyjaźnić się z Maciusiem. To chyba on wpoił w Felka przekonanie, że *„łaska pańska na pstrym koniu jeździ"*.

Chłopiec, troszkę starszy od Maciusia, przewodził okolicznej dzieciarni, która chętnie go słuchała. Tym zaimponował królowi. Felek był ulicznikiem: dzieckiem wychowywanym przez ulicę i na ulicy, które musi być **sprytne,** wręcz cwane, żeby nie zginąć. Był już trochę zdemoralizowany – palił papierosy, próbował pić wódkę – i **bezczelny:** potrafił przyjść do króla, aby pożyczyć pieniądze na papierosy! Z każdej sytuacji chciał wyciągnąć jakąś korzyść dla siebie i czasem postępował głupio. Na przykład, kiedy już został ministrem i niczego mu nie brakowało, potrafił oszukiwać w czasie audiencji i zabierać paczki dzieciom. Ponieważ był z królem na froncie, wyobrażał sobie, że wiele mu wolno. **Służył Maciusiowi** nie z miłości, nie z przekonania, ale **dla pieniędzy.** Jego złym duchem był dziennikarz-szpieg, który namówił go do wielu głupich rzeczy – na przykład do zażądania tytułu barona. Felek, wyniesiony przypadkiem do godności i zaszczytów, nie umiał sprostać swojemu stanowisku. Nawet jako minister prezentował maniery i sposób myślenia ulicznika. Był **wulgarny, arogancki, pewny siebie.**

A przecież okazało się, że nie jest do końca zepsuty i zły. Potrafił zrozumieć swoją winę, **przyznał się do oszustwa** i **wyraził skruchę.** Z pewnością nie jest to świetlana postać, ale też nie można go zupełnie potępić.

Królewna Klu-Klu

Ta murzyńska dziewczynka była córką króla Bum-Druma i wielką przyjaciółką Maciusia. Dla niego przepłynęła morze w klatce z małpami, wiernie mu towarzyszyła we wszystkich trudnych chwilach.

Była zupełnie niezwykłą dziewczyną: **odważną, wysportowaną, mądrą, szczerą, energiczną.** Potrafiła zorganizować naukę dla tysiąca murzyńskich dzieci. Chętnie pomagała ludziom, niczego dla siebie nie żądając. W czasie wakacji na wsi nauczyła pastuszków czytać i pisać; wyleczyła chore cielątko. Cechowała ją **inteligencja i ciekawość świata.** Zwłaszcza interesował ją świat roślin i zwierząt – znała go i rozumiała. Robiła najbogatsze i najpiękniejsze zielniki. A ponieważ jej zdrowemu rozsądkowi i uczciwości towarzyszyła siła fizyczna, budziła podziw i respekt. Nie zawahała się zbić Antka, drobnego złodziejaszka, wyrażającego się źle o królu w czasie obrad sejmu.

W Europie wiele rzeczy zdumiewało ją; przede wszystkim to, że dziewczynki są wychowywane inaczej niż chłopcy. Uważała to za dziki obyczaj. Wcale nie czuła się gorsza od dzieci europejskich. Znała swoją wartość. Wiedziała, że w wielu sprawach jest od nich mądrzejsza.

REFORMY KRÓLA MACIUSIA I ICH EFEKTY

Reformy króla Maciusia:
1. Rozdanie czekolady wszystkim dzieciom w królestwie.
2. Ustawienie przy wszystkich szkołach karuzeli z muzyką i huśtawek.
3. Rozdawanie dzieciom piłek i łyżew.
4. Budowanie w lasach domów dla dzieci, żeby miały gdzie wyjeżdżać w lecie.
5. Audiencje dla dzieci i obdarowywanie ich prezentami, o które prosiły w listach.
6. Oddanie władzy w ręce narodu, żeby rządzili wszyscy.
7. Powołanie parlamentu dziecięcego, żeby dorośli nie wydawali praw dla dzieci.
8. Wybudowanie ogrodu zoologicznego i sprowadzenie dzikich zwierząt.

Efekty reform króla Maciusia:
1. Powstanie w stolicy ogrodu zoologicznego.
2. Wybudowanie dwóch gmachów: dla parlamentu dorosłych i dla parlamentu dziecięcego.
3. Wybudowanie w lasach domów dla dzieci, żeby miały dokąd jeździć na wakacje.
4. Strajki i demonstracje robotników.
5. Bunt nastolatków.
6. Niezadowolenie dzieci z letniego wypoczynku.
7. Przejęcie rządów w państwie przez dzieci.
8. Ruina kraju.
9. Wojna z trzema królami.
10. Poddanie się stolicy.
11. Uwięzienie Maciusia i zesłanie go na bezludną wyspę.

DLACZEGO REFORMY SIĘ NIE POWIODŁY?

1. Maciuś nie liczył się z wydatkami, mimo przysyłania złota przez Bum-Druma pieniądze się wyczerpały i trzeba było nałożyć większe podatki i znowu pożyczyć za granicą.
2. Większość reform Maciusia, dyktowana dobrym sercem, nie miała sensu (ustawienie karuzeli jest miłym gestem, ale nie jest reformą usprawniającą działanie państwa).
3. Maciuś chciał spełnić każde pojedyncze życzenie, a to jest niemożliwe.
4. W państwie nie mogą rządzić wszyscy, bo wtedy każdy myśli o sobie i chce rządzić tak, żeby jemu było dobrze, a rządzący muszą myśleć nie o jednej osobie, tylko o państwie.
5. Maciuś oddał władzę parlamentowi dziecięcemu, co okazało się katastrofą i doprowadziło do ruiny kraju, bo dzieci, nie umiejąc się obchodzić z wieloma urządzeniami, po prostu je zepsuły, nie przyszły do pracy, bo poszły na wagary; nie potrafiły utrzymać porządku w państwie, więc mnożyły się kradzieże i przestępstwa.
6. Swój udział w katastrofie miał również dziennikarz – szpieg, który chciał doprowadzić do upadku państwa Maciusia i chciał, żeby władzę na całym świecie objęły dzieci. W swojej gazecie podawał tylko informacje dobre dla króla, a złe zatajał, więc Maciuś nie wiedział, co naprawdę dzieje się w kraju i co ludzie o nim myślą.

INDEKS KOMENTARZY DO TEKSTU

BOHATEROWIE

INNE INFORMACJE

SPIS TREŚCI